平台供应链推荐服务管理

李勇建 周 驰 著

南开大学商学院学术著作出版资助

科 学 出 版 社

北 京

内 容 简 介

伴随新兴电子商务模式日趋呈现个性化等新特征,平台供应链决策者关于推荐服务与精准营销的策略优化成为亟待探索和解决的重要研究热点。本书就这一新的研究热点领域中的若干关键问题展开讨论,针对推荐系统引入对品牌竞争的影响、凑单推荐服务与条件免运费策略互动、广告推荐服务引入下双电子渠道最优定价、考虑策略型消费者的两阶段优惠券推荐以及直播平台推荐模式选择与激励机制设计等问题,建立相应的数学模型,并提出最优推荐服务策略,从平台供应链视角考察推荐服务管理的典型特征。

本书可供从事运营管理与收益管理、供应链管理研究与应用的科研人员和工程技术人员,管理科学和信息经济学的教学与科研人员阅读参考;也可作为高等院校相关专业的研究生和高年级本科生的参考书。

图书在版编目(CIP)数据

平台供应链推荐服务管理 / 李勇建, 周驰著. -- 北京 : 科学出版社, 2024. 12. -- ISBN 978-7-03-080613-0

Ⅰ. F713. 365. 1

中国国家版本馆 CIP 数据核字第 2024GL3026 号

责任编辑:郝 悦 / 责任校对:王晓茜
责任印制:张 伟 / 封面设计:有道设计

科 学 出 版 社 出版
北京东黄城根北街 16 号
邮政编码:100717
http://www.sciencep.com

中煤(北京)印务有限公司印刷
科学出版社发行 各地新华书店经销

*

2024 年 12 月第 一 版 开本:720×1000 1/16
2024 年 12 月第一次印刷 印张:13 3/4
字数:278 000
定价:156. 00 元
(如有印装质量问题,我社负责调换)

前　　言

平台供应链推荐服务管理理论是研究新兴平台电商市场中供应链决策者在面对不完全信息与不对称信息情况时的最优推荐服务策略与机制设计等决策优化问题的理论方法。平台供应链视角下推荐服务策略实施有效地改善了"信息过载"和"市场摩擦"等信息搜寻与获取的关键问题，为消费者节省了大量时间成本并增强了购物体验与满意度，大幅提高了电商产品交易匹配效率，在平台供应链决策者优化营销策略、拓展销售渠道等方面发挥着重要作用。

围绕国家自然科学基金重点项目"'制造链+平台'双模式下治理机制与价值共创"（No.72132007）和教育部人文社会科学研究规划基金项目"基于平台个性化推荐的品牌商直播营销策略与激励机制研究"（No.23YJA630147），从平台供应链的视角针对产品推荐服务策略优化与机制设计领域展开了深入研究，取得了一系列研究成果，本书就是这些研究工作的阶段总结。

本书的目的是就这一研究领域建立基本理论体系，提出进一步开展研究的计划，研究在平台供应链视角下品牌商、主播、平台商及消费者的推荐服务管理优化问题，并利用博弈论、消费者行为理论和产业组织垄断竞争理论等方法分析决策者的最优推荐服务策略，为其推荐服务决策提供理论参考和技术支持。全书共分 12 章，第 1 章是绪论，包括研究背景与意义、平台推荐服务典型案例分析、本书的基本内容和主要创新；第 2 章是平台供应链推荐服务管理研究评述；第 3 章是平台供应链推荐服务管理相关理论基础；第 4 章到第 11 章分别对推荐系统引入对品牌竞争的影响、凑单推荐服务与条件免运费策略互动、广告推荐服务引入下双电子渠道最优定价、考虑策略型消费者的两阶段优惠券推荐以及直播平台推荐模式选择与激励机制设计等问题的相关建模与决策分析展开讨论；第 12 章总结主要结论，并展望未来的研究方向与问题。第 4 章到第 11 章的主要内容和创新点如下。

第 4 章研究推荐与定价策略对品牌竞争与消费者搜寻的影响。分别构建了无产品推荐的基准模型、统一定价下的产品推荐模型与差异定价下的产品推荐模型。通过比较分析，探究品牌竞争与消费者搜寻下的推荐与定价策略。此外，进一步分析了推荐强度和不同的定价策略如何影响两种类型消费者的搜寻努力、品牌的产品价格和利润，研究结论从理论上探究了推荐系统在品牌竞争中的作用。

第 5 章研究条件免运费下平台商的凑单推荐服务策略。针对消费者基础运费和凑单的异质性购物偏好，构建了博弈模型，并决策出消费者最优购物意愿和平台商最优凑单推荐服务水平。通过灵敏度分析，归纳总结出影响消费者购物决策和平台商凑单推荐服务策略的主要因素。

第 6 章研究凑单推荐服务引入下平台商条件免运费策略。将凑单推荐服务作为外生影响平台条件免运费决策的因素，通过构建有无凑单推荐服务两种情形下的最优决策模型，求解出平台商的最优基础运费和条件免运费阈值。分析凑单推荐服务的引入对其基础运费和条件免运费阈值决策的影响，并通过数值仿真和问题拓展验证基本模型的有效性和稳健性。

第 7 章研究广告推荐服务引入下双电子渠道最优定价策略。在对网络品牌商直销与网络代理商代理的双电子渠道竞争关系分析的基础上，构建了涉及网络代理商广告推荐服务引入的两种双电子渠道最优定价博弈模型，探讨广告推荐服务引入与广告推荐投入水平、消费者网络代理渠道接受度间的关系及其对双电子渠道最优定价决策的影响。

第 8 章研究考虑策略型消费者的两阶段优惠券推荐决策。基于策略型消费者的行为特征，提出即时、跨期和混合三种网络优惠券推荐策略。构建两阶段模型，探究策略型消费者影响下平台商折扣定价与优惠券推荐策略，并分析策略型消费者的占比和消费者耐心程度对平台推荐策略选择的影响作用。

第 9 章研究渠道竞争下直播平台推荐模式选择与服务策略。分别建立独家推荐与非独家推荐两种模式下的博弈模型，求解得到直播平台关于不同模式的最优推荐水平和商品最优售价。分析推荐成本系数、佣金率等因素对直播平台的最优决策的影响，并通过数值模拟得到直播平台选择最优模式选择的条件、验证相关分析结果。

第 10 章研究直播竞争下直播平台推荐模式选择与服务策略。根据两平台与两品牌商之间的博弈关系，构建博弈模型，分析相关参数对平台的最优推荐水平和品牌商品的最优售价的影响，得到直播平台在直播竞争下的模式选择的条件范围与推荐策略，探讨在直播竞争模式下直播平台对于独家推荐模式、非独家推荐模式的最优选择和相应的最优推荐策略。

第 11 章研究委托代理关系下品牌商直播推荐营销激励机制。基于一个品牌商和一个电商主播构成委托代理关系，构建委托代理模型并分别求解品牌商的最优激励合同以及主播的推荐努力水平，此外还分析了消费者偏好、主播的风险规避程度和市场需求的不确定性对激励机制的影响。

首先感谢国家自然科学基金重点项目"'制造链+平台'双模式下治理机制与价值共创"（No.72132007）、国家自然科学基金青年科学基金项目"考虑消费者搜寻行为的品牌商网络营销定价与推荐策略研究"（No.71702129）、教育部人文社会科学研究规划基金项目"基于平台个性化推荐的品牌商直播营销策略与激励机制研究"（No.23YJA630147）、教育部人文社会科学研究青年基金项目"基于消费者搜寻的电子中介代理推荐模式及最优策略研究"（No.17YJC630232）和中国博士后科学基金一等资助项目"基于代理搜寻的广告服务柔性合同设计及规制策略研究"（No.2017M610160）多年来对本项研究工作的支持。感谢作者所在课题组的教师和研究生多年来的辛勤工作和奉献精神。本书实际上是我们共同工作的结果。

特别感谢香港岭南大学冷明明教授、美国明尼苏达大学杜鲁斯分校任宇飞教授、天津大学唐万生教授、南开大学李响教授、天津理工大学李春发教授和于静教授等在研究过程中和本书出版过程中给予的无私帮助和学术建议。最后衷心地感谢科学出版社各位编辑的大力协助。

由于作者水平有限，加之时间紧迫，本书难免有疏漏和不足之处，恳请读者批评指正。

作　者

2023 年 10 月

目　　录

第1章 绪 论

1.1 研究背景与意义

新一代信息技术的广泛应用推动平台化成为现代供应链的典型形态,供应链已发展到与互联网平台深度融合的平台供应链新阶段,日趋呈现出端到端、数智化和复杂性等新特征。平台供应链的建设和创新指明了中国企业未来的发展方向,并对产业全球化产生了重大影响。2021 年 3 月,《国民经济和社会发展第十四个五年规划和 2035 年远景目标纲要》明确提出要"提升产业链供应链现代化水平""打造数字经济新优势"。国务院印发的《"十四五"数字经济发展规划》中提到推动平台经济健康发展,引导支持平台企业加强数据、产品、内容等资源整合共享,推动线上线下相结合的创新协同、产能共享、供应链互通。数字化智能化赋能下平台供应链是数字经济发展的重要主战场之一,大力推动平台供应链运营管理与建设已成为政府政策的关注焦点,也是中国经济社会高质量发展的重要方向。

平台作为商业模式和组织架构模式,在现代供应链管理中逐渐兴起,其产生的运营与销售数据为供应链的智能决策、快速响应、资源整合和风险管控等提供了崭新的机会。"平台"就是给存在相互影响和依赖的双边或多边群体提供一个空间(或系统),满足不同群体在这个空间中的利益,相比传统 IT(information technology,信息技术)系统最大的差异是访问空间(或系统)的群体之间构建起了网络效应(徐晋,2007;钟华,2020)。以网络零售平台为例,消费者希望在平台买到品类更全的商品,可以有更多的潜在品牌零售商进入平台,而品牌零售商也希望有更多的潜在消费者成为平台会员。当有一家知名品牌商进入平台时,通常会影响更多的潜在消费者进入平台消费,而消费者人数的增加又会吸引更多的潜在品牌商进入平台,从而形成了双边网络效应。网络效应已经深入每个人的生活中,网络平台总人数决定着网络效应的大小,二者呈正比例关系,参与的人数越多,网络效应就越大,这是一个循序渐进的过程,是网络化时代的必经阶段。同样,网络效应也逐渐延展到品牌商和分销商之间、制造商与原材料供应商之间,直接导致平台供应链的成员关系日趋紧密,并给各个行业领域带来了前所未有的改变与创新。

平台供应链以客户为中心、以平台为载体,上下游企业的生产、物流、销售等系统和数据可以实现集中式保密存储和个性化分布式共享,充分发挥大数据和人工智能的技术优势,通过供应链上下游之间跨组织的战略、流程、信息的协同和共享，实现平台供应链的智慧化决策、聚集性资源整合、智能化风险预测和控制（余玉刚等，2021）。平台驱动下互联网营销的快速发展迫使消费者面临严重的信息过载（information overload）问题（Bawden and Robinson，2009；Branco et al.，2016；Drakopoulos et al.，2021）。越来越多的消费者借助网站提供的搜索工具或搜索引擎进行搜寻、筛选，使得消费者能方便地获得更多的产品信息，更容易进行价格比较，从而使得网上交易市场信息搜寻成本相对传统市场信息搜寻成本大大降低。然而由于互联网平台信息的高容量和不对称等特点，大部分消费者需要花费大量时间以"逛"和"搜"产品的方式来做出购买决策（吴德胜和李维安，2008；王强等，2010；Dellaert and Häubl，2012；Haviv，2022）。

伴随智能商务环境日趋呈现个性化等新特征，天猫、亚马逊和京东等越来越多的电商平台基于消费者个性化的搜寻与购买行为为品牌零售商提供产品推荐服务，有针对性地将其曾经搜寻购买过或可能感兴趣的产品推荐给该消费者，实现了从"人找货"到"货找人"的转变（陈国青等，2013；2020）。由于挖掘了消费者潜在的个性化需求，推荐服务能够显著提高消费者购买推荐产品的意愿（Adomavicius et al.，2018；陈剑等，2020a；Basu，2021）。根据尼尔森（Nielsen）的调研数据，61%的消费者非计划购买行为来源于产品推荐，而亚马逊的推荐系统能使用户购买率、转化率达到60%。显然，电商平台产品智能推荐等数字技术改善了"信息过载"和"市场摩擦"等信息搜寻与获取的关键问题，大幅提高了电商产品交易匹配效率。制造商、品牌商及零售商等平台供应链成员可以根据自身供应能力和消费者搜寻行为，以不同销售模式决策产品定价，并利用电商平台的推荐服务将产品适时地销售或推荐给不同的消费者或不同的细分市场，以实现收益最大化。因此，产品推荐服务已经成为数字化平台驱动下供应链的新经济特征之一。

互联网平台在数字经济中的迅猛发展，加速了平台零售在各行各业的渗透。根据商务部发布的 2017～2023 年的《中国零售行业发展报告》，由电子商务构成的互联网平台零售发挥了引领和加速消费转型升级的重要作用，并呈阶梯式增长态势（图 1.1）。根据中国电子商务研究中心 2022 年第三季度的监测数据，我国 B2C（business to consumer，企业对消费者）网络零售市场企业份额排名为：天猫占比 63.1%稳居首位，京东占比 21.2%紧随其后，唯品会占比 2.7%位列第三。此外，中国互联网络信息中心（China Internet Network Information Center，CNNIC）发布的《中国互联网络发展状况统计报告》显示：截至 2023 年 6 月，我国网络购物用户规模达 8.84 亿人，较 2022 年底增长了 3880 万人。随着电商平台（简称"平台商"）互联网零售业务的不断扩张，网络品牌商与平台商的产品销售合作与竞争已成为商业活动的常态。网络品牌商常在自建网络直销平台的基础上，充分利用网络代销平台拓宽产品销售渠道、提升企业绩效，从而形成产品销售的双电子渠道。例如，三只松鼠、韩都衣舍、IBMiX 等网络品牌商不仅通过平台旗舰店销售产品，还通过与众多第三方网络平台商进行合作代理销售产品。互联网平台的多渠道发展和消费者网络规模的持续增加，一方面加剧了平台商的同质化竞争，另一方面使具备更加灵活购物主动权的消费者可在不同购物平台间跳转，导致各平台难以维持基本客户群（王勇等，2022）。鉴于此，平台商迫切需要采用一些促销与服务策略，解决消费者购物时的平台转换问题，以提高消费者的购物意愿。

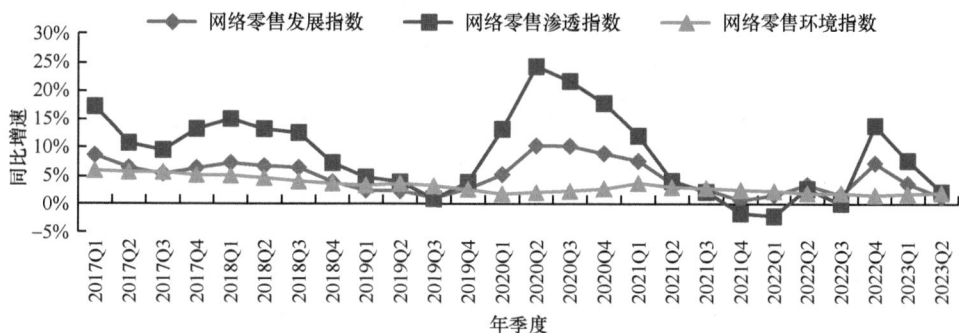

图 1.1　2017～2023 年我国网络零售指数变化趋势

通过对电商网络营销中的消费者行为分析发现，消费者网购意愿的影响因素主要有两个：一是消费者对配送运费的关注；二是消费者网购时所花费的成本。一方面，针对全球消费者网购行为的分析发现，美国、亚洲、欧洲、加拿大和墨西哥等地区的消费者选择在平台购物的主要原因是更低价格、条件免运费（contingent free shipping，CFS）优惠、推荐产品类别的吸引，如图 1.2 所示。该研究指出，46%的美国消费者会因支付基础运费而选择放弃购物，在中国这一数据高达 66%[①]。从此数据来看，平台商的合理运费政策对其运营与收益管理至关重要。另一方面，繁多的商品种类、不同平台的产品比较、大量的产品信息接入，使消费者网购成本不断增加，购物体验持续下滑。Lin（2014）的实证研究表明，消费者在有限时间内未完成购物而导致跳转到其他平台的可能性高达 95%。随着消费者需求的个性化、精细化追求加深，平台商若不及时改进销售策略，则无法满足消费者个性化、低网购成本的要求，将会大大增加消费者的弃购率，阻碍平台商的收益增长，进而影响平台供应链的有序发展。

通过上述分析，CFS 政策、产品推荐服务（凑单推荐和广告推荐）等营销方式已成为各平台商扭转运营困境的有效策略。例如，京东商城、天猫超市、亚马逊中国、苏宁易购、唯品会等大型 B2C 平台商在运营发展过程中，逐渐由采取全场免运费政策转向采取 CFS 政策，国内主要 B2C 平台商的运费政策总结如表 1.1

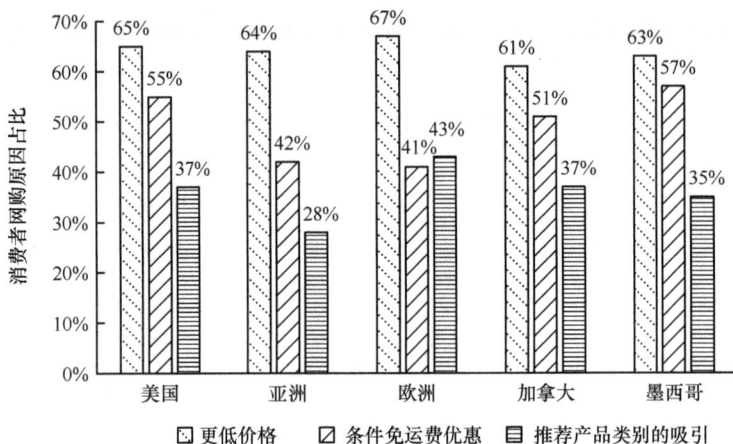

图 1.2　全球消费者选择在平台购物的主要原因

所示。以京东为例，2022 年财报显示，运费收入同比增长 42.8%，消费者的物流体验明显增强。此外，个性化的产品推荐服务在各大电商平台的应用也取得了斐然成绩，全球超过 77% 的电商平台会针对消费者各自购物偏好进行商品推荐（姚凯等，2018）。亚马逊约 40% 的利润来自产品的个性化推荐，京东因个性化产品推荐服务产生的订单转化率达 10% 以上。同时，各网络代理平台商也开始通过引入广告推荐服务增强市场地位，提升竞争能力。中国中关村互动营销实验室联合秒针营销科学院、北京师范大学共同发布的《2023 中国互联网广告数据报告》显示，国内电商平台使用推荐广告的收入规模达到 2070.06 亿元。因此，产品推荐服务作为跨越一站式的促销方式越来越受到平台商的青睐。

表 1.1　国内主要 B2C 平台商的运费政策

B2C 平台商	运费政策
京东商城	订单小于 49 元和达到 49 元而小于 99 元时分别收取 8 元和 6 元的基础运费，满 99 元免基础运费
天猫超市	订单小于 50 元和达到 50 元而小于 88 元时分别收取 6 元和 5 元的基础运费，满 88 元免基础运费
亚马逊中国	商品订单满 99 元、图书订满 59 元免基础运费
苏宁易购	订单满 86 元免基础运费
唯品会	订单满 288 元免基础运费

基于电商平台的推荐服务策略实施有效地解决了消费者网购选择难、购物成本高及购买意愿低等问题，为消费者节省了大量时间成本并增强了购买产品的满意度，在平台商整合销售策略、提升销售业绩、拓展销售渠道等方面发挥着重要作用。目前，推荐服务在平台商的应用多种多样，本书关注的重点主要包括：产品推荐系统的推荐服务、实施 CFS 的平台商的凑单推荐服务、网络代理平台商的

广告推荐服务及直播平台的推荐服务等方面。对于购物金额不满足免运费门槛的消费者，平台商通过凑单推荐服务，为消费者推荐合适价格的凑单产品以达到免运费门槛，既辅助了消费者的购买决策，又提高了销售业绩，形成"双赢"的局面。对于具有不同网购渠道偏好的消费者，平台商通过引入产品广告推荐服务，调整不同渠道的产品价格，既使消费者能以更低的价格选择渠道购买产品，又增强了平台商自身的竞争能力，协调不同购物渠道间冲突。推荐服务在平台商运营管理中的普遍应用，大大改善了平台企业发展所面临的困境，提升了消费者网购的积极性，对各平台商的生存及发展具有重要的现实意义。

　　平台商的营销策略研究逐渐成为运营管理领域的热点话题，而推荐服务影响下的平台商决策问题已是学界关注的热点。目前，关于平台商的推荐服务研究多集中在推荐算法的开发、实证研究层面，很少有从理论模型构建的视角进行探讨。特别是针对推荐系统引入、实施 CFS 政策的平台商和广告推荐引入的网络代理平台商，考虑不同推荐服务影响下，消费者和平台商的博弈互动、自有品牌与制造商品牌竞争、双电子渠道竞争决策问题的相关研究十分稀少。从运营管理视角进行理论模型构建，分析消费者、品牌商与平台商的博弈关系，针对多渠道、多品牌竞争环境下的平台供应链的文献十分欠缺。基于此，本书从理论研究视角，结合博弈论、消费者行为理论及产业组织垄断竞争理论等方法，研究推荐系统引入、最优推荐服务水平及 CFS 决策、广告推荐引入对平台供应链成员定价决策和销售渠道选择的影响等问题，为平台供应链成员的运营决策提供理论基础和实践指导。

　　人工智能、区块链、5G 等新一代技术的持续发展促使直播技术在电商行业的应用逐渐兴起。其在网络营销过程具备显著的特征：一方面，直播营销具有全面性，品牌商可以通过多方位网络直播来展示商品细节，从而弥补传统电商平台销售时出现的商品信息展示不足的问题。另一方面，直播营销具有实时互动性，通过品牌商与消费者之间的实时沟通，能够有效缩短消费链路，快速实现消费者需求的转化，从而完成闭环交易。因此，近年来越来越多的品牌商采取直播营销的手段，直播电商交易市场规模持续走高，增速保持在 30% 以上，直播渗透率也逐年提高[①]，如图 1.3 和图 1.4 所示。根据中国互联网络信息中心（CNNIC）发布的《中国互联网络发展状况统计报告》，截至 2022 年 6 月，我国直播电商用户规模为 4.69 亿人，占网民整体的 44.6%。可见，我国直播电商行业正处于高速发展期，直播营销已经成为电子商务行业以及平台供应链发展的新方向。

---

① 《2022 年度中国直播电商市场数据报告》，https://www.100ec.cn/zt/2022zbdsscbg/，2023-03-22

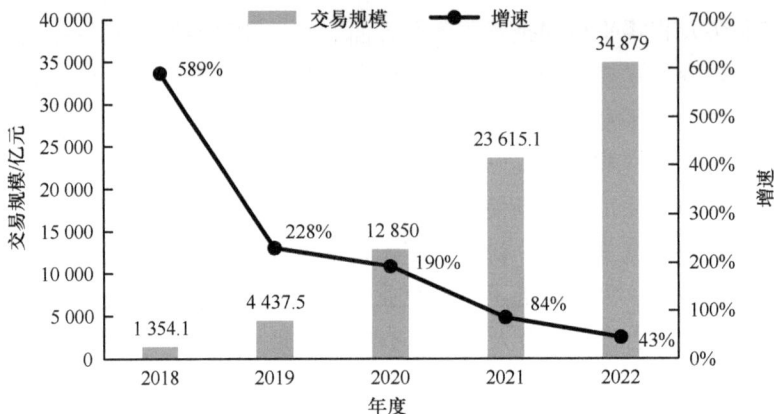

图 1.3　直播电商交易规模及增速

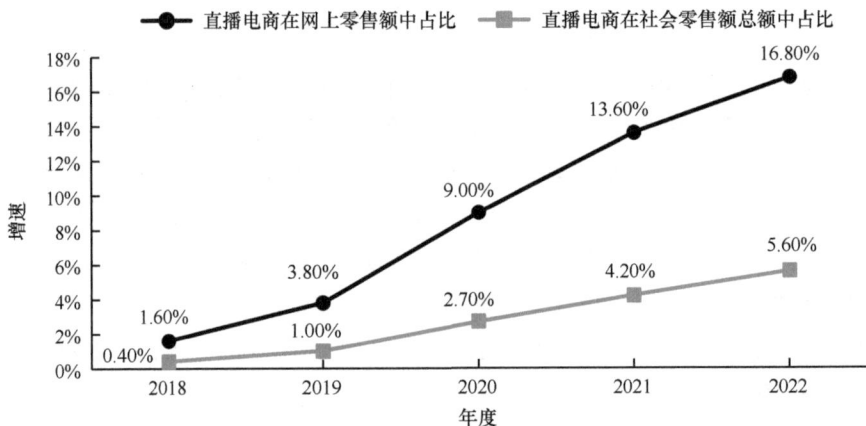

图 1.4　直播电商渗透率变化趋势

　　与此同时，直播电商行业带来的巨大利润使得直播平台逐步电商化。与传统电商平台不同的是，直播平台潜在用户数量巨大，直播平台拥有的大量潜在用户成为直播平台入围电商行业的重要基础。根据观研报告网的统计，2022 年抖音平台日常活跃人数超过 8 亿人，1~3 月人均使用时长均达 50 小时以上。而通过分析消费者的网络直播购买行为发现，直播平台向消费者推荐商品的努力水平是影响消费者社会临场感、提高消费者的购买意愿的关键因素。艾瑞咨询发布的《2021年中国直播电商行业报告》显示，在观看直播的用户当中，用户下单比例占总观看人数的 66%，近三分之二的用户是观看网络直播之后做出的购买行为。然而，由于信息不对称性与市场摩擦性，网络直播营销与消费者搜寻购买行为的相互作用呈现复杂性，使得直播电商市场难以精准化营销，消费者的搜寻购买行为大多缺乏目的性。中国消费者协会的《2020 年直播电商购物消费者满意度在线调查报告》显示大约 68% 的消费者在直播购物时无明确的购物目标。这就意味着平台供应链中的直播营销应考虑产品推荐服务决策、推荐模式选择等相关问题。

直播平台依据消费者不同的偏好对消费者进行个性化推荐构成了直播平台的关键推荐策略，随着直播电商业务的发展，直播平台将该策略与自身销售模式结合，探索出一系列区别于电商平台的独特销售模式——以平台直播推荐为主的推荐销售模式，这类模式能够显著提高需求的转化，挖掘平台供应链价值，为直播平台在激烈的电商市场竞争中取得了不菲的成绩。以直播平台抖音、快手为例，其 2020 年网站成交金额（gross merchandise volume，GMV）分别为 1340 亿元和 620 亿元，分别是 2019 年数据的 3 倍和 5 倍，销售收入呈现指数级增长态势。《2022 抖音数据报告》显示，2022 年抖音的 GMV 达到同期的 3.2 倍，售出超 100 亿件商品。此外，如韩国直播平台 Like it、谷歌 Shoploop、美国 Youtube 等越来越多的直播平台也利用其直播销售优势实现巨大的商业回报和价值，直播销售已经成为各大直播平台不可或缺的重要营销手段。

直播平台在应用网络直播技术的同时，将营销重心放在采取直播推荐策略上，从而形成了与电商平台不同的销售模式。现实中，直播平台存在两种销售模式，一种为非独家推荐模式，即直播平台在为自有平台的品牌商推荐销售商品的同时，还为第三方平台的品牌商推荐商品，消费者可以依据自身偏好选择购买不同的商品，例如，在 2020 年 9 月前，消费者可以在抖音平台上购买到淘宝、苏宁易购等平台上的品牌商品，快手平台也允许其他电商平台上的品牌商品在快手平台上销售。另一种为独家推荐模式，即直播平台仅为自有的品牌商推荐销售商品。例如，抖音平台在 2020 年 9 月宣布来源第三方平台的品牌商品将不再支持进入直播间，消费者无法在抖音平台上购买其他电商平台的商品。直播平台根据不同的外部环境选择不同的推荐销售模式与策略，不仅提高了平台的销售利润，也增强了平台在电商市场竞争中的竞争力，因此研究直播平台的推荐销售模式与推荐策略对直播平台在平台供应链中的运营与发展具有重要现实意义。

直播电商逐渐成为平台供应链运营管理领域的热门话题，直播平台的运营与营销策略研究也成为学者关注的重点。目前有关直播营销策略的研究多集中于实证分析层面，很少有学者是从理论模型层面进行分析的，从直播平台角度出发，将直播平台的营销策略细化，研究关于直播平台的销售模式与推荐策略问题更是十分有限，从平台运营管理视角理论分析品牌商、主播与直播平台之间的博弈关系的文献非常欠缺。因此，本书从平台供应链视角与理论研究视角出发，将推荐服务与直播平台的销售模式相结合，运用博弈理论模型与委托代理模型构建的方法，研究直播平台的最优销售模式与推荐策略问题、相关品牌商品的最优定价及推荐激励机制设计等问题，具有一定的理论意义，可为直播平台供应链的运营管理决策提供一定的理论指导。

1.2　平台推荐服务典型案例分析

本章所提供的典型案例分析旨在向读者提供一种能够展示企业运营实践动态过程并揭示理论概念来源依据的实际案例，能够深入分析过程变化的内在机制，有助于帮助读者理解平台供应链推荐服务现象背后动态、复杂的过程与机制，从企业实践的角度提炼出解释复杂现象的理论和规律。根据 1.1 节提出的研究背景，本节将围绕亚马逊平台的个性化推荐服务、京东平台的精准广告推荐服务、拼多多平台的网络优惠券推荐策略及抖音直播平台的兴趣电商内容推荐服务等四个方面阐述并分析平台推荐服务相关的典型案例。

1.2.1　亚马逊平台的个性化推荐服务

作为电子商务的开山鼻祖，亚马逊平台创业初期将图书作为其主营业务。为了吸引消费者在其平台上购买图书，亚马逊聘请了一个由 20 人组成的书评团队，该团队写书评、推荐新书，在亚马逊的网页上推荐有意思的新书，大大提高了亚马逊平台书籍的销量。《华尔街日报》曾热情地称其为全美最有影响力的书评家。随着亚马逊平台的书籍越来越多，这样传统的人工操作自然越来越滞后、低效。亚马逊平台创始人贝索斯（Bezos）决定尝试更有创造性的方法，即根据用户习惯和行为数据来为其推荐商品，也就是现在的个性化推荐（姜元春等，2023）。

亚马逊平台上的许多页面，包括使用电子邮件页面、浏览页面、产品详细信息页面等，都会有一些产品推荐的内容，来尝试建立每个用户的个性化商店。当消费者登录亚马逊网站时，亚马逊平台会根据该消费者先前的购买和浏览记录，推荐可能感兴趣的商品，设计个性化的网站首页。当消费者点击某一商品链接时，亚马逊平台根据购买过该商品的用户数据，推荐其可能感兴趣的商品，这种推荐被称为"Customers who bought this item also bought"。亚马逊平台也会通过捆绑销售等形式，为用户推荐相关的互补商品。当消费者将某一商品加入购物车时，平台也会提供各种各样的推荐商品，极大地提高了消费者购买的可能性。基于需求预测，如果消费者感兴趣的商品正在进行促销活动，亚马逊也会发送电子邮件给消费者，提醒消费者购买促销商品。

亚马逊平台是如何产生上述一系列推荐列表的？亚马逊平台在 1998 年推出了基于项目的协同过滤算法。该算法基于亚马逊海量的消费者行为数据，使得推荐系统能够以一种前所未见的规模处理数千万商品并为数亿消费者提供服务。2003 年，Linden 等将该算法称为 Item-to-Item 算法，发表在 *IEEE Internet Computing* 上。该算法在互联网上被广泛地应用在不同的产品中，包括 YouTube、Netflix 等很多数字内容产品。尽管其目录中有数千万种商品，亚马逊平台的推荐功能会根据消费者当前的资料和以前的行为挑选其可能喜欢的一小部分商品进行推荐。统计数据显示，亚马逊平台 20%～30%的浏览来自个性化推荐服务。

1.2.2　京东平台的精准广告推荐服务

京东作为国内规模较大的 B2C 电商平台，拥有庞大的数据基础，提供多样化的广告推荐渠道，为品牌商和广告主提供精准高效的一体化营销解决方案，帮助客户实现品效合一的电商营销。通过平台大数据处理技术，基于 1.88 亿用户购买支付信息，获取精准人群，实现标签定制化与精准推荐（商城研发 POP 平台，2017）。

品牌聚效汇聚京东平台内外优质的营销推广位，是以图片展示为基础，精准定向为核心，面向全网按展示付费（cost per mille，CPM）的实时竞价类广告推荐产品。通过海量曝光，让消费者迅速注意到品牌。品牌聚效的功能包括优质资源位、定向设置、出价设置和数据报表。特别地，优质资源位深度整合了平台内外海量优质资源，品牌商可以根据自身不同的推广需求，选择 PC（personal computer，个人计算机）端或无线端、站内或站外等不同媒体类型的资源位进行投放推荐。而定向设置则通过京准通（data management platform，DMP）工具定向，可进行类目维度和购物行为的定向，整合京东用户数据和广告主自有数据，为品牌商提供标准化的核心人群、意向人群、竞品人群、潜在人群、自定义标签，多种标签自由组合帮助品牌商圈定营销目标人群，实现广告的精准推荐和定向投放。通过定向则为品牌商筛选尽可能多的流量，满足品牌商在大促、活动时高流量需求的推荐。

品牌聚效整合京东平台内外展位和资源，作为京东成熟的投放资源位置，许多品牌商都利用其资源，让每一个广告推荐计划发挥最大效益。劲霸男装品牌在 2016 年 12 月 12 日无线端转化率达到了 21.93%，单日投资回报率（return on investment，ROI）高出行业平均值 37.33%，创历史新高。佐卡伊珠宝品牌在 2016 年七夕节的活动推荐效果显著，活动促销时间内，订单数比 2015 年同期增加 4.3 倍，订单金额增加 4.5 倍，品牌聚效 ROI 达 1:24.97，同样创历史新高。

1.2.3　拼多多平台的网络优惠券推荐策略

传统的线下优惠券由于推荐不精准的问题，无法达到理想的营销效果，所以品牌商极难实现收益最大化。但是网络优惠券的出现完全改写了传统优惠券的定义，从品牌商决定优惠券是什么，变成由用户自己的消费习惯决定优惠券是什么，完全脱离了以前单纯的打折促销的作用。经过数据分析、精准推荐，再通过网络优惠券的方式，实现了不同用户的相同产品的差别定价，更大限度地实现了消费者满意、品牌商利润最大化的理想状态。

　　拼多多,作为中国最大的社交电商之一,拥有着海量的用户群体和广阔的市场前景。若想在竞争激烈的电商市场中脱颖而出,提高消费者的购买力成为每一个平台亟待解决的问题。在了解消费者需求方面,拼多多平台首先深入了解了目标消费者的需求和喜好。基于用户数据与用户信息挖掘系统,通过分析消费者的消费频次、消费金额、购买品类、浏览记录等数据,得出消费者的消费习惯和偏好,从而更好地制定精准的网络优惠券推荐策略。例如,对于价格敏感型消费者推荐更大幅的优惠券刺激其消费;对于一段时间未浏览的消费者推荐以前经常购买商品的优惠券。同时,对市场趋势进行敏锐的观察,能够在第一时间捕捉到消费者的最新需求。实施网络优惠券推荐策略是提高消费者购买力的关键。在此方面,拼多多平台制订了详细的优惠券计划,包括网络优惠券的发放方式、使用条件、有效期等。同时,还通过社交媒体、电子邮件、短信等渠道进行网络优惠券宣传,以吸引更多的消费者参与。

　　网络优惠券对消费者的影响主要体现在以下三方面。首先,网络优惠券可以有效地激发消费者的购买欲望,提高消费者的购买决策速度。其次,网络优惠券可以增加产品的附加值,提高消费者对产品的信任度和满意度。最后,网络优惠券可以促成消费者复购,增加消费者忠诚度和用户黏性。为了让网络优惠券推荐策略更好地发挥作用,拼多多平台不断优化策略,如调整优惠券金额和有效期、增加优惠券的推荐途径等。此外,平台还与品牌商保持紧密的合作,确保优惠券推荐策略与品牌战略保持一致。总之,网络优惠券具有其独特优势逐渐被大众所熟知,用户分群、基于用户的消费习惯动态推荐网络优惠券的精准营销逻辑开始进入消费者的网购生活。

1.2.4　抖音直播平台的兴趣电商内容推荐服务

　　兴趣电商创新模式加快涌现,成为备受消费者欢迎的新模式。从精准匹配个性需求到引导和挖掘新的潜在需求,从人找货到以人为中心的消费场景创新,消费多样化、个性化、小众化发展趋势显著,消费者之间社交互动消费需求明显增强,同时引导数字化平台供应链与智能制造潜力得到释放,加快实现以消费者需求为核心的产业变革。

　　兴趣电商主动满足用户潜在需求,从而提升消费者生活品质。2021年4月,抖音直播平台首次明确了"兴趣电商"的平台定位。2022年5月,抖音直播平台又宣布将兴趣电商升级为全域兴趣电商。兴趣电商的经营场域从以短视频、直播为核心的内容场,延伸至以搜索、商城、店铺共同构成的中心场,以及加深品销协同的营销场。由此,"人找货"和"货找人"的链路被双向打通,商品也成为其中的关键角色，为品牌商带来更广阔的增长空间。通过内容推荐识别用户兴趣，运用直播和短视频将商品信息融入真实生动的内容场景中，使商品卖点和品牌故事得到充分展现，最大化激发用户的消费兴趣，从而创造新的消费需求，促进实现销量新增量。兴趣电商以内容为载体，将商品内容推荐给更多拥有相同兴趣的用户，从而促成发现式购物，进而基于消费者对美好生活的向往，满足用户潜在购物兴趣，提升消费者生活品质。

《2022 抖音电商商品发展报告》的统计数据显示，2022 年抖音直播平台短视频播放量同比 2021 年增长了 44%，短视频带来的网站成交金额（GMV）增长了 161%；直播观看人次提升了 86%，直播带来的 GMV 增长了 124%；抖音电商年销破亿的商家达到 1351 个，年销破亿的新锐品牌达到 164 个。这些内容消费行为，让用户与平台的黏性更强，用户的消费决策也被内容深深影响。在全域兴趣电商时代，抖音直播平台认为洞察用户的兴趣所在，进而围绕用户兴趣进行内容创作和商品开发，才能获得持续的增长。

1.2.5　多案例的总结与分析

本节基于案例发现，总结、探讨平台供应链中平台推荐服务的动态过程、演化机制及主要特征，提炼平台供应链推荐服务管理的理论规律，进一步分析推荐服务技术驱动平台企业运营创新的协同机制，并提出本书研究的科学问题。

亚马逊平台个性化推荐与京东平台精准广告推荐的案例表明，平台商与推荐系统的结合不但能够根据消费者的消费行为提供个性化产品，而且大大提升了消费者的网购效率（戴德宝等，2015）。其中，CFS 政策与凑单推荐服务的结合，更是改变了消费者选择何种购物方式的决策，极大程度地避免了平台商对消费者弃购因素的困扰；同时，网络代理平台商通过引入广告推荐服务，不但扩大了市场份额，而且提升了自身的竞争能力。在电商平台购买商品期间，消费者更加重视商品与偏好的匹配性，搜寻商品的便捷性，以及精准化推荐服务体验，因此平台推荐服务是互联网消费升级的必然产物。鉴于此，探究推荐系统引入对品牌竞争与消费者搜寻的影响问题，以及凑单推荐和广告推荐服务影响下的平台商决策问题，对改善消费者购物体验，优化平台供应链各成员运营管理具有重要指导意义。

通过分析拼多多平台网络优惠券推荐策略的案例发现，越来越多的电商平台采取各种各样的网络优惠券推荐策略，向不同类型的消费者推荐不同的优惠券，以便能够实现商品销售的精准化与个性化。网络优惠券已成为应对消费者差异化的购物需求，刺激消费行为，实现提高平台供应链营销效率的有效手段。针对不同类型的消费者行为，平台决策网络优惠券的两阶段推荐策略，以拓展市场来应对电商平台间激烈的竞争。此外，策略型与短视型消费者的存在也对电商平台的实际运营提出了挑战，策略型消费者会比较商家在不同阶段实行的不同价格，愿意等待并选择最好的购买时机。针对此类策略型消费者的等待行为，研究平台商两阶段网络优惠券折扣定价与推荐策略问题，对改善电商平台的实际运营效率具有重要和现实意义。

抖音直播平台的兴趣电商内容推荐服务的案例表明，由于直播营销带来的巨大红利，各大电商、直播平台也开始采用直播销售模式争夺用户，使得平台供应链成员间的博弈关系与决策行为日趋复杂，平台供应链呈现出销售模式多样化和营销渠道多元化等特征。目前，大多数直播营销是从消费者行为、监管机制设计以及营销方式等方面开展实证与理论分析研究。然而，鲜有学者从直播平台、主播的角度出发，将推荐服务与直播营销结合，研究直播平台供应链的推荐模式选择与推荐激励机制设计问题。该类科学问题不仅可以从平台供应链的视角分析直播平台的推荐策略对商品定价和消费者购买需求的影响，还可以探究推荐销售模式选择与激励机制策略，为直播平台制定合理的商品推荐水平，为品牌商设计最优的直播推荐激励机制，为直播平台供应链的运营优化与获取市场竞争优势提供理论指导。

1.3　本书的基本内容和主要创新

本书的研究属于运营管理与收益管理的理论与方法、信息经济学和产业经济学的交叉领域，采用理论模型、数值算例的方式解决所提出的科学问题。主要研究推荐与定价策略对品牌竞争与消费者搜寻的影响、CFS政策下平台商的凑单推荐服务策略、凑单推荐服务引入下平台商CFS策略、广告推荐服务引入下双电子渠道最优定价策略、考虑策略型消费者的两阶段优惠券推荐决策、渠道竞争与直播竞争下平台推荐模式选择与服务策略，以及委托代理关系下品牌商直播推荐营销激励机制。同时，本书建立相应的数学模型，提出品牌商、平台商及直播平台的最优推荐策略，分别讨论推荐服务对平台供应链成员最优决策的影响。本书的主要内容和创新之处如下。

第4章研究推荐与定价策略对品牌竞争与消费者搜寻的影响。一个制造商品牌和一个自有品牌分别在两个市场在线销售差异但部分可替代的产品，消费者分别为价格偏好型消费者和品牌偏好型消费者。自有品牌可以采用推荐系统向消费者推荐其产品，吸引品牌偏好型消费者购买该自有品牌。构建了三类考虑电商品牌竞争问题的博弈模型，分别是无产品推荐的基准模型、统一定价下的产品推荐模型与差异定价下的产品推荐模型。通过比较模型的均衡解，探究品牌竞争与消费者搜寻下的推荐与定价策略。此外，进一步分析了推荐强度和不同的定价策略如何影响两种类型消费者的搜寻努力，品牌的产品价格和利润，研究结论从理论上探究了推荐系统在品牌竞争中的作用，为推荐系统与品牌竞争的研究提供理论依据，也为自有品牌和制造商品牌的营销策略提供管理启示。

第 5 章主要考虑平台商在实施 CFS 政策下，针对消费者基础运费和凑单的异质性购物偏好，运用效用理论构建了消费者期望效应函数和平台商期望利润函数，以此形成双方的 Stackelberg 博弈模型，并决策出消费者最优购物意愿和平台商最优凑单推荐服务水平。在此基础上，通过灵敏度分析，归纳总结出影响消费者购物决策和平台商凑单推荐服务策略的主要因素。以期为 CFS 政策的有效实行和购物凑单推荐服务水平策略的优化选择提供决策依据。

第 6 章研究平台商实施 CFS 政策下，凑单推荐服务的引入对其基础运费和 CFS 阈值决策的影响。将凑单推荐服务作为影响平台 CFS 决策的外生因素，通过构建有无凑单推荐服务两种情形下的最优决策模型，求解出平台商的最优基础运费和 CFS 阈值。对比两种模型下的最优决策，挖掘凑单推荐服务的引入策略及其对 CFS 决策的作用机理，并通过数值仿真和问题拓展验证基本模型的有效性和稳健性。

第 7 章考虑平台商广告推荐服务引入下双电子渠道最优定价问题。由于平台经济的不断壮大，网络品牌商自建平台的同时逐渐趋于与平台代理商合作以提升绩效，而弱势的平台商则利用广告推荐服务增强渠道竞争力，这俨然成为一种普遍的商业模式。鉴于此，探讨平台商通过广告推荐服务引入如何增加自身盈利能力，及广告推荐服务引入如何影响产品最优定价决策、品牌商与平台商间竞争关系等问题。通过建立优化模型和相关参数的分析，揭示平台商运用广告推荐服务影响产品定价决策的经济规律，为其广告推荐服务科学引入和渠道成员最优定价策略选择提供决策依据。

第 8 章研究考虑策略型消费者的两阶段优惠券推荐决策。提出三种优惠券推荐策略：第一种是即时策略，即平台商在第一阶段推荐一张短期优惠券，消费者只能在第一阶段兑换优惠券；第二种是跨期策略，平台在第一阶段推荐一张长期优惠券，消费者只能在第二阶段兑换优惠券；第三种是混合策略，平台在第一阶段推荐一张短期优惠券和一张长期优惠券，消费者可以在每个阶段兑换一张优惠券。基于此，构建两阶段模型，探究策略型消费者影响下平台商折扣定价与优惠券推荐策略，并分析策略型消费者的占比和消费者耐心程度对平台推荐策略选择的影响作用。

第 9 章研究渠道竞争下直播平台推荐模式选择与服务策略。考虑平台供应链中存在两个竞争平台，但只有直播平台可以为品牌商推荐销售商品，此时直播平台可以采取独家推荐模式也可以采取非独家推荐模式。通过分别建立两种模式下 Stackelberg 博弈模型，求解得到在渠道竞争条件下直播平台关于不同模式的最优推荐水平和商品最优售价。通过对两种模式下的最优均衡解进行灵敏度分析，明确推荐成本系数、佣金率等因素对直播平台的最优决策的影响，并通过数值模拟得到直播平台选择最优模式的条件、验证相关分析结果。

第 10 章研究直播竞争下直播平台推荐模式选择与服务策略。在第 9 章的研究基础上，将直播竞争引入平台供应链模型，探讨在直播竞争模式下直播平台对于独家推荐模式、非独家推荐模式的最优选择和相应的最优推荐策略。根据两个平台与两个品牌商之间的博弈关系，使用消费者效用函数确定消费者需求，进而建立平台和品牌商之间的利润函数，使用最优化方法求解模型的均衡解，分析相关参数对平台的最优推荐水平和品牌商品的最优售价的影响，归纳得到直播平台在直播竞争下的模式选择的条件范围与推荐策略的制定。为贴合现实，从改变权力结构和平台制定不同的推荐水平两方面拓展模型，验证基本模型所得结论的稳健性，为其在平台供应链的竞争中选择最优的销售模式和引入推荐策略提供相关理论指导。

第 11 章研究委托代理关系下品牌商直播推荐营销激励机制。考虑一个品牌商和一个电商主播构成委托代理关系，品牌商委托主播为其提供直播推荐服务。由于消费者偏好和主播的推荐努力水平可能为私人信息，为使主播付出推荐努力，品牌商需要设计激励合同来激励主播为其提供更好的推荐服务。针对该问题，构建委托代理模型并分别求解品牌商的最优激励合同以及主播的推荐努力水平，此外还分析了消费者偏好、主播的风险规避程度和市场需求的不确定性对激励机制的影响。

本书拓宽了平台供应链管理理论的研究视角，突破了以往大多数基于实证、算法和案例视角研究产品推荐服务的局限，从推荐系统引入、CFS 政策下凑单推荐服务、广告推荐服务、两阶段优惠券推荐、直播推荐服务等多维角度研究平台供应链推荐服务管理问题，分析产品推荐服务策略对平台供应链绩效与运营效率的影响。本书同时分析推荐服务经济学的特点与规律，构建了平台供应链推荐服务理论体系框架。成果紧密围绕品牌商、零售商、制造商、平台商的收益管理及销售运营实践，从理论上揭示了平台供应链运营管理中推荐服务策略的作用机理，同时对优化品牌商、平台商运营与销售策略、改善商业模式与激励机制、增进企业竞争优势并提高资源供需匹配效率等现实问题提供决策参考，从而有利于促进平台供应链产能资源的供需匹配和均衡优化。

第2章　平台供应链推荐服务管理研究评述

近年来，平台供应链的管理理论与方法一直受到很多相关领域的国内外专家和学者的关注（陈剑等，2020b；陈剑和刘运辉，2021；余玉刚等，2021），不同的研究者针对平台供应链的端到端、数智化、复杂性等有别于传统供应链的显著特征，从平台供应链模式选择、平台渠道与服务管理、平台供应链品牌营销竞争及直播平台运营管理等不同的方面针对这一领域开展了大量的研究和探索，分别提出了决策者的最优策略，取得了一系列创新性的成果，并提供了有意义的决策参考。近年来，许多专家和学者开始从经济学的视角研究产品推荐服务的决策和博弈问题，并意识到产品推荐服务管理的优化对于平台供应链的运营效率有着重要的影响。

本书的核心内容是探究平台供应链推荐服务管理决策以及产品推荐服务策略问题。本章所提供的理论背景旨在向读者提供一种易于理解的理论直觉，使用非技术的语言对这些理论成果作出研究评述。根据第1章提出的基本研究问题，本章围绕平台供应链模式选择与定价、平台推荐服务策略、平台供应链中品牌竞争以及直播平台营销管理等四个方面介绍与本书最密切相关的理论成果。

2.1　平台供应链模式选择与定价

全球经济一体化发展和产业链变革促使各国加速布局现代化供应链，打造自身供应链的竞争优势（Nyström et al.，2019）。平台化作为提高供应链竞争力的有利方式，可以通过充分发挥人工智能、信息协同和智慧决策等优势，实现供应链上游与下游之间的沟通，从而将时间和空间有机结合，深度挖掘供应链的价值与优势（O'Rourke，2014；余玉刚等，2021）。目前有关平台供应链的文献主要包括模式选择、平台定价竞争两方面的研究。

平台供应链模式选择是影响平台运营决策效率的主要问题之一，因此该问题一直是平台供应链研究领域的关注热点。早期的学者将关注点集中在单一网络零售平台的销售模式选择问题。例如，Hagiu 和 Wright（2015）考虑在网络效应和商品溢出效应下，研究单一零售平台对于转售模式和市场模式的最优选择问题，发现零售平台销售长尾产品有利于降低平台成本，因此平台应选择市场模式，但当商品溢出效应和网络效应对上游制造商产生不利影响时，平台应选择转售模式。该工作不仅为研究平台销售模式选择问题开创了一种新的建模方式，还为后续学者研究零售平台营销活动、库存管理和售后服务及定价等提供了启示。在此基础上，Tian 等（2018）考虑混合销售模式，建立了由两个供应商和一个网络零售平台组成的平台供应链，探究制造商选择不同销售模式对平台供应链成员最优决策的影响，通过利用博弈求解方法，发现上游供应商之间竞争的激烈程度和订单成本共同影响网络零售商偏好不同销售模式的选择区域。周驰等（2021）在此基础上研究了在平台和制造商存在双重竞争条件下，零售平台的销售模式选择策略。在考虑制造商采取广告营销活动时，王辰宇和孙静春（2022）研究转售模式和平台模式对制造商最优利润的影响。基于平台供应链环境，周驰等（2023a，2023b）分别研究了复合型电商平台与制造商的销售模式选择及竞争策略。

随着平台经济的深入发展，更多基于平台的销售模式选择研究开始得到众多学者的关注（Yu et al.，2022）。例如，Li 等（2019）研究共享经济领域当中原始设备制造商（original entrusted manufacture，OEM）与第三方共享平台合作的商业模式选择问题。Li 等（2020c）将商品代发货模式与转售模式进行对比研究，分析零售平台在双渠道结构当中的模式选择问题以及供应链的效率问题。Li 等（2020e）研究在数字音乐平台背景下关于平台订阅模式、自有模式以及混合模式的选择问题与音乐的最优定价问题。此外，蒋忠中等（2022）研究买断模式和分账模式在视频供应链平台运营中的适用条件。Yu 等（2023）考虑竞争环境下，从自营与第三方物流的角度探究平台商最优的物流模式选择策略。针对众包物流配送问题，冯鑫和陈旖珊（2022）研究电商供应链物流配送模式选择与协同问题。

除了平台供应链模式选择问题外，平台服务营销与竞争问题也是学者关注的研究热点。基于 Hagiu 和 Wright（2015）的研究工作，Abhishek 等（2016）最先关注了竞争对网络零售平台模式选择的影响问题，通过考虑平台之间的竞争因素，建立了一个制造商和两个竞争性的零售平台之间的序贯博弈模型，分析得到零售平台应该采取代理销售模式的条件，以及平台采取代理销售模式、转售模式和混合模式对市场参与者利润的影响。从供应商的分析视角，李增禄等（2020）考虑平台供应链竞争环境，研究零售平台在上述三种销售模式中对供应商的信息分享策略问题。Zhu 等（2021）研究了网络互联性如何影响现有平台与新进入平台之间的竞争问题。在平台供应链竞争环境下，于静等（2022）探究了自营品牌商的第三方零售渠道引入与定价策略。此外，也有学者研究供应链竞争下批发价合同与折扣合同的比较选择问题（Li et al.，2013）、数字流媒体平台在内容分布方面的竞争问题（Chiang and Jhang-Li，2020）、考虑公平关切和消费者低碳偏好的制造商竞争问题（王文隆等，2022）、不同信度水平下供应链竞争中的成本不确定性问题（Liu et al.，2021c）、考虑自有品牌引入与制造商搭便车的平台供应链定价问题（李春发等，2022）及考虑消费者策略行为和双重博弈竞争关系的渠道配置问题（李春雨等，2022）。

　　基于目前平台供应链领域的研究工作，一些学者将服务管理与平台运营管理问题结合，进一步探索其在发展过程中出现的新的运营管理问题。Li 等（2016）首先将关注点放在服务模式选择问题上，通过建立四种服务模式，研究制造商承担服务、零售平台承担服务、由制造商外包给第三方服务商或者由零售平台外包给第三方服务商的最优服务模式选择问题。研究发现，服务成本对服务模式的服务水平产生影响，当服务成本对服务水平的影响程度较低且消费者需求对服务水平的敏感性较高时，零售平台承担服务和承包给第三方服务商的模式有利于平台供应链各成员。Ma 等（2019）进一步研究产品的延保服务问题，通过考虑双层双寡头竞争供应链结构，研究在市场竞争和零售商延保的交互环境下，制造商如何控制其零售渠道以获取最优供应链系统利润的问题。刘震等（2022）将有偿延保服务与商品促销服务结合，研究制造商在不同成本入侵时的最优订货决策与销售策略问题。张伟烽等（2022）使用动态博弈理论研究第三方延保服务渠道决策的问题。通过建立考虑延保服务的闭环供应链模型，Cui 等（2023）探究了制造商产品回收策略与电商平台延保服务之间的交互影响。此外，还有学者关注平台以旧换新服务策略（苑希港和张晓青，2022；杨爱峰等，2022），基于遗传算法的平台售前服务优化等问题（任晓辉等，2022）。

　　电商平台对消费者需求与体验的重视已经成为平台经济高质量发展的核心战略，正在推动平台供应链管理研究逐渐关注运营与营销交叉领域的问题。营销是一个主要关注市场销售状况的功能领域，通常用于定义在何种渠道以何种价格提供何种产品或服务（Feng et al.，2018，2020）。面对激烈的全球竞争和快速变化的营销机制，运营管理者可能会发现一些目标无法实现。针对这种冲突，学者建立了各种模型进行相关研究。Mollenkopf 等（2011）研究了运营与营销交叉领域的退货管理问题，并讨论了家电制造商在与其零售客户合作时的退货管理问题。Lee（2014）利用贝叶斯模型来解决考虑营销努力的库存管理问题。Dockner 和Fruchter（2014）分析了分散营销的相互作用，并假设市场销售部门决策影响需求的产品价格，而运营管理部门决策产品的生产率。Samuel Sale 等（2017）基于运营与营销交叉的视角研究了产品的最优生命周期。

　　基于策略型消费者行为的平台供应链营销定价问题也得到了广泛的研究。Coase（1972）在耐用品定价的研究中首次考虑了策略型消费者。此后，学者从不同的视角拓展了策略型消费者行为相关研究，如易腐产品定价（Chen and Zhao，2020；Cui et al.，2018），库存策略（Wu et al.，2015b），快速响应系统（Dong and Wu，2019；Wang et al.，2018），产品质量（Yu et al.，2016），以及以旧换新方案（Liu et al.，2019）。而上述研究较少涉及策略型消费者行为对企业运营与营销管理的影响，于是众多学者开始探索策略型消费者对企业在两阶段销售过程中的动态定价与利润的影响研究（Parlaktürk，2012；Su，2007，2010）。Fisher 等（2018）

研究了竞争环境下基于消费者选择模型动态定价策略,以跟踪在线零售中竞争对手的价格变化。Aydinliyim 等(2017)在策略型消费者的两个阶段设置下,分析了在线零售商库存披露和定价政策的最优结构。Gao 和 Su(2017)研究了在线购买和店内提货计划对商店运营的影响,模型中的零售商同时经营线上和线下渠道,客户策略性地进行渠道选择。此外,该问题下的折扣定价研究也得到了相当多的讨论,多数研究者关注如何设计最优折扣定价政策以使企业利润最大化,如 Yue 等(2013)、Armstrong 和 Chen(2020)探寻最优折扣定价策略来吸引消费者以增加收益。Chai 等(2014)、Apostolopoulos 等(2021)研究采用折扣定价政策对消费者行为的影响。Li 等(2012)在价格贴现率是外生的假设下,研究新时尚产品供应链管理中的最优订购和定价策略。Ghose 和 Han(2014)通过收集Googleplay.com 的实证数据,分析了新经济下折扣定价对移动应用需求的影响。基于 Ghose 和 Han(2014)的研究,Choi 和 Chen(2019)进一步讨论了折扣定价和产品捆绑对游戏即服务销售的影响,研究结果表明,折扣率和折扣价格与销售额的增长呈正相关,而折扣定价的影响随着折扣交易的增加而降低。Pal 和 Adhikari(2020)通过在第二阶段提供价格折扣政策来考虑两阶段库存管理中的利润最大化问题。

上述关于平台供应链的销售模式选择、服务营销与竞争研究都是从传统电子商务背景下分析网络营销对运营管理问题的影响,尚缺乏关于推荐系统引入或考虑推荐服务的运营与营销管理问题,以及直播营销背景下的销售模式选择与激励机制设计问题。本书考虑了推荐系统引入和消费者搜寻的品牌竞争问题,分析了统一定价和差异定价策略下自有品牌的市场竞争能力。通过建立模型,检验了推荐与定价策略对品牌竞争和消费者搜寻行为的影响。通过建立两阶段博弈模型,本书分析了考虑策略型消费者的网络优惠券不同折扣定价策略,并讨论了不同在线优惠券推荐策略下市场中短视消费者和策略型消费者的存在对产品定价的影响。与已有研究不同的是,考虑平台向消费者提供在线优惠券时的折扣定价现象,抽象地将在线优惠券的价值纳入通过感知产品价值带给消费者的折扣效用中。目前,直播平台已经在电子商务行业当中占据了一定的席位,同时该平台也具备了区别于传统电商平台的一系列典型特征,关于直播平台的运营管理问题也成为学者关注的热门研究。因此,本书从直播平台角度研究销售模式、推荐服务策略、推荐激励机制设计以及如何在平台竞争中提高自身竞争力等现实问题。

2.2 平台推荐服务策略

伴随着数字智能技术的发展和消费者信息过载效应的产生(Branco et al., 2016;楚明森等,2022),越来越多的网络零售平台开始关注产品推荐服务对消费者搜寻与购买行为的影响。Baier 和 Stüber（2010）使用技术采纳模型表明针对用户的个性化推荐服务能够有效提高消费者的购买意愿。雷军环等（2012）认为平台的产品推荐服务可以为消费者过滤海量的商品信息，从而解决信息过载问题。同时，基于推荐系统的产品推荐服务广泛应用于电商平台的网络销售，为消费者提供更加符合消费者偏好的产品或信息，也增加了新的购买渠道与信息渠道。电商零售过程中推荐算法和推荐系统的设计是被人们广泛关注的研究问题之一（Scholz et al.，2017；Bag et al.，2019）。Chen 等（2016）研究了多核支持向量机用于数据分类和交叉销售推荐，以提高客户的回购率。Geuens 等（2018）建立了一个推荐系统框架，可以帮助电子商务企业选择最佳的推荐算法。Hwangbo 等（2018）将协同过滤算法应用于一家时尚产品企业在线上和线下销售相同的季节性产品。一些实证研究也广泛讨论了推荐系统如何干扰销售过程和购买行为等问题。Baum 和 Spann（2014）利用实证方法分析了消费者在线评论和推荐系统之间的互动对消费者决策的影响。Dadouchi 和 Agard（2021）研究了推荐系统如何将消费者的兴趣转移到特定的商品上，从而提高物流效率、降低运营成本和缩短交货时间。此外，Lee 和 Hosanagar（2021）讨论了推荐系统对不同类型产品的差异化影响。

　　回溯推荐系统的发展历程，早期的推荐系统作为一个独立的信息中介向电子零售平台提供产品推荐服务。Chen 等（2014）将推荐信息中介与一个网络零售平台组合，研究在供应链集中与分散决策下信息中介和零售商的最优策略，通过比较分析发现集中决策更优，因此设计了一个考虑消费者和推荐信息中介的价格合作协调契约，从而实现供应链整体协调及各成员的利润最大化。Wu 等（2015a）考虑信息中介存在的条件，研究制造商利用推荐信息中介向消费者采取独家推介或非独家推介的模式选择问题。研究结果发现，在细分市场规模足够大时，制造商应选择非独家推介模式，否则，独家推介模式是制造商选择的均衡模式。Yang 和 Gao（2017）构建了一个网络零售商与两个竞争制造商之间的博弈模型，探讨了网络零售商利用推荐系统如何策略性地为两个上游竞争的制造商选择不同的推荐策略，以实现网络零售商的利润最大化。通过分析供应链成员之间的博弈关系，发现推荐系统可以缓解推荐市场的渠道冲突，网络零售商同时推荐两家制造商产品实现最优的供应链利润。考虑消费者搜寻与品牌溢出效应，Zhou 等（2020a）讨论了信息中介的网络推荐对自有与制造商品牌营销策略的影响。在当前越来越激烈的平台供应链竞争中，传统的营销模式后劲不足，推荐服务则能够迎合消费者的偏好，提高消费者购买商品的意愿（李家华，2019；卢竹兵等，2020；Deng et al.，2019；Hwangbo et al.，2018；Liu et al.，2021b；Cai et al.，2021），并降低商品库存成本（Ettl et al.，2020），因此，平台供应链成员利用推荐系统向消费提供精准的推荐服务（Zhou et al.，2022），从而使其在激烈的市场竞争中占据一定的优势。

此后，网络零售平台开始将推荐系统纳入自身平台的运营系统当中，更多的学者将推荐系统与网络零售平台之间的界限淡化，转而直接研究平台供应链的推荐策略问题，并且进一步探究推荐策略对平台供应链运营与营销管理的影响问题（Li et al.，2019；2020a；Zhou et al.，2022；2023；Chu et al.，2023）。例如，Yang和 Gao（2017）讨论了网络零售商在面临两家制造商竞争的情况下是否同时推荐两家制造商的产品，将市场分为不受推荐影响的传统消费者市场和选择购买推荐产品的推荐消费者市场。金亮（2019）利用委托代理模型研究在线推荐对于线下实体店利润和信息价值的影响，通过设计 O2O（online to offline，线上对线下）供应链激励合同，调整线下实体店消费者的体验价值，从而缓解信息不对称导致的线上与线下合作的受损问题，同时分析发现在一定条件下，在线推荐能够有效提高线上零售商的利润。Chen 等（2023）分析了零售平台的推荐策略对其采用转售与代理合同的影响。针对两家通过共同零售商销售的竞争制造商，Li 等（2018）研究了推荐系统对零售商、制造商、消费者剩余以及社会福利的影响，并分析了零售商在面对多家制造商和多种消费者群体时推荐系统的产品推荐策略与精准性。依据商品的长尾理论，张翼飞和陈宏民（2020）建立了一个零售平台经济模型，将推荐策略与平台销售策略相结合，计算得到两个竞争零售平台的市场均衡，将未使用推荐策略与使用推荐策略得到的商品价格和平台利润进行对比，发现推荐策略可以通过改变消费者的需求来提高零售平台的销售量与利润。从按点击付费与按销量付费两种支付模式出发，Zhou 等（2020b）分别设计了网络推荐服务的激励机制。

在运营实践中，众多零售平台采取向消费者推荐网络优惠券的服务方式实现商品的促销。此类研究主要包括实证分析和理论建模两个方面。在实证分析方面，Barat 和 Ye（2015）、Im 和 Ha（2013）考察了消费者对网络优惠券的反应。Jia 等（2018）强调优惠券折扣和消费者支出水平之间的关系并不恒正，在某些条件下可能是倒 U 型。在理论建模方面，Martín-Herrán 和 Sigué（2015）考虑了一个研究情景，即制造商向消费者提供包装优惠券或贸易优惠，以刺激消费者在第一和第二阶段购买商品。研究发现，无论制造商向消费者只提供优惠券，还是同时提供贸易协议与优惠券，当优惠券被兑换时，制造商获得的利润比不兑换时更多。通过改进霍特林（Hotelling）模型，Kosmopoulou 等（2016）探索了消费者忠诚度对企业网络营销策略的影响，优惠券交易可能会降低企业推荐优惠券的动机。Jiang 等（2018）提出了一种利用产品捆绑和优惠券折扣的在线定价策略，并提出了一种非线性混合整数规划模型来确定最优优惠券折扣，以使电子零售商的利润最大化。Zhang 等（2020）研究了票面价值和期限联合优化的分析模型，分析了优惠券设计对消费者兑换行为的影响。此外，也有一些学者研究非零售平台的推荐服务问题。例如，Huang 等（2021）研究旅游平台在随机游客需求下基于成本的景点推荐问题。通过建立随机规划模型计算旅游平台向消费者推荐的最优水平，得到旅游平台的最优推荐费用，并通过大量的数值实验来验证旅游平台推荐模型在计算复杂度、求解质量和算法方面的鲁棒性，从而为旅游平台的经营提供有效的管理意见。Song 等（2019）使用多类别效用模型，研究新闻平台在采取推荐策略时，消费者如何从推荐列表中发现新内容，从而降低相应的搜寻成本问题。

目前已有的研究发现无论独立于平台之外的推荐系统还是与平台融合为一体的平台推荐服务，推荐均能够在一定程度上改善消费者的需求，从而提高企业的利润。但这些研究大都是从传统供应链的角度考虑，或从上游制造商角度研究推荐服务策略，而尚缺乏从平台供应链角度系统研究推荐服务管理问题。特别地，较少关注推荐系统引入与定价策略影响下的品牌竞争、平台商 CFS 与凑单推荐服务、广告推荐服务引入下双渠道定价等问题。本书的第 4 章综合分析了无推荐系统情形、统一定价情形及差异定价情形下的均衡策略，探讨了推荐系统引入与定价策略对品牌竞争与消费者搜寻的影响。为了研究品牌竞争中的消费者搜寻行为，将消费者分为品牌偏好型和价格偏好型两种类型。此外，通过引入推荐系统来研究两类品牌之间的直接竞争。第 5、第 6 章研究了平台商 CFS 政策与商品凑单推荐策略的相互作用机理，分析了 CFS 政策下最优凑单推荐服务水平的主要影响因素及其凑单推荐服务引入策略。第 7 章构建了考虑广告推荐服务的双电子渠道定价模型，探讨了广告推荐服务的最佳引入时机，并分析了广告推荐服务投入水平对渠道定价的影响。

蓬勃发展的网络零售模式促使各零售平台针对策略型消费者行为设计不同的网络优惠券折扣定价策略。虽然策略型消费者行为、折扣定价和网络优惠券分别被广泛研究，但很少讨论策略型消费者与平台结合下的折扣定价和网络优惠券推荐策略选择问题。在电子商务营销的新时代，网络优惠券的使用更加广泛，消费者的网上购物更加理性。这些因素的结合在运营管理领域产生了新的、有意义的研究问题。因此，第 8 章试图确定平台在考虑异质消费者时的最优折扣定价和网络优惠券推荐策略选择。将策略消费者行为与平台的网络优惠券推荐策略相结合，研究了在三种不同优惠券推荐策略下，异质消费者对两期产品价格的影响。基于 Pashardes（1986）和 Parlaktürk（2012）的研究，进一步拓展了策略型消费者和折扣定价领域的通用消费者效用模型，补充了网络优惠券推荐和策略型消费者折扣定价的相关研究。

在研究网络零售平台的推荐策略时，鲜有学者将平台的角色进一步细分。直播平台作为平台供应链的一名新成员，在运营模式中存在很多与传统的电商平台运营模式不同的特点。例如，直播平台具有比电商平台更多的潜在消费者、更强的推荐商品的动机等。因此，第 9、第 10 和第 11 章将直播平台作为研究对象，使用理论建模的方式，同时将推荐策略、销售模式相结合，研究渠道竞争、直播竞争背景下直播平台的推荐模式选择与服务策略、品牌商直播推荐营销激励机制设计等问题。

2.3　平台供应链中品牌竞争

数字经济时代的飞速发展，越来越多的电商平台开始创立自有品牌，自有品牌与制造商品牌产品之间的激烈竞争接踵而至。产量、质量、价格、服务与品牌竞争是产品之间竞争的五个阶段，其中品牌竞争是最高阶段的竞争。同质产品在市场中逐渐饱和，低价已经不再是品牌竞争的优势（徐岚等，2020）。与此同时，各大制造商和电商平台逐步制定并完善自有品牌战略，品牌竞争对供应链成员定价决策的影响受到众多学者的关注（Zhou et al.，2022；Chu et al.，2023）。

以往关于平台供应链中品牌竞争的相关研究集中于双渠道供应链系统。考虑零售商与制造商组成的双渠道供应链，肖迪等（2007）研究了两种不同品牌商品的价格竞争问题，并探讨了品牌间差异因素对均衡解的影响，发现外部零售商的存在可以缓解价格竞争。王瑶等（2014）考虑了一个销售异质性的制造商品牌和一个具有自有品牌的零售商构成的供应链系统，通过描述产品间差异性，建立考虑服务溢出效应的数学模型，对比研究了集中与分散两种决策情形。与上述不同的是，吕芹和霍佳震（2014）考虑了一个销售同质性的制造商品牌和一个自有品牌的零售商构成的供应链系统。首先，在零售商和制造商分别投资广告，并且两者同时承担广告投资成本的情况下，研究了供应链成员的定价决策问题；其次，给出了制造商选择广告信息共享化或者私有化的条件。王晓锋等（2015）也考虑相同的供应链结构，研究考虑品牌竞争的双渠道供应链定价与协调机制问题，发现拥有双渠道的产品在销售上更具市场竞争力。通过研究由一个直销渠道和一个零售渠道组成的供应链系统，曹宗宏等（2015）建立了纳什（Nash）均衡模型，发现降低自有品牌商品的成本可以降低双重边际效应的影响，并且制造商可以通过提高消费者对渠道的忠诚度减少品牌商品间的差异性。此外，Zhang 等（2021b）研究了制造商入侵和零售商自有品牌产品质量之间的策略互动问题。

如今越来越多的电商为了获得市场竞争优势而构建具有自有品牌的电商环境。传统研究认为零售商为了获得更多的利润，会利用自有品牌取代制造商品牌，而自有品牌的引入会迫使制造商降低产品批发价格，从而导致其利润的降低（Raju et al.，1995）。最新的一些研究为自有品牌引入策略提供了一个全新的视角（Wang et al.，2021）。Ru 等（2015）构建了零售商主导的 Stackelberg 博弈模型，研究了零售商引入自有品牌对制造商品牌的影响，发现即使制造商品牌产品的批发价格降低，自有品牌的引入也可能会使制造商受益。李海等（2016）进一步研究了零售商、制造商品牌竞争的双渠道供应链定价决策。Luo 等（2017）构建了零售商与两个差异化品牌制造商的多阶段博弈模型。实际上，双渠道供应链模型是通过供应链成员间的相互合作构建出来的。李景峰等（2017）同样以双渠道供应链为研究背景，考虑拥有网络品牌的网络销售渠道引入问题，表明价格加成契约机制可以弥补双重边际效应引发的损失。通过考虑两个制造商同时拥有实体与在线两个销售渠道的情形，霍良安等（2020）分析了品牌竞争对定价决策的影响，证明了两个制造商若采用联合调价策略可以实现共赢。此外，自有品牌和制造商品牌的多级供应链也得到了一些学者的关注。Cheng 等（2021）研究了考虑自有品牌的三级供应链策略互动及其相应影响。通过构建一个制造商主导的博弈模型，Shi 和 Geng（2021）讨论了零售商是否向制造商分享市场信息以及是否引入自有品牌的问题。

品牌竞争问题在平台供应链营销管理研究中一直受到广泛的关注（Yu et al.，2022；Zhou et al.，2023，2024），其中许多研究探讨了自有品牌的引入对供应链成员产品广告或推广策略的影响。通过考虑不同的博弈形式，Yang 等（2018）分析了双渠道供应链中零售商自有品牌与制造商品牌竞争的广告策略。以零售商同时销售两种品牌商品的供应链系统为基础，陈国鹏和张旭梅（2019）探究了广告合作问题，通过构建随机微分模型，得出广告的投入比例与成本分担比例，基于此，进一步探究商品的品牌效果对广告决策的影响。Zhou 等（2019b）探讨了零售商在同时销售自有品牌与制造商品牌时选择推广哪些品牌产品的问题。Karray 和 Martín-Herrán（2019）研究了制造商是否可以利用定价与广告决策的时机来获利或阻止自有品牌的引入问题。在此基础上，Karray 和 Martín-Herrán（2022）同样考虑定价与广告决策的时机，讨论了在由竞争制造商组成的供应链中自有品牌的引入策略问题。

以上研究都是关注自有品牌引入及其广告促销策略在品牌竞争问题中的作用。然而，尚缺乏考虑推荐服务策略对平台供应链中品牌竞争的影响研究。考虑消费者搜寻行为与品牌溢出效应，Zhou 等（2020a）分析了信息中介的网络推荐对自有品牌与制造商品牌竞争的影响，发现随着消费者对品牌认知的增加，网络推荐的存在会使制造商品牌的定价与销量下降，而使自有品牌的定价与销量提高。基于此，第 4 章根据消费者对制造商品牌和自有品牌的消费搜索偏好，分为品牌偏好型消费者和价格偏好型消费者两类。通过比较无推荐系统情形、统一定价情形以及差异定价情形下的均衡策略，研究了平台推荐系统与差异化定价策略对自有品牌与制造商品牌竞争的影响，并进一步探究了自有品牌引入推荐系统后、自有品牌占据更大的市场份额以及品牌之间没有主从关系等情况下市场均衡的变化规律。

2.4　直播平台营销管理

网络直播自 2009 年出现至今已有十多年的时间。随着直播技术在电子商务领域的广泛应用与迅猛发展，关于直播营销的相关研究从 2020 年开始逐渐受到学术界与产业界的关注。早期关于直播营销的研究大多集中于实证研究。例如，刘洋等（2020）使用 SOR（stimulus organism response，刺激有机体反应）理论将消费者直播购物的主要特征分为互动性、真实性、娱乐性和可视性四个方面，根据调查问卷所获得的数据进行分析和检验，发现以上四个方面对消费者的购买行为具有重要影响。在此基础上，冯俊和路梅（2020）引入信任理论，通过结构方程模型和 Bootstrap 法研究该理论在直播过程中对于消费者的社会临场感和消费者冲动性购买意愿之间的影响作用，分析得到信任在影响消费者的购买意愿和社会临场感方面起到了中介作用。Wongkitrungrueng 和 Assarut（2020）提出了一个关于直播营销的综合框架，以研究顾客对直播的感知价值、消费者信任和消费者参与之间的关系，通过研究发现直播营销可以增加商品的销售量和消费者的忠诚度。陈迎欣等（2021）进一步分析直播销售当中的实时互动对消费者在购买过程中的信赖影响作用的内部机制，并将消费者的信赖感类型分为三类，研究得到直播过程中的临场感知能够创造消费者的能力型信任，而社会临场感知能够创造诚信型和善意型信任。通过采用详尽可能性模型（elaboration likelihood model，ELM），Gao 等（2021）考察了中心路线和外围路线两类因素对消费者感知说服力的影响，其中的中心路线因素主要有信息完整性、信息准确性、信息时效性；外围路线因素主要包括流媒体人的可信度、流媒体人的吸引力、弹幕的一致性、共同观看者的参与度等。

网络直播营销作为新零售时代数字经济新业态，因其能够方便消费者实时观察产品的细节，平台供应链中许多品牌商和平台商已经把网络直播作为主要的营销工具。近年来，一些学者开始关注直播营销过程中信息互动对消费者行为的影响问题（Hu and Chaudhry，2020；Lu and Chen，2021）。Xu 等（2020）研究了直播平台的信息互动服务对消费者的享乐消费、冲动消费和社会分享等行为的影响。通过利用定量和定性相结合的方法，Wongkitrungrueng 等（2020）评估用户黏性指标的性质与程度，刻画了动态交互式的直播营销过程，以帮助品牌商制定最优的直播渠道推广策略。Kang 等（2021）利用文本分析方法对直播平台的实时评论数据进行分析，探讨了信息互动强度对消费者参与行为的动态影响。Li 等（2021）研究了直播互动关系与弹幕情境线索对消费者打赏行为的影响。Fei 等（2021）设计了一个两阶段的眼动跟踪实验以研究品牌商直播营销策略，并分析羊群消息和互动文本等社交线索对消费者注意分配过程和购买意愿的影响。Lin 等（2021）

通过面板向量自回归模型分析了主播情绪、消费者情绪和消费者活动相互影响关系，进一步优化了直播营销策略。Sun 等（2021）证明了直播实时互动可以使得消费者更加真实地感知价值，在连接商家与消费者的同时提高消费者的需求转化率。Lu 等（2021）和 Ma 等（2022）研究了一种按需付费的定价策略以探讨观看直播消费者规模、忠诚消费者规模与销售收入之间的影响关系。通过采用信号理论和不确定性理论，Lu 和 Chen（2021）探究网络直播营销对消费者购买意愿的影响。结论发现网络直播可以减少产品适合的不确定性，并增加消费者的信任，进而促使消费者购买。此外，丁佳敏和陈军飞（2021）将直播与餐饮行业相融合，分析直播方式对外卖消费者信任模型的影响。通过结构方程模型和层次回归法，臧维等（2022）将消费者在直播销售中对品牌的影响心理进行相关权重分析，发现消费者的品牌心理容易受到品牌直播的显著影响。

随着直播营销在实证方面的深入研究，许多学者逐渐将关注视角转向理论研究方面，开始挖掘直播营销在平台供应链运营和服务方面更深层次的价值。传统的电子中介平台能够聚合买卖双方，为交易者提供搜寻、协商和交易匹配等服务，在为互联网消费者或电子商务交易者提供更多有效信息的同时，还能大大减少消费者或交易者的搜寻成本，从而促成更多有效的在线交易（蒋忠中，2012；Tian et al.，2018）。直播平台除了具有传统电子中介平台的典型特征，其运营管理策略也会直接影响直播营销效果，关于直播平台营销管理的相关理论研究主要集中于平台供应链多渠道协调、直播平台与主播的佣金激励策略等问题。

在直播电商交易的研究中，一些学者关注了直播平台在多渠道平台供应链系统中的横向协调作用。Liu H Y 和 Liu S L（2021）通过决策直播平台推荐和主播销售的最优努力水平，设计了收益共享契约，协调了直播平台供应链。Pan 等（2022）从销售渠道选择的视角，分析了主播的营销能力、消费者对商品的偏好以及消费者观看直播的成本等因素对品牌商关于直播销售渠道选择的影响问题。在此基础上，Wang 和 Zhang（2022）研究了品牌商的直播平台网红渠道引入策略问题，通过推导均衡渠道与供应链成员定价策略，为品牌商的直播营销模式选择提供了决策参考。Zhu 和 Liu（2023）研究了直播平台物流服务供应链的成本分担机制，并设计了关于物流服务努力水平的契约以协调供应链。基于参照效应和直播平台中主播的影响力因素，胡娇等（2022）利用微分博弈方法分析了直播平台的渗透定价和撇脂定价策略问题。汪乐等（2024）探讨了在直播营销过程中制造商的最优定价问题，通过将消费者划分为观看直播和观看直播回放两类，以消费者各自效用为基础，求得消费者的基础需求函数，并构建博弈模型，从而使用逆向归纳法求解得到制造商直播营销的最优定价决策。通过均衡分析与灵敏度分析，发现直播营销能够显著提升消费者的产品感知价值，且可以提升消费者的需求，制造商可以实现利润的最大化。

在直播平台与主播的佣金激励策略问题研究中，Wang 等（2019）利用博弈模型研究直播平台中的主播和直播工会之间的合作机制设计问题。通过将直播工会的薪酬分配机制纳入直播经济当中，分析主播与直播工会之间的互动关系，从而依据不同主播的直播能力，优化直播工会招募人员的薪酬机制，以最大化直播工会和主播的收入。Liu 等（2021a）以传统零售平台的视角，研究零售平台与直播平台之间的策略合作问题。通过建立线性需求函数，求解得到不同权力结构下平台供应链各成员产品价格和营销努力水平的均衡解，通过对比不同权力结构下的价格和各成员利润，结论得到在一定条件下，零售平台的佣金率和直播平台的市场势力是影响两个平台之间合作的主要因素，并发现佣金率在一定的范围内，直播平台营销努力水平的增加会降低平台之间的合作意愿。此外，郑森圭等（2020）研究了直播平台打赏收入的分成模式，建立了委托代理模型，分别探讨了不签约模式和签约模式下直播平台对主播打赏收入的最优抽成比例。在直播平台供应链的视角下，邢鹏等（2022）关注了主播的营销努力与收益分成影响直播平台服务质量的问题。根据直播平台、品牌商与主播之间的博弈关系，建立博弈模型并计算主播与平台是否签约条件下供应链各成员的最优利润，从而探讨主播佣金与直播平台抽成比例对直播平台供应链最优策略的影响。

综上所述，现有的实证研究主要关注直播营销对消费者产品感知、信任水平及搜寻购买行为的影响问题，而理论研究则将一些实证研究成果融入消费者需求函数与效用的假设中，进一步从微观视角研究直播营销影响主播、品牌商及直播平台等平台供应链成员的多渠道协调与佣金激励策略问题。直播平台营销管理策略问题已成为目前运营管理领域的热点问题，但是目前对直播平台营销与推荐服务策略问题尚处于起步阶段，仍缺乏系统深入的理论分析，特别是从平台供应链视角，探讨直播平台、品牌商与主播之间的推荐服务策略博弈问题。现实中，一些直播平台不仅为自身平台中的品牌商提供直播推荐，也为传统电商平台中的品牌商提供直播推荐，另一些直播平台则选择独家推荐销售自身平台中的品牌商，这使得直播平台供应链成员之间的关系变得更加复杂。此外，品牌商常常委托电商主播为其提供推荐服务，而主播的推荐努力水平与品牌商之间存在信息不对称，品牌商如何有效激励主播直接影响品牌的直播营销效果。因此，有必要从平台供应链角度研究直播平台的最优推荐销售模式选择与直播推荐的激励机制设计问题，从而丰富直播平台营销与推荐服务策略的理论研究成果，为平台供应链直播营销与推荐服务管理提供决策参考。

第3章　平台供应链推荐服务管理相关理论基础

3.1　经典博弈理论

3.1.1　完全信息静态博弈

1. 基本概念

博弈论的基本概念包括参与人、行动、信息、策略、支付（效用）、结果和均衡，其中参与人、策略和支付是描述一个博弈所需要的基本要素。参与人、行动和结果统称为"博弈规则"（the rules of game）。博弈分析的目的是使用博弈规则预测均衡。以下给出博弈论基本概念的定义。

1）参与人

参与人（player）指的是一个博弈中的决策主体，其目的是通过选择行动（或战略）以最大化自己的支付（效用）水平。参与人可能是自然人，也可能是团体，如企业、国家等，甚至是若干个企业组成的组织或集团。重要的是，每个参与人必须有可供选择的行动和一个预先定义的偏好函数，而那些不做决策的被动主体只当作环境参数来处理。例如，在电商推荐服务博弈中，有两个参与人，即电商 A 和电商 B，他们要做出推荐或不推荐的决策，其目标是最大化自身的利润，而商品的需求者则被当作环境变量放在市场需求中。注意一个主体是否是参与人依赖于博弈分析的目标。

2）行动

行动（action or move）是参与人在博弈的某个时点的决策变量。一般地，用 a_i 表示第 i 个参与人的一个特定行动，$A_i = \{a_i\}$ 表示可供 i 选择的所有行动的集合。参与人的行动可能是离散的，也可能是连续的。例如，在电商推荐服务博弈中，每个参与人都只有两种行动可供选择，即 $A_i = \{推荐，不推荐\}$，$i = A, B$。在寡头产量竞争的卡诺（Cournot）模型中，行动是选择商品推荐量 $q_i : A_i = \{q_i : q_i > 0\}$。

与行动相关的一个重要问题是行动顺序（order of play）。在电商推荐服务博弈中，第一种可能的顺序是：虚拟参与人首先选择需求（大或小），然后电商 A 和电商 B 同时选择推荐还是不推荐。第二种可能的顺序是虚拟参与人首先选择需求，然后电商 A 选择推荐或不推荐，最后电商 B 选择推荐或不推荐。第三种可能的顺序是虚拟参与人首先选择需求，然后电商 B 选择推荐或不推荐，最后电商 A

选择推荐或不推荐。

行动顺序对于博弈的结果是非常重要的。事实上，有关静态博弈与动态博弈的区分就是基于行动的顺序作出的。同样的参与人，同样的行动集合，行动顺序不同，每个参与人的最优选择就不同，博弈的结果就不同（事实上，不同的行动顺序意味着不同的博弈）。特别是在不完全信息博弈中，后行动者可以通过观察先行动者的行动来获得信息，从而使得博弈分析成为预测行为的一个强有力的工具。在经典的博弈论中，一般假定参与人的行动空间和行动顺序是所有参与人的共同知识。

3）信息

信息（information）是参与人有关博弈的知识，特别是有关虚拟参与人的选择、其他参与人的特征和行动的知识。信息集是博弈论中描述参与人信息特征的一个基本概念，可以将其理解为参与人在特定时刻有关变量值的知识。一个参与人无法准确知道的变量的全体属于一个信息集。例如，在电商推荐服务博弈中，如果电商 A 不知道市场需求是大还是小，而电商 B 知道，那么，电商 A 的信息集为{大，小}，电商 B 的信息集为{大}或{小}；假定电商 B 先行动电商 A 后行动，那么，如果电商 A 在行动前能准确知道电商 B 选择了什么行动，电商 A（有关电商 B 的行动）的信息集就为{推荐}或{不推荐}；反之，电商 A 的信息集为{推荐，不推荐}。

在博弈论中，完美信息和完全信息是两个有联系但又不完全相同的概念。完美信息是指一个参与人对其他参与人（包括虚拟参与人）的行动选择有准确了解的情况，即每一个信息集只包含一个值；完全信息是指虚拟参与人不首先行动或虚拟参与人的初始行动被所有参与人准确观察到的情况，即没有事前的不确定性。显然，不完全信息意味着不完美信息，但反之则不成立。例如，在电商推荐服务博弈中，如果至少有一个参与人不知道市场需求的大小，信息是不完全的也是不完美的；如果两个参与人都知道市场需求是大还是小，信息是完全的，但如果 A 不知道 B 选择了什么行动，则 A 的信息是不完美的。

共同知识是与信息有关的一个重要概念，是指"所有参与人知道，所有参与人知道所有参与人知道，所有参与人知道所有参与人知道所有参与人知道……"的知识。在电商推荐服务博弈中，每个参与人的行动集合都是共同知识，例如，A 知道自己的行动集合，B 也知道 A 的行动集合，B 知道 A 知道自己的行动集合，A 知道 B 知道 A 知道自己的行动集合，B 知道 A 知道 B 知道 A 知道自己的行动集合，如此等等。

4）策略

策略（strategy）是参与人在给定信息集情况下的行动规则，它规定参与人在什么时候选择什么行动。因为信息集包含了一个参与人有关其他参与人之前行动的知识，策略告诉该参与人如何对其他参与人的行动作出反应，因而策略是参与人的相机行动规则（contingent action plan）。

一般地，s_i 表示第 i 个参与人的一个特定策略，$S_i = \{s_i\}$ 表示第 i 个参与人的所有可选择的策略集合。如果 n 个参与人每人选择一个策略，n 维向量 $s=(s_1,\cdots,s_i,\cdots,s_n)$ 称为一个策略组合，其中 s_i 是第 i 个参与人选择的策略。

5）支付

在博弈论中，支付（payoff）是指在一个特定的策略组合下参与人得到的确定效用水平，或者是指参与人得到的期望效用水平。支付是博弈参与人真正关注的效用，假定每一个参与人的偏好都可以由一个 v-N-M（von Neumann and Morgenstern）期望效用函数来代表，其目标是选择自己的策略以最大化其期望效用函数。

6）结果

结果（outcome）是博弈分析者感兴趣的均衡策略组合、均衡行动组合、均衡支付组合等。

7）均衡

均衡（equilibrium）是所有参与人的最优策略组合，一般记为
$$s^* =(s_1^*,\cdots,s_i^*,\cdots,s_n^*)$$
其中，s_i^* 是第 i 个参与人在均衡情况下的最优策略，它是 i 的所有可能的策略中使 u_i 或 Eu_i 最大化的策略。因为一般来说，u_i 是所有参与人的策略组合的函数，i 的最优策略通常依赖于其他参与人的策略选择。为了把一个特定的参与人与其他参与人相区别，用 $s_{-i}=(s_1,\cdots,s_{i-1},s_{i+1}\cdots,s_n)$ 表示由除 i 之外的所有参与人策略组成的向量。那么，s_i^* 是给定 s_{-i} 情况下第 i 个参与人的最优策略意味着：
$$u_i(s_i^*,s_{-i})>u_i(s_i',s_{-i})，\quad \forall s_i' \neq s_i^*$$
均衡意味着，对所有的 $i=1, 2, \cdots, n$，上式同时成立。

2. 纳什均衡

本节集中讨论完全信息静态博弈，完全信息指的是每个参与人对所有其他参与人的特征（包括策略空间、支付函数等）有完全的了解，静态指的是所有参与人同时选择行动且只选择一次。特别地，同时行动是一个信息概念而非时间概念：只要每个参与人在选择自己的行动时不知道其他参与人的选择，即称为同时行动。注意，时间概念上的同时行动是信息概念上同时行动的一种特殊情况。

完全信息静态博弈是一种最简单的博弈，在这种博弈中，由于每个参与人是在不知其他参与人行动的情况下选择自己的行动，策略和行动实际上是一回事。

博弈分析的目标是预测博弈的均衡结果，即假定每个参与人都是理性的，每个参与人都知道每个参与人都是理性的，每个参与人的最优策略是什么，所有参与人的最优策略组合是什么。纳什均衡是完全信息静态博弈解的一般概念，也是所有其他类型博弈解的基本要求。

构成纳什均衡的策略一定是重复剔除严格劣策略过程中不能被剔除的策略，也就是说，没有任何一个策略严格优于纳什均衡策略，当然反之不一定成立；更为重要的是，许多不存在占优策略均衡或重复剔除的占优均衡的博弈，却存在纳什均衡。纳什均衡的定义如下。

定义 3.1 有 n 个参与人的策略式表述博弈 $G=\{S_1,S_2,\cdots,S_n;u_1,u_2,\cdots,u_n\}$，策略组合 $s^*=(s_1^*,\cdots,s_i^*,\cdots,s_n^*)$ 是一个纳什均衡，如果对于每一个 i，s_i^* 是给定其他参与人选择 $s_{-i}^*=(s_1^*,\cdots,s_{i-1}^*,s_i,s_{i+1}^*,\cdots,s_n^*)$ 的情况下第 i 个参与人的最优策略，即

$$u_i(s_i^*,s_{-i}^*)>u_i(s_i,s_{-i}^*),\quad \forall s_i\in S_i,\quad \forall i$$

或者用另一种表述方式，s_i^* 是下述最大化问题的解：

$$s_i^*\in\operatorname*{argmax}_{s_i\in S_i}\ u_i(s_1^*,\cdots,s_{i-1}^*,s_i,s_{i+1}^*\cdots,s_n^*),\quad i=1,2,\cdots,n$$

3.1.2 完全信息动态博弈

1. 博弈的扩展式表述

在静态博弈中，所有参与人同时行动（或行动虽有先后，但没有参与人在自己行动之前观测到别人的行动）；在动态博弈中，参与人的行动有先后顺序，且后行动者在自己行动之前能观测到先行动者的行动。博弈论学者习惯于用策略式表述描述和分析静态博弈，也习惯于用扩展式表述来描述和分析动态博弈。博弈的策略式表述包括三个要素：①参与人集合；②每个参与人的策略集合；③由策略组合决定的每个参与人的支付。博弈的扩展式表述所"扩展"的主要是参与人的策略空间。策略式表述简单地给出参与人有哪些策略可以选择，而扩展式表述要给出每个策略的动态描述：谁在什么时候行动，每次行动时有些什么具体行动可供选择，以及知道些什么。简单地说，在扩展式表述中，策略对应于参与人的相机行动规则，即什么情况下选择什么行动，而不是简单的、与环境无关的行动选择。

具体来讲，博弈的扩展式表述包括以下要素。

（1）参与人集合：$i=1,2,\cdots,n$。

（2）参与人的行动顺序：谁在什么时候行动。

（3）参与人的行动空间：在每次行动时，参与人有些什么选择。

（4）参与人的信息集：每次行动时，参与人知道些什么。

（5）参与人的支付函数：在行动结束之后，每个参与人得到些什么（支付是

所有行动的函数）。

（6）外生事件（即虚拟参与人的选择）的概率分布。

2. 逆向归纳法与子博弈精炼纳什均衡

逆向归纳法是重复剔除劣策略方法在扩展式表述博弈中的应用。从最后一个决策结果开始往回倒推，每一步剔除在该决策结果上参与人的劣选择，因此，在均衡路径，每一个参与人在每一个信息集上的选择都是占优选择。

策略式表述可以用来描述任何复杂的扩展式博弈，从而纳什均衡的概念适用于所有博弈，而不仅仅是参与人同时行动的静态博弈。但是，如果博弈分析的目的是预测博弈中参与人的行为，纳什均衡给出的可能并不是一个非常合理的预测。一个博弈可能有多个（甚至无穷多个）纳什均衡，究竟哪一个均衡更为合理，博弈论没有一般的结论。但是，均衡的多重性并不是纳什均衡存在的最严重的问题。最严重的问题是，纳什均衡假定每一个参与人在选择自己的最优策略时所有其他参与人的策略选择是给定的，也就是说，参与人并不考虑自己的选择对其他人选择的影响。因此，纳什均衡很难说是动态博弈的一个合理解。在动态博弈中，参与人的行动有先有后，后行动者的选择空间依赖于先行动者的选择，先行动者在选择自己的策略时不可能不考虑自己的选择对后行动者选择的影响。纳什均衡的这个缺陷促使博弈论专家从 20 世纪 60 年代开始就不断寻求改进和精炼纳什均衡概念，以得到更为合理的博弈解。泽尔滕（Selten）的子博弈精炼纳什均衡是纳什均衡概念的第一个最重要的改进，它的目的是把动态博弈中的合理纳什均衡与不合理纳什均衡分开。

对于有限完美信息博弈，逆向归纳法是求解子博弈精炼纳什均衡的最简便方法。因为有限完美信息博弈的每一个决策结果都是一个单独的信息集，每一个决策结果都开始一个子博弈。为了求解子博弈精炼纳什均衡，应从最后一个子博弈开始。

给定博弈到达最后一个决策结果，该决策结果上行动的参与人有一个最优选择，这个最优选择就是该决策结果开始的子博弈的纳什均衡（如果该决策结果上的最优行动多于一个，那么允许参与人选择其中的任何一个；如果最后一个决策者有多个决策结果，那么每一个决策结果开始的子博弈都有一个纳什均衡）。

然后，返回倒数第二个决策结果（最后决策结果的直接前列结果），找出倒数第二个决策者的最优选择（假定最后一个决策者的选择是最优的），这个最优选择与前面找出的最后决策者的最优选择构成从倒数第二个决策结果开始的子博弈的一个纳什均衡。

如此直到得到初始结果，每一步都得到对应子博弈的一个纳什均衡，并且根据定义，这个纳什均衡一定是该子博弈的所有子博弈（可以称为子子博弈）的纳什均衡，在这个过程的最后一步得到的整个博弈的纳什均衡也就是这个博弈的子博弈精炼纳什均衡。

3.1.3　非对称信息博弈

非对称信息（asymmetric information）指的是某些参与人拥有但另一些参与人没有的信息。信息的非对称性可以从两个角度划分：一是非对称发生的时间，二是非对称信息的内容。从非对称发生的时间看，非对称性可能发生在当事人签约之前，也可能发生在当事人签约之后，分别称为事前非对称和事后非对称。研究事前非对称信息博弈的模型称为逆向选择（adverse selection）模型，研究事后非对称信息博弈的模型称为道德风险（moral hazard）模型。从非对称信息的内容看，非对称信息可能是指某些参与人的行动，也可能是指某些参与人的知识，研究不可观测行动的模型称为隐藏行动（hidden action）模型，研究不可观测知识的模型称为隐藏知识（hidden knowledge）模型或隐藏信息（hidden information）模型。在信息经济学中，常常将博弈中拥有私人信息的参与人称为代理人（agent），不拥有私人信息的参与人称为委托人（principal）。据此，信息经济学的所有模型都可以在委托人-代理人的框架下分析，不同模型的基本特征可以简单概括如下。

（1）隐藏行动的道德风险模型。签约时信息是对称的（因而是完全信息）；签约后，代理人选择行动（如工作努力还是不努力），虚拟参与人选择状态；代理人的行动和虚拟参与人的状态一起决定某些可观测的结果；委托人只能观测到结果，而不能直接观测到代理人的行动和虚拟参与人的状态本身（因而是不完美信息）。委托人的问题是设计一个激励合同以诱使代理人从自身利益出发选择对委托人最有利的行动。一个简单的例子是品牌直播营销中品牌商与主播的关系：品牌商不能观测到主播是否努力工作，但可以观测到主播的任务完成得如何；因此，主播的报酬应该与其完成任务的情况有关。

（2）隐藏信息的道德风险模型。签约时信息是对称的（因而是完全信息）；签约后，虚拟参与人选择状态（可能是代理人的类型）；代理人观测到虚拟参与人的选择，然后选择行动（如向委托人报告虚拟参与人的选择）；委托人观测到代理人的行动，但不能观测到虚拟参与人的选择（因而是不完美信息）。委托人的问题是设计激励合同以使代理人在给定虚拟参与人状态下选择对委托人最有利的行动（如真实地报告虚拟参与人状态）。例如，在企业经理与销售人员的关系中，销售人员（代理人）知道顾客的特征，企业经理（委托人）不知道；经理设计的激励合同是要向销售人员提供激励以使代理人针对不同的顾客选择不同的销售策略。

（3）逆向选择模型。虚拟参与人选择代理人的类型；代理人知道自己的类型，委托人不知道（因而信息是不完全的）；委托人和代理人签订合同。例如，在卖者和买者的关系中，卖者（代理人）对产品的质量比买者（委托人）有更多的知识。

（4）信号传递模型。虚拟参与人选择代理人的类型；代理人知道自己的类型，委托人不知道（因而信息是不完全的）；为了显示自己的类型，代理人选择某种信号；委托人在观测到信号之后与代理人签订合同。例如，在企业雇主与雇员的关系中，雇员知道自己的能力，雇主不知道；为了显示自己的能力，雇员选择接受教育的水平；雇主根据雇员的受教育水平支付工资。

（5）信息甄别模型。虚拟参与人选择代理人的类型；代理人知道自己的类型，委托人不知道（因而信息是不完全的）；委托人提供多个合同供代理人选择，代理人根据自己的类型选择一个最适合自己的合同，并根据合同选择行动。例如，在保险公司与投保人的关系中，投保人知道自己的风险，保险公司不知道；因此，保险公司针对不同类型的潜在投保人制定了不同的保险合同，投保人根据自己的风险特征选择一个保险合同。

信号传递模型和信息甄别模型是逆向选择模型的特例；或者更确切地讲，信号传递和信息甄别是解决逆向选择问题的两种不同的（但相似的）方法。

上述五种不同类型的模型对应不同的交易环境，其中每一种模型又是对许多不同但类似环境的概括。尽管每种模型讨论的问题不同，但同一种交易关系可能涉及多个（甚至全部）模型讨论的问题。例如，在雇主与雇员的关系中，如果雇主知道雇员的能力但不知道其努力水平，问题是隐藏行动的道德风险问题；如果雇主和雇员本人在签约时都不知道雇员的能力，但雇员本人在签约后发现了自己的能力（而雇主仍然不知），问题是隐藏信息的道德风险问题；如果雇员一开始就知道自己的能力而雇主不知道，问题是逆向选择问题；如果雇员一开始就知道自己的能力而雇主不知道，并且，如果雇员在签约之前就获得教育证书，问题是信号传递问题；相反，如果雇员是在签约后根据工资合同要求去接受教育，问题是信息甄别问题。

3.2　消费者行为理论

3.2.1　消费者行为与消费者行为学

消费者行为指人们为满足其需要和欲望而选择、购买、使用及处置产品或服务时介入的过程和活动。消费者行为包括与购买决策相关的心理活动和实体活动。心理活动包括需要和动机的产生、评估不同品牌的属性、对信息进行加工处理以形成内心决策等。实体活动则包括消费者搜集产品相关信息、实际光顾销售点和销售人员互动、产品的实际消费与处理等。

消费者行为学是研究消费者为满足其需要和欲望而选择、获取、使用和处置产品、服务的活动和过程，也包括影响这一活动和过程的各种因素。它关注的是人们对于产品或服务相关信息的心理与行为反应，即人们购买什么、为什么买、什么时候买、在哪里买、买了以后怎么用、用了以后怎么处理等。消费者行为学是市场营销学的基础，企业的决策也必须以对消费者行为的了解为基本依据。因此，消费者行为学是一门既有很强的理论性，又有很强的实践性的学科。

3.2.2　网络消费者行为

一般认为，网络环境与传统环境下的消费者决策过程并没有太大差别，但是消费者的在线决策行为与传统环境下的决策行为存在一定的区别：①消费者需要与计算机/网络交互才能形成决策，这将涉及消费者网络系统操作使用的经验和能力；②由于网络环境是虚拟的，企业在网站设计（如信息提供、信息组织和展示）时可以不受产品包装和实体配送的约束，其提供的在线产品信息与产品实体是分离的，而消费者既可能从中受益，但也可能上当受骗，因此在网络环境下消费者对企业、产品（服务）的感知、信任将会发生变化，网络隐私和欺诈等问题使得网络消费者对网上购物越来越谨慎和敏感；③传统的决策过程是一个决策者—决策问题的二元关系，而网络环境下，消费者不再需要逐一地评价所有产品，才能作出决策，一些决策辅助程序可以根据消费者的偏好搜索推荐可能的产品，因此决策过程可能是一个三元关系：决策者—决策支持系统—决策问题。如果营销者能够理解潜在消费者在考虑使用电子商务过程中所经历的决策过程，将对其业务开展提供极大的帮助。

根据网络消费者购买决策过程，以及当前网络消费行为的发展情况，现阶段网络消费者行为研究主要探讨的是四类重要消费者行为：网络渠道选择行为、网络消费者信息搜寻行为、网络消费者购买行为、网络消费者在线评论行为。

1. 网络渠道选择行为

渠道选择是指消费者在购买决策过程中如何评价各种可用的渠道（如信息渠道、购买渠道，包括传统的和网络的）并从中作出选择。

例如，消费者为满足自身信息需求，需要从各种信息渠道（如参考群体、报纸、电视、宣传册、网络等）选择一种或多种以搜集和获取信息。网络渠道选择行为重点关注的是消费者如何评价、选择使用网络渠道，也可以进一步细化到研究某个具体网站，依据的理论则主要为技术接受模型。网络渠道选择行为研究中一般不特别区分网络是作为信息渠道还是购买渠道，而是把信息搜寻作为购买决策的一个组成部分，即网络渠道选择行为包括信息渠道选择和购买渠道选择。

2. 网络消费者信息搜寻行为

网络消费者信息搜寻行为是指消费者为完成某一购头任务而所付诸的从网络

市场中获取信息的行动。市场营销的本质是组织与消费者之间的信息传播和交换，如果没有信息交换，交易也就是无本之源。在线购物的持续成功将取决于消费者在其购买决策中利用网络的程度，尤其是利用网络获取产品信息的程度，因为消费者的网络信息搜索行为能够提高其满意度并增强其在线购买的意向。

获取信息是消费者使用网络的首要目的，网络的快速发展，一方面为消费者提供了低成本的、快捷的、丰富的信息来源，另一方面也产生了许多问题：①信息质量下降。由于信息量快速增长并且未加管理控制，信息提供商疲于维护资料，造成网络上的信息过时、不完整甚至不正确。②信息过载。信息的快速扩散造成网络上充斥着海量而且可能重复的信息，使用者需要花费许多额外的精力去分析、判断和过滤所找到的资料。③网络迷航。互联网通过超链接的方式连接到不同的文件和页面，这种非线性的浏览方式常使使用者迷失在庞大的网络空间中，不但失去方向，而且不知道目前的位置。基于这些因素，网络消费者信息搜寻行为已经成为网络消费者行为研究的重要课题之一。

3. 网络消费者购买行为

在线购买行为是指通过网络购买产品或服务的过程。网络已经成为产品信息的重要来源，但是还存在一些因素阻碍着消费者从信息搜寻发展成为网上购买，网络消费者购买行为可能是在线销售商最为关心的问题。尽管网络销售增长率非常高，但是也有证据表明很多有购买意向的消费者在搜索访问零售商的网站后，却最终放弃了购买。研究网络消费者购买行为，挖掘影响网络消费者购买行为的因素及其作用机制，对于改进网站技术和营销策略具有重要意义。

网络消费者购买行为一般从网络购买态度、网络购买意图和实际网络购买行为三个视角开展研究，并具体分析影响态度、意图和实际购买行为的因素。①网络购买态度。网络购买态度是指消费者在进行网络购买决策时对网络购买后果所持的价值预期，这种预期可能是积极的，也可能是消极的。例如，网络购买的便利性和低价格对消费者的网络购买态度存在积极影响，但是网络购买的风险性则会对消费者网络购买态度产生消极影响。网络购买态度可以分为消费者对网络购买渠道的态度和对具体网络商店的态度。消费者的风险感知、信任、可控制性感知、趣味性、价值增值等都会对消费者的网络购买态度的形成产生影响。②网络购买意图。网络购买意图度量的是消费者在多大程度上愿意尝试网络购买。购买意图与实际购买行为是正向关联的，即购买意图越强，实际购买行为发生的可能性越大，但二者并不是完全相关的。网络购买意图一般从以下几个方面的用户行为来度量和反映：从在线商店购买、使用在线购买网站、推荐他人使用在线购买网站、在线使用信用卡支付或在线支付、在在线购买网站注册账户、向在线购买网站提供信息、对在线购买网站的积极评价、使用网络收集信息等。③实际网络购买行为。网络购买行为是指消费者通过网络购买产品或服务的过程。实际网络购买行为主要从三个方面度量：是否在线购买过产品、在线购买的金额、在线购买的频率。测量的时间跨度可以是几个月、几年，甚至更长。④影响态度、意图和实际购买行为的因素。主要包括五个方面：消费者特征、产品特征、销售商/中间商特征、网站特征和环境影响。

4. 网络消费者在线评论行为

网络消费者在线评论是由消费者根据其自身使用体验而提供的一类有关产品的正面或负面陈述信息。与讨论组、聊天室、博客、维基等其他形式的网络口碑相比，在线消费者评论数量更大，且更多反映了消费者的体验和满意度，因此被视为一种对消费者和销售商有用的产品信息，这些信息可以用作企业方案设计、个性化产品推荐，更好地理解消费者，以及最终吸引更多忠诚消费者。

在线评论目前已经成为消费者了解产品质量的重要信息源泉。消费者经常基于在线评论信息作出决策，如该看哪部电影，该投资哪只股票。相比于商家的商品介绍信息，在线评论是商品使用者基于其亲身经历所发表的兼含褒贬的评价信息，因此真实性和可靠性深得顾客的信任。按照在线评论的产生、传播和发生作用这一流程，围绕在线评论行为的研究主要包括在线评论的产生、在线评论的特征、在线评论对消费者行为的作用、在线评论作用的影响因素、在线评论的操纵和可信度问题以及在线评论的应用等主题。

3.3　产业组织垄断竞争理论

3.3.1　产品差异化

1. 产品差异化概述

产品差异是指同一产业内不同企业生产的同类商品，由于在质量、款式、性能、销售服务、信息提供和消费者偏好等方面存在差异，从而出现产品之间替代不完全的状况。

产品差异可以分为水平差异（或横向差异）和垂直差异（或纵向差异）两类。

1）水平差异（或横向差异）

水平差异是指产品在空间上的差异，表现为两产品之间一些特征增加了，而其他一些特征却减少了。水平差异是最重要的一类产品差异，源于消费者由于偏好不同，对产品特征的评价也不同。

2）垂直差异（或纵向差异）

垂直差异是指在产品空间中，所有消费者对所提及的大多数特性组合的偏好次序是一致的那些特性之间的差异，即所有消费者都偏好某一特定的产品。描述垂直差异时，在价格相等的条件下，关于其特性有一种自然的排序，例如，在价格、质量相同的情况下，所有消费者都偏好省油的车。

2. 产品差异化的策略运用

由于企业和消费者之间存在产品质量信息的不对称，先行者产品和后发者产品之间形成了信息差异，使先行企业具有了一定的先发优势，形成产品差异。这种信息差异主要是由于对于未知质量的产品，消费者需要支付质量信息的搜寻成本，对其评价必然低于已知质量的产品。这种低评价就给在位者通过定价策略遏制进入提供了可能。

先驱产品树立了质量声誉，而且法律对先驱品牌、商标的保护，也向消费者传递了足够的质量信息，增强了消费者对产品的信任和忠诚度。

企业可以借助非信息性广告传递产品高质量的信号进而形成垂直差异。如果存在一种机制使得高质量产品的生产企业明白自己的高昂广告费用能获得较高的回报，那么这种非信息性广告其实是在传递产品高质量的信息。市场上其实存在这种机制，在产品质量外生的条件下，这种机制就是消费者经验的作用和高质量产品被重复购买，因为只有优质的产品才会支付昂贵的广告费用。这样就存在一种广告费用水平，在这个水平上，销售优质产品的企业愿意承担该广告费用，并且企业更愿意同时利用价格和非信息性广告传递产品高质量的信号。

3.3.2　进入壁垒

进入壁垒是产业组织理论研究的核心问题之一，是影响市场绩效的重要因素，也是企业拥有超额利润的根本源泉。如果企业可以获得超额利润，那必然存在某种形式的进入壁垒。因为如果没有壁垒，其他企业也将进入该市场，供给量会增加，引起价格下降，最终使得利润趋于零。因此，进入壁垒的存在使得高利润和高集中度得以并存。

1. 进入壁垒的定义

进入壁垒定义为：使进入者难以成功地进入一个产业，而使在位者能够持续地获得超额利润，并使整个产业保持高集中度的因素。将超额利润和高集中度作为进入壁垒的判断标准，是因为：①超额利润的存在是市场经济条件下吸引新企业进入某一产业的唯一经济因素；②如果一个产业中企业数量很多、集中度很低，则意味着几乎不存在限制企业进入的结构性因素，单个企业也难以通过策略性行为来阻止新企业的进入；③如果一个产业中长期存在超额利润和高集中度，则该产业必然存在进入壁垒。

2. 策略性进入壁垒

策略性行为是指在寡占市场中企业通过对影响竞争对手选择的资源进行投资从而改变竞争环境的行为。对策略性进入壁垒的分析是建立在非合作博弈理论和信息经济学的基础之上的，进入和进入阻挠被看成一个在位企业和潜在进入企业的博弈过程。在位企业拥有首先行动和信息上的优势，因此可以通过进行不可逆的投资或通过自己的行动向潜在进入企业传递对自己有利的信息，使潜在进入者预期到进入后无法获得经济利润，从而主动放弃进入。

3. 进入壁垒与效率

从长期看，进入壁垒具有双重效应。一方面，进入壁垒是与垄断力量相联系的。进入壁垒限制了潜在进入者进入，从而减少了产业中企业的数目，提高了这一产业的集中度，增强了该产业内大企业的市场权利，从而易于生成垄断性的市场结构，这一结果倾向于减少社会总福利。另一方面，进入壁垒的存在又具有正面作用，一定高度的进入壁垒可以提高资源的配置效率，有利于技术创新与进步。

企业进入或退出市场，其实质是资源重新配置的一种方式，在这一过程中需要增加许多额外成本。对规模经济显著的产业来说，进入壁垒的存在可以阻止低效率的原子型小企业进入市场，提高产业集中度，使社会获得规模经济效益。

3.3.3　定价策略与定价实践

价格是企业最基本的竞争手段，具有一定市场势力的企业都具有相应的定价能力。由于企业的各种竞争策略最终都要通过定价决策体现，因此，定价决策是企业战略行为的一个重要组成部分。通过适当的定价决策，企业可以回收成本、传递质量信号、阻止进入等，以实现企业的利润目标。

定价策略可以分为以下三类。①为了直接限制竞争，通过价格手段削弱竞争对手的竞争力以实现利润最大化。②为了攫取消费者剩余，通过价格手段将消费者剩余转化为利润以实现利润最大化。③价格串谋，通过与竞争对手串谋限制供给，提高价格，以实现共同利润最大化。

1. 限制竞争的定价行为

凡存在竞争的地方，就存在限制竞争的倾向和行为。限制竞争的定价行为可以是市场上主导企业独立的策略性行动，也可以是若干现有企业的合作行动。

1）限制性定价

由于在垄断性市场可以让垄断企业获得更多的利润，企业总会努力使自己成为垄断者或维持垄断者地位。因此，对现有的在位垄断企业来说，在面临潜在进入威胁的产业中，短期利润最大化的价格就并非最佳的定价策略，而更愿意通过采取一定措施阻止潜在者的进入，因此，在位企业往往通过制定低于诱发进入的价格以遏制潜在进入者进入其所在的市场。

限制性定价（limit pricing）是一种短期非合作策略性行为。寡头市场的在位企业将价格定在这样一个水平，当潜在进入企业进入该市场后，就会发现所剩下的市场需求不足以使它盈利，通过在位企业当前价格策略影响潜在企业对进入市场后利润水平的预期，从而影响其进入决策。限制性定价的实施条件是：在位企业的定价具有承诺价值，进入前具备高生产能力，进入前后价格会持续。

2）掠夺性定价

掠夺性定价（predatory pricing），又称驱除对手定价，是指某家企业为将对手挤出市场或吓退意欲进入该市场的潜在对手，会降低价格至其成本以下。待对手退出市场后再提高价格。

2. 攫取消费者剩余的定价行为

价格歧视（price discrimination）是指对购买生产成本相同的同一产品的不同购买者收取不同的价格，或对同一购买者的不同购买量收取不同的价格的行为。价格歧视是市场经济中常见的现象，大学生假期火车票对折、公园门票内宾与外宾不同、可以讨价还价的商场对还价能力不同的顾客实施差异化定价等都是价格歧视。

价格歧视通常按攫取消费者剩余的多少、差别定价依据的不同而区别为三种类型，分别为一级价格歧视、二级价格歧视、三级价格歧视。

1）一级价格歧视

如果每位顾客购买一个单位产品，企业对每一位顾客收取的价格都不同，而且都等于顾客愿意支付的最高价格（即保留价格）；如果每位顾客购买的数量不同，那么企业不仅对每一位顾客，而且对他们购买的每一单位产品都收取不同的价格，该价格等于每位顾客愿意为其购买的每一产品所支付的最高价格。一级价格歧视攫取了所有购买者全部消费者剩余，因此，也称为完全价格歧视。

2）二级价格歧视

企业将同一产品（或服务）划分为不同消费量的区段，并对不同区段索取不同价格的行为。通常，对最初的消费区段收取高价。

3）三级价格歧视

当企业将消费者分为有不同需求曲线的两个或更多组，并将同一商品按不同价格向不同组的消费者销售。在三种类型的价格歧视中，三级价格歧视是最常见的。

第 4 章　推荐与定价策略对品牌竞争与消费者搜寻的影响

本章将研究推荐系统与定价策略对品牌竞争与消费者搜寻行为的影响，分别建立无产品推荐的基准模型与产品推荐模型，分析考虑自有品牌与制造商品牌在统一定价和差异定价情形下的均衡解，提出不同定价情形下的产品推荐策略。结论表明，品牌偏好型消费者的市场份额将影响自有品牌关于产品推荐系统与差异定价的策略选择。当采用产品推荐系统时，自有品牌应采取差异定价，此时自有品牌的产品价格将高于制造商品牌的产品价格。结论还发现当品牌偏好型消费者的市场份额较低且保留价格差较高时，自有品牌可以通过提高产品推荐强度以获取竞争优势。此外，推荐系统可以通过将消费者的搜寻成本转换为其推荐成本来吸引消费者。

4.1　研究背景与问题提出

自有品牌常常被零售商作为竞争工具引入市场。经过近百年的发展，自有品牌已经成为一个价值约 2000 亿美元的市场。2020 年，自有品牌销售额增长了 11.6%，比 2019 年增长了 165 亿美元。NielsenIQ 报告显示，2020 年自有品牌产品的美元销售额占所有食品杂货的 23%。越来越多的线上和线下零售商正在推出其自有品牌，以覆盖更多的产品品类。在好市多（Costco）、沃尔玛（Walmart）和全食超市（Whole Foods），可以找到"柯克兰签名"（Kirkland Signature）、"超值"（Super Value）和"365 日价值"（365 Daily Value）。亚马逊拥有 120 多个自有品牌，其中包括食品、健康与家庭、家居与厨房以及服装与珠宝等产品。在中国，网络零售商京东推出了自己的品牌"Dostyle"，销售电子产品和日用品。由于其价格实惠且质量较好，自有品牌可以吸引消费者购买。它们已经从一种廉价的替代品逐渐转变为一种被广泛接受的品牌类别，一些青睐且忠诚于自有品牌的消费者也随之涌现（Seenivasan et al.，2016）。

推荐系统通常向消费者推荐其想要的产品来使消费者获益，然而大多数情况下对零售商也是有利的（Xiao and Benbasat，2007）。一方面，零售商希望为消费者提供个性化的产品推荐，以吸引并留住顾客；另一方面，零售商通常会推荐某些具有特定特征的产品（例如，高利润的产品或需要清理库存积压的产品），以获得超额的利润或减少损失（Xiao and Benbasat，2015）。因此推荐系统的原始功能被扭曲，并已成为零售商谋利的工具。据统计，亚马逊超过 35%的销售额和 Netflix 超过 60%的流媒体流量均来自推荐（Hosanagar et al.，2014）。

推荐系统常常会在消费者购买后推荐其补充产品，当消费者访问电商平台搜索产品时，推荐系统会推荐可替代产品（Li et al.，2018）。自有品牌是零售商为与制造商品牌竞争而创立的品牌，供应链中的网络零售商也提供产品推荐系统。因此，自有品牌可以利用推荐系统来扩大其品牌受众，并可以通过其市场销售数据分析精准营销，潜在地获得与制造商品牌的竞争优势。例如，亚马逊自有品牌相关的搜索结果页面包括"购买我们的品牌（shop our brands）"浏览链接。该网页链接仅为亚马逊自有品牌做广告，而不考虑该品牌的相关销量及评论。作为一家网络零售商，亚马逊改变了其推荐算法，以突出亚马逊的自有品牌产品，并使用其推荐系统来增加产品曝光率，这一商业行为引起了产业界与学术界的广泛关注。

传统观点认为自有品牌的产品质量总是较差（Raju et al.，1995；Ru et al.，2015）。由于自有品牌产品的消费者保留价格低于制造商品牌，降低自有品牌的产品价格也是零售商常用的定价策略，利用价格优势弥补产品质量低的劣势来吸引消费者。因此，在推荐系统中对产品的差异定价可能是比统一定价更好的定价策略，即通过对不同的销售渠道设定不同的产品价格，可以实现利润的最大化。这种歧视性定价策略已被广泛研究，在考虑推荐系统的品牌竞争模型中，定价策略可能会导致一些独特的结果。

针对以上实际问题，本章探究了推荐系统的引入对品牌竞争市场的影响。因此，面对制造商品牌的竞争，自有品牌如何选择推荐与定价策略，以及何种因素会影响这种策略选择就成为本章要研究的主要问题。在引入推荐系统后，探讨自有品牌应该采取统一定价抑或差异定价策略问题。此外，自有品牌在采用推荐系统和差异定价策略时，是否应该提高推荐强度，以及推荐系统如何影响消费者的搜寻行为也是本章需要解决的问题。

本章建立了三个博弈模型来比较自有品牌在统一定价和差异定价下的推荐策略。首先，考虑一个无推荐系统的基准模型，其中自有品牌不采用推荐系统，制造商品牌的市场面向品牌偏好型消费者，自有品牌的市场面向价格偏好型消费者。其次，建立了一个考虑推荐系统的模型，其中自有品牌通过采用推荐系统吸引来自制造商品牌市场的消费者，自有品牌对这些消费者采取统一定价策略。最后，还研究了一种差异定价策略，即自有品牌分别针对来自制造商品牌与自有品牌市场的消费者设定不同的价格。通过探究考虑不同定价策略下推荐系统的引入，总结以下研究结论。

推荐系统在品牌竞争中具有以下功能。首先，在自有品牌和制造商品牌之间的竞争市场中，推荐系统在两个独立的市场中具有溢出效应。其次，自有品牌通过推荐系统能够自主地为消费者定价。与统一定价相比，差异定价保持了自有品牌在现有市场上品牌战略的连续性。这样，自有品牌不仅可以在其市场上保持利润，还可以将利润来源扩展到制造商品牌市场，实现差异化定价。最后，推荐系统降低了消费者与产品之间的摩擦成本，将消费者原本花费的搜寻成本转化为自有品牌的推荐成本。然而，在推荐成本较高的情况下，采用推荐系统可能不会使所有市场参与者都受益。

模型分析发现了一些有趣的研究结论和重要的管理启示。

首先，推荐系统将品牌偏好相互独立的自有品牌和制造商品牌市场联结起来。自有品牌利用推荐系统总是能侵占制造商品牌的利润，在推荐强度适中的条件下，自有品牌可以从推荐系统中获益；当推荐强度较高时，自有品牌需要负担采用推荐系统的成本，从而降低了利润。因此，制造商品牌不希望自有品牌采用推荐系统。当制造商品牌的市场份额较低且保留价格适中时，自有品牌通过引入推荐系统可以获得更多利润。相较于统一定价，差异定价策略在两个市场之间具有更强的联结与溢出效应。

其次，在自有品牌引入推荐系统后，制造商品牌通过降低产品价格来维持利润，而自有品牌为所推荐的产品制定较高的价格。在这种情况下，由于产品搜寻成本从消费者转移到自有品牌，推荐的产品即使价格较高，也仍会被许多消费者购买。此外，消费者搜寻成本有一个阈值，当低于该阈值时，自有品牌的推荐产品价格可能不会高于无推荐系统时的产品价格。

最后，推荐系统降低了消费者对制造商品牌产品的搜寻努力。当搜寻成本较低时，自有品牌将会向价格偏好型消费者制定较低的产品价格。随着搜寻成本的增加，自有品牌将会提高推荐系统销售渠道的产品价格。而且搜寻成本对搜寻努力的影响也存在一个阈值。当搜寻成本较低时，品牌偏好型消费者仍然以搜索制造商品牌产品为主。随着搜寻成本的上升，这些消费者将转向搜索自有品牌的产品。因此，推荐系统的主要作用是降低消费者的搜寻成本。

正是基于推荐系统引入与定价策略影响下品牌竞争和渠道管理的实际背景，本章综合 Zhou 等（2022）的研究成果，考虑自有品牌与制造商品牌在统一定价和差异定价情形下的产品推荐策略来应对品牌竞争与消费者市场搜寻摩擦，不同类型消费者的市场份额如何影响自有品牌关于产品推荐系统与差异定价的策略选择。4.2 节介绍研究问题的描述，并提出建模的相关假设。4.3 节构建无产品推荐的基准模型与产品推荐模型，讨论自有品牌在统一定价和差异定价情形下的均衡策略。4.4 节对模型的均衡解进行了比较。4.5 节对模型进行灵敏度分析，并讨论自有品牌关于推荐系统引入与定价的策略选择。4.6 节讨论了研究问题的两个扩展。4.7 节是本章小结。

4.2 问题描述与建模假设

考虑一个电商品牌竞争问题,其中一个制造商品牌和一个自有品牌分别在两个独立的市场在线销售差异但部分可替代的产品。两个市场的消费者分别忠诚于自有品牌和制造商品牌,这两类消费者分别称为价格偏好型消费者和品牌偏好型消费者,即价格偏好型消费者忠诚于自有品牌,品牌偏好型消费者忠诚于制造商品牌。价格偏好型消费者对自有品牌产品的保留价格较低,品牌偏好型消费者对于两个品牌的保留价格都较高。由于良好的产品设计与生产过程,制造商品牌具有较高的品牌声誉和品牌价值。然而,自有品牌被视为消费者可接受的替代品,而不是理想的品牌(Cunningham et al.,1982;Mollenkopf et al.,2011;Alan et al.,2019)。此外,Ru 等(2015)、Cheng 等(2021)、Shi 和 Geng(2021)发现尽管自有品牌的产品质量与制造商品牌几乎相当,但消费者更喜欢制造商品牌,也愿意支付更高的产品价格。因此,忠诚于制造商品牌的品牌偏好型消费者拥有更高的保留价格,而忠诚于自有品牌的价格偏好型消费者更愿意支付较低的价格,他们的保留价格也更低。如果自有品牌不采用产品推荐系统,那么品牌偏好型消费者只愿意搜索并购买制造商品牌的产品,而价格偏好型消费者只愿意搜索并购买自有品牌的产品(Zhou et al.,2015;2020a)。如果自有品牌采用产品推荐系统,那么价格偏好型和品牌偏好型消费者都能搜索并购买该自有品牌的产品。这是因为推荐系统具有网络外部性和易获取性,可以提高消费者的产品搜寻效率,并为自有品牌提供更多的销售机会。例如,亚马逊的许多自有品牌,如 Solimo、Amazon Essentials 和 Amazon Basics,都使用"Your Recommendations"和"Best Seller"推荐系统来吸引更多消费者点击和浏览他们的产品。自有品牌产品在推荐系统中的频繁出现也使价格偏好型消费者更容易搜索到其产品。在这种情况下,这两类消费者都会由于推荐系统的引入而改变他们的产品搜寻行为。

考虑整个市场规模标准化为 1,其中 λ 比例的消费者是品牌偏好型消费者,他们对这两种品牌都有较高的保留价格 $\bar{p}$;$1-\lambda$ 比例的消费者是价格偏好型消费者,他们对自有品牌拥有较低的保留价格 $\underline{p}$。由于消费者对自有品牌产品的惯性认知,假设价格偏好型消费者的保留价格低于品牌偏好型消费者的保留价格,但两者之间的差异并不足够大,即满足 $\underline{p}<\bar{p}<3\underline{p}$。根据尼尔森 2021 年的一份技术报告,自有品牌需要提高产品质量,以增强其与制造商品牌竞争的能力。然而,自有品牌的产品质量与制造商品牌没有显著性差异,相似质量的产品也不能完全被制造商品牌所取代(Cunningham et al.,1982)。尼尔森 2018 年的技术报告显示,超过一半的消费者认为自有品牌的产品正在变得越来越贵,自有品牌与制造商品牌之间的保留价格差异越来越不明显。定义参数 $\beta=\underline{p}/\bar{p}$,表示为 $\bar{p}$ 和 $\underline{p}$ 之间的

保留价格差异。进一步假设品牌商向非策略性的外部供应商采购产品，且不考虑生产成本（Raju et al.，1995；Ru et al.，2015）。

消费者是理性的，从购买制造商品牌或自有品牌的产品中获得正效用，而由搜寻产品的努力产生负效用。为了最大化其净效用，消费者选择产品搜寻努力 e，并决定购买制造商品牌抑或自有品牌的产品。一般来说，这种建模形式在现有的消费者搜寻模型中很普遍（Lammers，2014；Zhou et al.，2015；Li et al.，2020b；周驰和唐万生，2020）。消费者通常有两种选择，一种是继续搜寻产品，即消费者将当前搜寻的产品与之前最好的产品进行比较，选择更好的产品作为保留产品；另一种是可以停止搜寻并购买其保留产品。消费者的目标是决策最优的搜寻努力，以最大化来自产品搜寻的收益。关于内生性搜寻努力建模的优点在于，它允许在持续搜寻中增加找到所需产品的可能性，在最优搜寻中产品和偏好的匹配性也在增加，这是被证明具有实证相关性的消费者搜寻行为特征。由于市场摩擦，消费者付出搜寻努力 e 产生了具有凸函数性质的搜寻成本 $ke^2/2$，其中 $0<k\leqslant1$ 表示消费者搜寻的成本系数。尽管网上搜寻与购物为消费者提供了便利，但由于信息过载和信息不对称，消费者仍然需要花费大量时间等搜寻成本来做出购买决策（Zhou et al.，2020a）。通常这种二次成本函数是关于消费者搜寻努力的一个递增函数，且满足边际成本递增。许多文献中的成本函数都有类似的假设（Yao and Liu，2005；Lammers，2014；Zhou et al.，2015）。此外，不考虑由于两个品牌之间的价格差异而导致的二级市场。

推荐系统的产品个性化推荐会干扰消费者的行为、心态和购买决策（Yang and Gao，2017）。自有品牌采用推荐系统，通过调整产品推荐策略来吸引品牌偏好型消费者。消费者需要在主动搜寻制造商品牌产品与接受自有品牌产品推荐之间权衡。以往的研究大多假设这种产品推荐技术旨在造福消费者，且主要关注推荐系统对消费者购买决策和搜寻努力的积极影响（Xiao and Benbasat，2007；2015），然而事实上，自有品牌通常可以根据推荐系统的成本与收益来控制产品推荐算法，以引导消费者购买所推荐的产品。当自有品牌采用推荐系统向消费者推荐其产品时，假设推荐强度为 $a>1$，可以直接影响所推荐的品牌偏好型和价格偏好型消费者的效用。事实上，较高的推荐强度可以吸引消费者的注意力，并增加消费者搜寻的可能性。这种推荐强度可以通过推荐系统采用个性化智能算法来实现，如基于效用的推荐（Bag et al.，2019；Li et al.，2019）、交叉销售的推荐（Chen et al.，2016；Ghoshal et al.，2021）、基于协同过滤的推荐（Geuens et al.，2018）等。由于较高的推荐强度会导致较高的成本，假设使用推荐系统的成本为 $\varphi a^2/2$，其中 $0<\varphi\leqslant1$ 为推荐的成本系数。类似于一些文献（Yao and Liu，2005；Li et al.，2019；Bag et al.，2019；Ghoshal et al.，2021），这种二次函数的成本形式表明，由于边际利润递减规律，推荐强度与使用推荐系统的成本正相关。也就是说，随着推荐

强度的提高，推荐的边际成本也在增加。因此，边际推荐成本的增加会降低边际利润，这是符合边际利润递减规律的。

值得注意的是，在关于消费者搜寻与采用推荐系统的这些二次成本形式下所得出的主要研究结论是鲁棒的，且这些结论在其他成本形式下仍然保持不变。一方面，采用推荐系统的成本形式变化不影响最优搜寻努力与定价。这是因为最大化效用或利润，推荐成本（ $\varphi\alpha^2/2$ ）相对于搜寻努力或产品价格的导数为零。这意味着不管搜寻努力或产品价格如何变化，推荐成本都是恒定的。因此，推荐成本对推荐系统的作用没有影响。另一方面，尽管搜寻成本函数的变化对消费者购买决策有影响，但在不同搜寻成本函数下的研究结论也是鲁棒的。不失一般性，考虑搜寻成本为一般的凸函数 $c(e)$ （即满足 $c'(e)>0$ 和 $c''(e)>0$ ）。这种凸成本结构可以归因于减少信息不对称的搜寻努力 e 产生的收益递减。本章附录证明了主要研究结论在一般搜寻成本函数的假设下是鲁棒的。

利用下标 M、N、m 和 n 分别描述模型中的制造商品牌、自有品牌、品牌偏好型消费者和价格偏好型消费者。接下来，本书将构建三个博弈模型。①在无推荐系统情形下构建基准模型（由 o 表示）。②构建统一定价情形下产品推荐模型（由 r 表示）。③构建差异定价情形下产品推荐模型（由 d 表示）。

4.3　考虑统一定价与差异定价的均衡策略

4.3.1　无推荐系统情形下的均衡策略

本节主要探讨无推荐系统情形下的定价策略，构建自有品牌不引入推荐系统的基准模型。考虑无推荐系统的品牌市场竞争问题的模型结构，如图 4.1 所示。

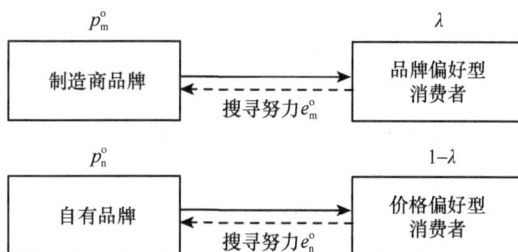

图 4.1　考虑无推荐系统的品牌市场竞争问题的模型结构

为了便于模型分析，参考现有文献假设两种品牌的边际生产成本为零（Raju et al.，1995；Alan et al.，2019）。制造商品牌和自有品牌首先分别决策产品价格 p_m^o 和 p_n^o ，以最大化其利润。然后，品牌偏好型消费者和价格偏好型消费者分别付出搜寻努力 e_m^o 和 e_n^o 来搜寻制造商品牌和自有品牌的产品。构建需求函数 $D_m^o = \lambda e_m^o \gamma$

和 $D_n^o = (1-\lambda)e_n^o\gamma$，其中 γ 表示从产品搜寻到购买的转化率。因此，制造商品牌与自有品牌的利润函数如下表示：

$$\Pi_M^o = p_m^o D_m^o \tag{4.1}$$

$$\Pi_N^o = p_n^o D_n^o \tag{4.2}$$

消费者对两种品牌的保留价格具有异质性。品牌偏好型消费者的效用可以表示为

$$U_m^o = e_m^o(\bar{p} - p_m^o) - \frac{k(e_m^o)^2}{2} \tag{4.3}$$

价格偏好型消费者的效用可以表示为

$$U_n^o = e_n^o(\underline{p} - p_n^o) - \frac{k(e_n^o)^2}{2} \tag{4.4}$$

通过分析两种品牌的利润函数和两类消费者的效用函数，引理 4.1 给出了无推荐系统的基准模型的均衡产品价格和搜寻努力。

引理 4.1 在无推荐系统的基准模型中，均衡搜寻努力、产品价格和品牌利润为

$$e_m^{o*} = \frac{\bar{p}}{2k}, \quad e_n^{o*} = \frac{\underline{p}}{2k}, \quad p_m^{o*} = \frac{\bar{p}}{2}, \quad p_n^{o*} = \frac{\underline{p}}{2}$$

$$\Pi_M^{o*} = \frac{\gamma\lambda}{4k}\bar{p}^2, \quad \Pi_N^{o*} = \frac{\gamma(1-\lambda)}{4k}\underline{p}^2$$

证明 针对式（4.3）和式（4.4），利用一阶条件求解 e_m^o 和 e_n^o，均衡解为 $e_m^{o*} = (\bar{p} - p_m^{o*})/k$ 和 $e_n^{o*} = (\underline{p} - p_n^{o*})/k$。将此解代入式（4.1）和式（4.2)并分别求解 $\partial\Pi_M^o/\partial p_m^o = 0$ 和 $\partial\Pi_N^o/\partial p_n^o = 0$ 得到引理 4.1。

保证品牌需求为正，应满足 $\bar{p}/2 \leqslant k \leqslant 1$。引理 4.1 的结果显示这两类品牌都受益于消费者保留价格的提高。此外，两类品牌的利润与市场份额之间都存在着线性关系，这也再次验证了两个市场是相互独立的，且两类品牌在两个市场都有独立的决策权。

观察 4.1 在品牌偏好型消费者市场中，均衡搜寻努力 e_m^{o*} 和产品价格 p_m^{o*} 随 $\bar{p}$ 递增。在价格偏好型消费者市场中也存在类似的结果。

由于消费者具有不同的偏好，两类品牌不会跨市场销售产品，因此两个市场的均衡决策是相互独立的，市场份额 λ 并不影响这两类品牌的定价决策。观察 4.1 表明消费者的产品搜寻努力由消费者剩余驱动，并受到保留价格和销售价格的影响。保持产品价值的重要性变得显而易见。在利润最大化的情况下，产品估值直接影响产品价格的最优决策。此外，产品质量保证和促销活动也会直接影响产品的定价。

观察 4.2 随着两类品牌产品价格的增加，消费者的均衡搜寻努力会减少，

即 $\partial e_m^{o*}/\partial p_m = \partial e_n^{o*}/\partial p_n = -1/k < 0$。随着保留价格的增加，消费者的均衡搜寻努力增加，即 $\partial e_m^{o*}/\partial \overline{p} = \partial e_n^{o*}/\partial \overline{p} = 1/2k > 0$。

两类品牌的产品价格和保留价格对消费者的搜寻努力分别具有负向和正向的影响。由于搜寻成本与产品价格直接影响消费者的效用，因此可以发现消费者对产品的搜寻与消费者的效用之间存在正相关关系。观察 4.2 表明，当消费者对这两类品牌的保留价格都较低时，他们的搜寻努力也会较低。结论是显而易见的，随着保留价格的降低，消费者购买产品的意愿会降低。因此，购买两类品牌意愿的降低将减少消费者的产品搜寻努力。

观察 4.3　在无推荐系统的基准模型中，随着 β 的增加，消费者对自有品牌产品的均衡搜寻努力增加，自有品牌产品的均衡价格也升高，价格偏好型消费者的均衡效用和自有品牌的均衡利润递增。

观察 4.3 发现保留价格的差异会对价格偏好型消费者的均衡搜寻努力与效用、自有品牌的均衡价格与利润产生正向影响。然而，品牌偏好型消费者的均衡搜寻努力与效用、制造商品牌的均衡价格与利润都不受保留价格差异的影响。这意味着随着价格偏好型消费者保留价格的增加，对自有品牌的搜寻努力将增加。此外，自有品牌可以提高产品价格以获得更多的利润。

4.3.2　统一定价情形下的均衡策略

本节考虑自有品牌利用推荐系统入侵制造商品牌市场，探究在统一定价情形下的均衡策略。自有品牌通过推荐系统吸引品牌偏好型消费者与制造商品牌竞争，并以相同的产品价格 p_n^r 向品牌偏好型消费者与价格偏好型消费者销售其产品。与此同时，制造商品牌仍然以价格 p_m^r 向品牌偏好型消费者销售其产品。品牌偏好型消费者分别付出搜寻努力 e_m^r 和 $1-e_m^r$ 在线搜寻制造商品牌与自有品牌的产品，价格偏好型消费者付出搜寻努力 e_n^r 在线搜寻自有品牌产品。为了更直观地解释，考虑统一定价的产品推荐模型结构如图 4.2 所示。

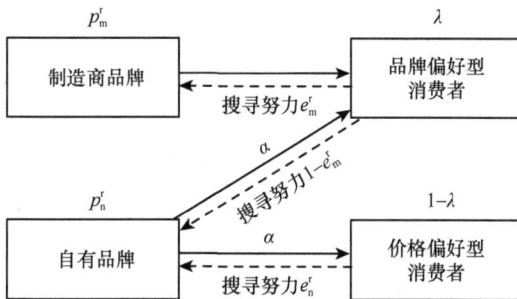

图 4.2　考虑统一定价的产品推荐模型结构

推荐系统的使用扩大了自有品牌的消费者市场细分，使自有品牌不再局限于价格偏好型消费者的市场。构建需求函数分别为 $D_m^r = \lambda e_m^r r$，$D_{re}^r = \alpha\lambda(1-e_m^r)r$ 和 $D_n^r = \alpha(1-\lambda)e_n^r r$。因此，制造商品牌和自有品牌的利润函数为

$$\Pi_M^r = p_m^r D_m^r \tag{4.5}$$

$$\Pi_N^r = p_n^r(D_{re}^r + D_n^r) - \frac{\varphi\alpha^2}{2} \tag{4.6}$$

自有品牌通过推荐系统向所有类型消费者推荐其产品。品牌偏好型消费者不仅可以购买制造商品牌产品，还可以通过推荐系统搜寻购买自有品牌产品。在推荐系统与产品同质化的影响下，品牌偏好型消费者关于自有品牌产品的保留价格与制造商品牌相同。两种类型的消费者的效用函数为

$$U_m^r = e_m^r(\bar{p} - p_m^r) + (1-e_m^r)\left(\alpha(\bar{p} - p_n^r)\right) - \frac{k(e_m^r)^2}{2} \tag{4.7}$$

$$U_n^r = e_n^r\alpha(\underline{p} - p_n^r) - \frac{k(e_n^r)^2}{2} \tag{4.8}$$

通过分析消费者与品牌的最优策略，得到了均衡的搜寻努力和产品价格，并研究了推荐系统对搜寻努力、品牌销售价格和利润的影响。因此，下面给出求得的均衡解。

引理 4.2　在考虑统一定价的产品推荐模型中，均衡搜寻努力和产品价格为

$$e_m^{r*} = \frac{(1-\alpha)(2-\lambda)\bar{p} + (1-\lambda)\alpha\underline{p} + \lambda k}{(4-\lambda)k}，\quad e_n^{r*} = \frac{(1-\alpha)\lambda\bar{p} + (2+\lambda)\alpha\underline{p} - 2\lambda k}{(4-\lambda)k}$$

$$p_m^{r*} = \frac{(1-\alpha)(2-\lambda)\bar{p} + (1-\lambda)\alpha\underline{p} + \lambda k}{4-\lambda}，\quad p_n^{r*} = \frac{(\alpha-1)\lambda\bar{p} + 2(1-\lambda)\alpha\underline{p} + 2\lambda k}{(4-\lambda)\alpha}$$

证明　类似于引理 4.1 的证明，结合一阶条件 $\partial U_m^r/\partial e_m^r = 0$ 和 $\partial U_n^r/\partial e_n^r = 0$ 求得 $e_m^r = \left((\bar{p} - p_m^r) - \alpha(\bar{p} - p_n^r)\right)/k$ 和 $e_n^r = \alpha(\underline{p} - p_n^r)/k$。将此解代入式（4.5）和式（4.6），最大化 Π_M^r 和 Π_N^r，在满足约束条件 $\bar{p} > p_m^r$ 和 $\underline{p} > p_n^r$ 下使用 KKT（Karush-Kuhn-Tucker）条件。易证得该问题是凸规划问题，联立求解 $\partial\Pi_M^r/\partial p_m^r = 0$ 和 $\partial\Pi_N^r/\partial p_n^r = 0$ 可得证。

保证品牌的需求为正，应满足 $\bar{p} > p_m^r$，$\bar{p} > p_n^r$，$\underline{p} > p_m^r$，且需满足约束条件 $\alpha > \max\left\{(\lambda\bar{p} - 2\lambda k)/\left((\bar{p} - \underline{p})\lambda - 2\underline{p}\right), 1\right\}$。由引理 4.2，可得 $\partial e_m^{r*}/\partial\bar{p} > 0$，$\partial e_m^{r*}/\partial\underline{p} > 0$，$\partial e_n^{r*}/\partial\bar{p} > 0$ 和 $\partial e_n^{r*}/\partial\underline{p} > 0$，这意味着在考虑统一定价的产品推荐模型中，保留价格 $\bar{p}$ 和 $\underline{p}$ 的增加将提高品牌偏好型和价格偏好型消费者的搜寻努力。由引理 4.2 还可得 $\partial p_m^{r*}/\partial\bar{p} > 0$，$\partial p_m^{r*}/\partial\underline{p} > 0$，$\partial p_n^{r*}/\partial\bar{p} > 0$ 和 $\partial p_n^{r*}/\partial\underline{p} > 0$。在统一定价情形下，结果表明随着保留价格 $\bar{p}$ 的增加，制造商品牌的均衡价格提高，而自有品牌的均衡价格降低。随着保留价格 $\underline{p}$ 的增加，两类品牌都会提高均衡价格。引入推荐系统之后，两个品牌市场之间开始出现交互影响。品牌偏好型消费者的保留价格不

但对制造商品牌的均衡定价产生正向影响，而且对自有品牌的均衡定价也有负向影响。这是因为品牌偏好型消费者保留价格的升高将增加购买制造商品牌产品的意愿。当品牌偏好型消费者提高保留价格时，自有品牌会降低产品价格以通过推荐系统吸引更多品牌偏好型消费者。

观察 4.4　在考虑统一定价的产品推荐模型中，均衡的搜寻努力、两类品牌价格和自有品牌利润关于保留价格差异 β 递增，制造商品牌的利润关于保留价格差异 β 先增后减。

价格偏好型消费者对自有品牌产品保留价格的提高不仅有利于自有品牌，也会对制造商品牌产生溢出效应。然而，价格偏好型消费者较高的保留价格并不能使制造商品牌获得更高的利润。随着保留价格差异的增大，自有品牌提高了产品价格，并降低了其在品牌偏好型消费者中的相对竞争力。此时，制造商品牌则利用其竞争优势提高产品价格而获利。

观察 4.5　在考虑统一定价的产品推荐模型中，随着保留价格差异 β 的增加，

（a）当 $\dfrac{\overline{p}}{2} < k < \dfrac{\overline{p}(\alpha + \lambda - 2)}{3\lambda - 8}$ 时，品牌偏好型消费者的效用先减后增。当 $\dfrac{\overline{p}(\alpha + \lambda - 2)}{3\lambda - 8} < k < 1$ 时，品牌偏好型消费者的效用减少。

（b）当 $\dfrac{\overline{p}}{2} < k < \dfrac{\overline{p}(2\alpha + \lambda)}{2\lambda}$ 时，价格偏好型消费者的效用先减后增。当 $\dfrac{\overline{p}(2\alpha + \lambda)}{2\lambda} < k < 1$ 时，价格偏好型消费者的效用减少。

观察 4.4 和观察 4.5 表明，无论制造商品牌还是自有品牌，都可以从消费者对自有品牌的保留价格提高中受益。然而，保留价格的升高使消费者更有动力去搜寻自有品牌产品，而较高的搜寻成本在一定程度上损害了消费者的效用。当搜寻成本较低时，消费者可以从产品搜寻行为中获益。

命题 4.1　在统一定价情形下，提高产品的推荐强度 α 可以增加两类消费者对自有品牌的搜寻努力 $1 - e_m^r$ 和 e_n^r，可以减少品牌偏好型消费者对制造商品牌的搜寻努力 e_m^r。

命题 4.1 表明自有品牌会吸引品牌偏好型消费者，因此可以通过推荐系统与制造商品牌竞争。当推荐系统提高产品推荐强度时，品牌偏好型消费者会降低对制造商品牌的搜寻努力，并选择购买推荐的自有品牌产品以获得更多的效用。推荐系统不仅会影响品牌偏好型消费者，还会影响价格偏好型消费者。由于推荐系统的作用，价格偏好型消费者也会增加购买自有品牌产品的可能性。

命题 4.2　在统一定价情形下，提高产品的推荐强度 α 可以降低自有品牌与制造商品牌的产品价格。

正如命题 4.2 显示，推荐强度的增加会导致自有品牌的产品价格 p_n^r 下降，这是

因为制造商品牌会通过降低产品价格来应对品牌竞争。此外，自有品牌还会考虑价格偏好型消费者的搜寻成本来降低产品价格。尽管自有品牌采用了推荐系统，但其主要利润来源仍是价格偏好型消费者的市场。推荐系统的使用在一定程度上增加了价格偏好型消费者的搜寻成本。因此，自有品牌通过降价来补偿消费者的损失。

4.3.3　差异定价情形下的均衡策略

本节考虑自有品牌利用推荐系统入侵制造商品牌市场，探究在差异定价情形下的均衡策略。在该情形下，制造商品牌决策产品价格 $p_{\mathrm{m}}^{\mathrm{d}}$，自有品牌通过推荐系统为价格偏好型消费者制定产品价格 $p_{\mathrm{n}}^{\mathrm{d}}$，为品牌偏好型消费者制定产品价格 $p_{\mathrm{re}}^{\mathrm{d}}$。此后，品牌偏好型消费者分别付出搜寻努力 $e_{\mathrm{m}}^{\mathrm{d}}$ 和 $1-e_{\mathrm{m}}^{\mathrm{d}}$ 来搜寻制造商品牌和自有品牌的产品，价格偏好型消费者付出搜寻努力 $e_{\mathrm{n}}^{\mathrm{d}}$ 来搜寻自有品牌的产品。考虑差异定价的产品推荐模型结构如图 4.3 所示。

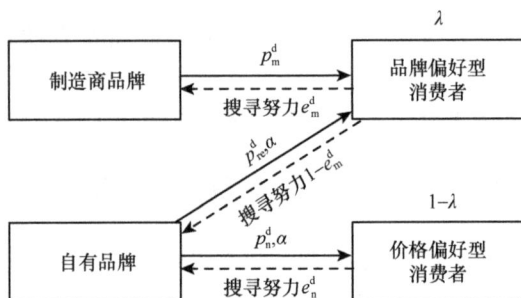

图 4.3　考虑差异定价的产品推荐模型结构

进一步构建需求函数 $D_{\mathrm{m}}^{\mathrm{d}} = \lambda e_{\mathrm{m}}^{\mathrm{d}} \gamma$，$D_{\mathrm{re}}^{\mathrm{d}} = \alpha \lambda (1-e_{\mathrm{m}}^{\mathrm{d}}) \gamma$ 和 $D_{\mathrm{n}}^{\mathrm{d}} = \alpha(1-\lambda) e_{\mathrm{n}}^{\mathrm{d}} \gamma$。因此，两类品牌的利润函数可以表示为

$$\Pi_{\mathrm{M}}^{\mathrm{d}} = p_{\mathrm{m}}^{\mathrm{d}} D_{\mathrm{m}}^{\mathrm{d}} \qquad (4.9)$$

$$\Pi_{\mathrm{N}}^{\mathrm{d}} = p_{\mathrm{re}}^{\mathrm{d}} D_{\mathrm{re}}^{\mathrm{d}} + p_{\mathrm{n}}^{\mathrm{d}} D_{\mathrm{n}}^{\mathrm{d}} - \frac{\varphi \alpha^2}{2} \qquad (4.10)$$

品牌偏好型消费者可以在制造商品牌与自有品牌之间进行购买产品选择。自有品牌为这两类消费者提供不同的产品价格，以实现其利润最大化。两类消费者的效用函数为

$$U_{\mathrm{m}}^{\mathrm{d}} = e_{\mathrm{m}}^{\mathrm{d}}(\bar{p}-p_{\mathrm{m}}^{\mathrm{d}}) + (1-e_{\mathrm{m}}^{\mathrm{d}})\alpha(\bar{p}-p_{\mathrm{re}}^{\mathrm{d}}) - \frac{k(e_{\mathrm{m}}^{\mathrm{d}})^2}{2} \qquad (4.11)$$

$$U_{\mathrm{n}}^{\mathrm{d}} = e_{\mathrm{n}}^{\mathrm{d}}\alpha(\underline{p}-p_{\mathrm{n}}^{\mathrm{d}}) - \frac{k(e_{\mathrm{n}}^{\mathrm{d}})^2}{2} \qquad (4.12)$$

通过分析两类品牌的利润函数和两类消费者的效用函数，引理 4.3 给出了考虑差异定价的产品推荐模型的均衡搜寻努力和产品价格。

引理 4.3　在考虑差异定价的产品推荐模型中,均衡的搜寻努力与产品价格为

$$e_{\mathrm{m}}^{\mathrm{d}*}=\frac{(1-\alpha)\overline{p}+k}{3k},\quad e_{\mathrm{n}}^{\mathrm{d}*}=\frac{\alpha\underline{p}}{2k},\quad p_{\mathrm{re}}^{\mathrm{d}*}=\frac{2k-(1-\alpha)\overline{p}}{3\alpha},\quad p_{\mathrm{n}}^{\mathrm{d}*}=\frac{\underline{p}}{2},\quad p_{\mathrm{m}}^{\mathrm{d}*}=\frac{k+(1-\alpha)\overline{p}}{3}。$$

由于均衡解在可行域范围内,参数应满足 $\max\left\{2k-\overline{p}/2\underline{p},1\right\}\leqslant\alpha\leqslant1+k/\overline{p}$。接下来,分析了保留价格差异对均衡的搜寻努力、效用、价格和利润的影响。

观察 4.6　在考虑差异定价的产品推荐模型中,随着保留价格差异的增加,价格偏好型消费者的均衡搜寻努力和效用增加,自有品牌的均衡价格和利润也增加。

在考虑差异定价的产品推荐模型中,保留价格差异的增加会提高价格偏好型消费者的均衡搜寻努力和效用,以及自有品牌的均衡产品价格和利润。此外,品牌偏好型消费者的均衡搜寻努力和效用以及制造商品牌的均衡产品价格和利润均不受保留价格差异的影响。结果表明,价格偏好型消费者的保留价格提高,有利于自有品牌。差异定价策略使两个市场相互独立,此时价格偏好型消费者的单方面变化只影响自有品牌的定价决策及其搜寻努力,而不影响制造商品牌的定价和品牌偏好型消费者的搜寻努力。因此,自有品牌在两个市场上实现了价格歧视。命题 4.3 和命题 4.4 分析了产品推荐强度对均衡搜寻努力和产品价格的影响。

命题 4.3　在差异定价情形下,提高产品的推荐强度可以增加两类消费者对自有品牌的搜寻努力,减少品牌偏好型消费者对制造商品牌的搜寻努力。

在差异定价情形下,产品推荐强度对两类消费者搜寻努力的影响与统一定价情形下的结论一致。随着推荐强度的提高,品牌偏好型消费者对制造商品牌的搜寻努力会减少,进而会选择通过推荐系统搜寻自有品牌产品;价格偏好型消费者对自有品牌产品的搜寻努力会增加,也就是说,在差异定价情形下价格偏好型消费者继续热衷于购买自有品牌的产品。

命题 4.4　在差异定价情形下,提高产品的推荐强度会使品牌偏好型消费者通过推荐系统购买自有品牌产品的价格升高,但对价格偏好型消费者购买自有品牌产品的价格没有影响。提高产品的推荐强度会使品牌偏好型消费者购买制造商品牌产品的价格降低。

命题 4.4 表明在差异定价情形下,当自有品牌利用推荐系统提高产品推荐强度时,制造商品牌仍然通过降价来维持其市场份额和利润,而自有品牌可以针对品牌偏好型消费者提高产品价格以获得更多利润。然而,自有品牌不会因推荐强度的增加而改变针对价格偏好型消费者的产品定价。这意味着当推荐系统提高产品推荐强度时,自有品牌应该为品牌偏好型消费者提高产品价格,而不改变价格偏好型消费者的产品价格。与此同时,制造商品牌应该降低产品价格,以应对由于自有品牌提高产品推荐强度而带来的市场竞争。

推论 4.1　在差异定价情形下,当 $\left(3\alpha\underline{p}+2(1-\alpha)\overline{p}\right)\big/4<k<1$ 时,自有品牌针对品牌偏好型消费者的定价高于针对价格偏好型消费者的定价,即 $p_{\mathrm{re}}^{\mathrm{d}*}>p_{\mathrm{n}}^{\mathrm{d}*}$。

推论 4.1 表明当消费者的搜寻成本较高时，品牌偏好型消费者会通过推荐系统的产品推荐转移到自有品牌。因此，推荐系统可以将消费者的搜寻成本转移到其推荐成本上。自有品牌可以向越来越多的消费者制定更高的产品价格，以获取市场溢出的利润。

4.4 均衡策略的比较分析

本节重点比较三种情形下的均衡策略。通过分析无推荐系统、统一定价和差异定价三种情形下均衡的搜寻努力、定价和利润，探讨推荐系统在品牌竞争问题中的作用。

命题 4.5 在无推荐系统与差异定价情形下，价格偏好型消费者购买自有品牌产品的价格相同，即 $p_n^{d*} = p_n^{o*} = \underline{p}/2$。在统一定价情形下，购买自有品牌的价格为 $p_n^{r*} = \left((1-\alpha)\lambda\overline{p} + 2\alpha(\lambda-1)\underline{p} - 2k\lambda\right)\big/(\alpha(\lambda-4))$。

在统一定价情形下，自有品牌在决策最优定价时需要同时考虑两个市场的影响。在差异定价情形下，自有品牌可以根据消费者的搜寻努力来决定价格偏好型消费者市场中的最优价格。自有品牌在两个市场的差异化定价策略可以为其带来策略的灵活性，在每个市场都能获得最优决策的结果。

命题 4.6 当满足 $0<k<\left(3\alpha\underline{p} + 2(1-\alpha)\overline{p}\right)\big/4$ 时，可得 $e_m^{d*}<e_m^{r*}<e_m^{o*}$ 和 $e_n^{d*}<e_n^{r*}<e_n^{o*}$；当满足 $\left(3\alpha\underline{p} + 2(1-\alpha)\overline{p}\right)\big/4 \leqslant k<1$ 时，可得 $e_m^{r*}<e_m^{d*}<e_m^{o*}$ 和 $e_n^{r*}<e_n^{d*}<e_n^{o*}$。

命题 4.6 显示在无推荐系统情形下，若搜寻成本系数足够低，消费者可以投入更多的产品搜寻努力。当引入推荐系统，且搜寻成本系数较低时，自有品牌采用差异定价策略是对消费者有利的。此时，消费者可以付出最少的产品搜寻努力。当搜寻成本系数较高时，差异定价策略的优势对消费者来说不再明显。此时，消费者在统一定价策略下可以付出最少的产品搜寻努力，这是因为较高的搜寻成本系数使消费者不愿意付出努力去搜寻这两类品牌的产品。此外，统一定价策略会减少消费者的产品搜寻努力，而且搜寻成本系数的增加明显降低了品牌偏好型消费者的产品搜寻努力。

命题 4.7 当满足 $0<k<\left(3\alpha\underline{p} + 2(1-\alpha)\overline{p}\right)\big/4$ 时，可得 $p_m^{d*}<p_m^{r*}<p_m^{o*}$ 和 $p_{re}^{d*}<p_n^{r*}<p_n^{o*} = p_n^{d*}$；当满足 $\left(3\alpha\underline{p} + 2(1-\alpha)\overline{p}\right)\big/4 \leqslant k<1$ 时，可得 $p_m^{r*}<p_m^{d*}<p_m^{o*}$ 和 $p_n^{o*} = p_n^{d*}<p_n^{r*}<p_{re}^{d*}$。

命题 4.7 表明消费者的搜寻成本对两类品牌的价格决策有显著的影响。当搜寻成本系数较低时，即使采用推荐系统会产生推荐成本，推荐系统销售渠道的产品价格也会低于不使用推荐系统的产品价格。随着搜寻成本系数的增加，两类品牌的产品价格都在提高。

由命题 4.6 和命题 4.7 可知，推荐系统之所以能够吸引消费者，是因为它转移了消费者的搜寻成本。当消费者的搜寻成本很低时，自有品牌需要利用推荐系统降低价格来吸引消费者。当消费者的搜寻成本增加时，自有品牌也能以较高的产品价格吸引消费者，这是因为消费者只有通过推荐系统购买产品，才能忽略搜寻成本，从产品推荐中获益。为了进一步分析消费者搜寻成本对产品推荐强度的影响，4.5 节探究了自有品牌采用推荐系统，对于产品推荐强度的最优决策。

4.5　灵敏度分析与策略选择

本节数值分析了推荐强度、搜寻成本系数及消费者比例等参数对消费者和品牌最优决策的影响，研究两类品牌的最优决策与策略选择。首先考察三种情形下相关参数对搜寻努力和产品价格的影响。接下来，分析推荐强度和市场份额对品牌盈利能力的影响。最后，探讨不同情形下自有品牌的利润来源，并研究两类品牌的策略选择。不失一般性，设置基本参数取值为 $\alpha=1.2$，$\lambda=0.5$，$\overline{p}=1$，$\underline{p}=0.8$，$k=1$，$\varphi=0.3$ 和 $\gamma=1$（Cunningham et al.，1982；Li et al.，2019；Zhou et al.，2020a），表征了品牌偏好型、价格偏好型消费者的保留价格和产品推荐强度。显然参数的取值可以保证这两类品牌都是盈利的。数值分析也尝试了其他参数取值，发现不同的参数设置不会改变本章的主要研究结论。

4.5.1　搜寻努力和产品定价的灵敏度分析

本节首先分析了推荐强度、搜寻成本系数和品牌偏好型消费者市场比例对搜寻努力的影响。然后在数值分析中参数取值 $1\leqslant\alpha\leqslant2$ 和 $0.5\leqslant k\leqslant1$，因为需要满足约束 $\max\{2k-\overline{p}/2\overline{p},1\}\leqslant\alpha\leqslant1+k/\overline{p}$ 和 $\overline{p}/2\leqslant k\leqslant1$。显然，这些约束条件保证两类品牌都是盈利的。

图 4.4 比较了三种情形下消费者对品牌的搜寻努力与产品推荐强度之间的关系。由图 4.4（a）可见，推荐系统抑制了消费者对制造商品牌的产品搜寻努力。随着推荐强度的提高，消费者通过推荐系统购买产品的效用增加。因此，越来越多的消费者会转向搜寻并购买自有品牌。消费者对自有品牌产品搜寻努力的增长趋势如图 4.4（b）所示。

图 4.5 讨论了搜寻成本系数对搜寻努力的影响。随着搜寻成本系数的增大，品牌偏好型消费者会调整其品牌偏好，而从推荐系统的销售渠道购买自有品牌产品。此外，品牌偏好型消费者总是搜寻自有品牌的产品而不是其他品牌产品。通过采用推荐系统，自有品牌受到品牌偏好型消费者的青睐，这些消费者成为自有品牌的主要利润来源。这个结论将在接下来的数值算例中进一步验证。由图 4.5（b）可知，与统一定价策略相比，差异定价策略下消费者的搜寻努力更容易受到搜寻成本的影响（即 $\partial(1-e_m^{r*})/\partial k>\partial(1-e_m^{d*})/\partial k$）。这说明统一定价策略导致的品

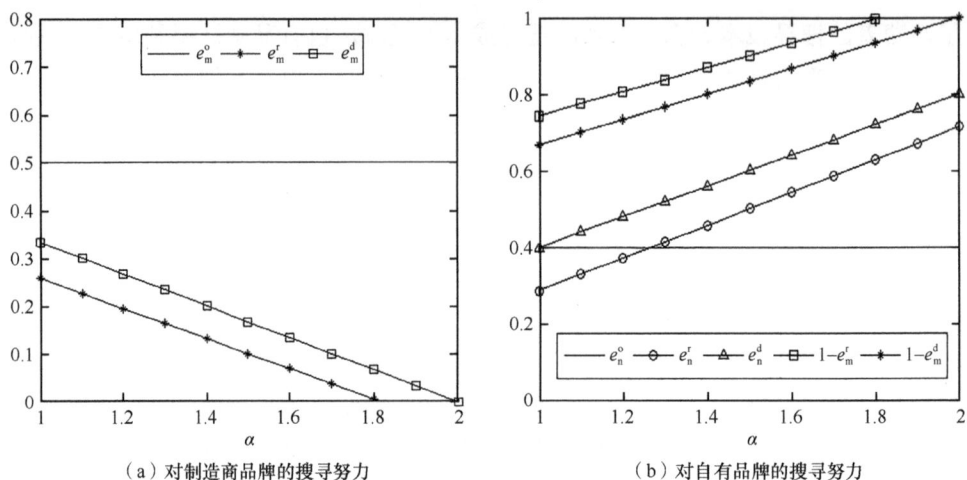

（a）对制造商品牌的搜寻努力　　　　　（b）对自有品牌的搜寻努力

图 4.4　推荐强度对消费者搜寻努力的影响

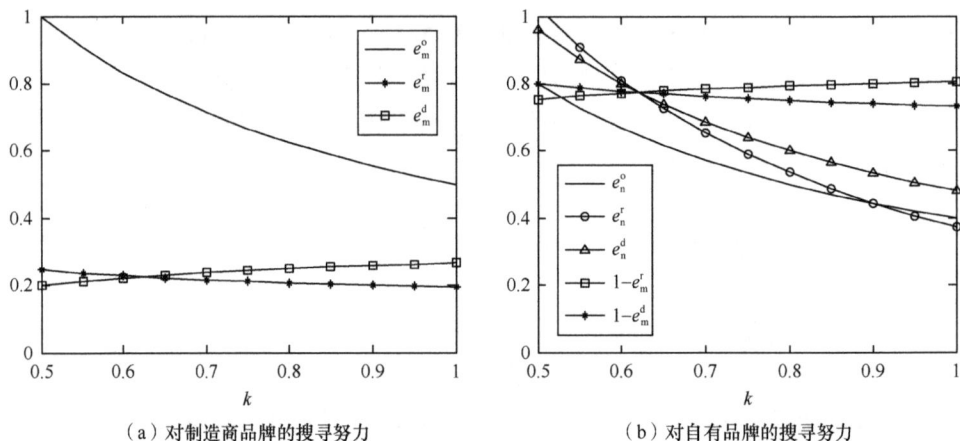

（a）对制造商品牌的搜寻努力　　　　　（b）对自有品牌的搜寻努力

图 4.5　搜寻成本系数对消费者搜寻努力的影响

牌竞争更加激烈，差异定价策略在一定程度上能够缓解制造商品牌与自有品牌在品牌偏好型消费者市场上的竞争。当搜寻成本系数足够低时，制造商品牌在品牌偏好型消费者市场占据主导地位。当搜寻成本系数持续增加时，制造商品牌会逐渐失去市场主导地位，自有品牌将更加受到消费者的关注。

图 4.6 的结果显示了品牌偏好型消费者市场规模对品牌搜寻努力的影响。在无推荐系统情形和差异定价情形下，两个市场是相对独立的。品牌在最优定价时，只需要考虑消费者的搜寻努力和保留价格，而不需要考虑品牌偏好型消费者的市场规模。只有在统一定价情形下，消费者的搜寻努力才会受到品牌偏好型消费者市场规模的影响。自有品牌在统一定价策略下，需要根据品牌偏好型消费者的市场规模来调整产品定价。这种统一定价策略的调整进一步影响了消费者在两个市场的搜寻努力。因此，随着品牌偏好型消费者市场规模的扩大，两类消费者对自

有品牌的搜寻努力都会降低。

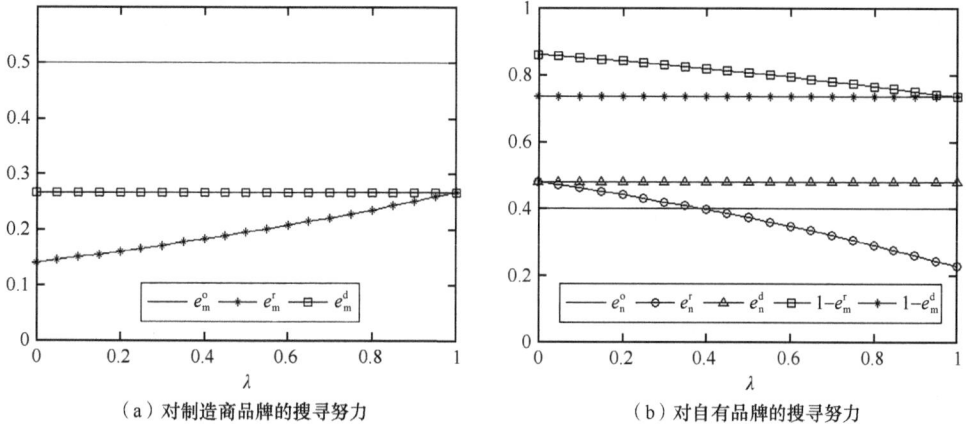

（a）对制造商品牌的搜寻努力　　　　　　　　　（b）对自有品牌的搜寻努力

图 4.6　品牌偏好型消费者市场规模对搜寻努力的影响

推荐系统的使用总是会提高自有品牌的产品价格，而降低制造商品牌的产品价格，如图 4.7 所示。随着推荐强度的提高，品牌偏好型消费者从制造商品牌转向自有品牌，因此制造商品牌只有通过降价与自有品牌竞争。然而，由于推荐成本随推荐强度递增，自有品牌也不得不降低其产品价格。在统一定价情形下，自有品牌无法再制定较高的产品价格。在差异定价情形下，自有品牌通过推荐系统销售渠道制定较高的产品价格盈利来补偿其付出的推荐成本。因此，价格偏好型消费者面临的渠道结构特征类似于无推荐系统的情形。

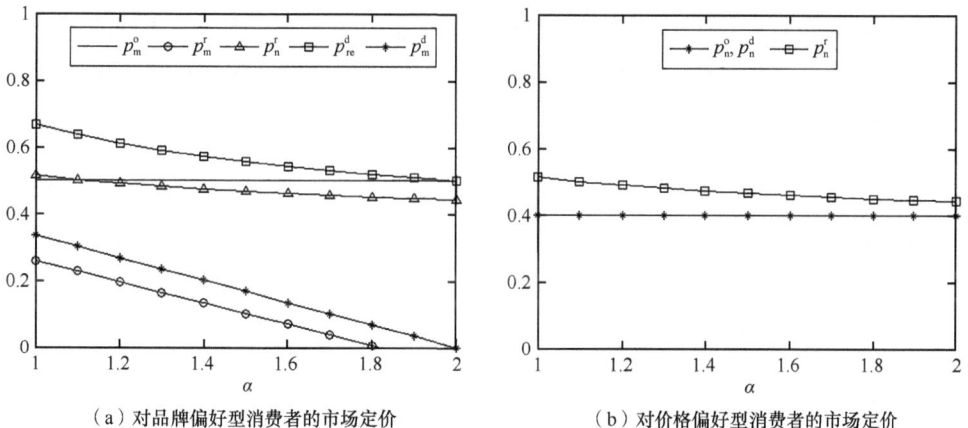

（a）对品牌偏好型消费者的市场定价　　　　　　（b）对价格偏好型消费者的市场定价

图 4.7　推荐强度对两类消费者市场定价的影响

图 4.8 显示了搜寻成本系数对两类消费者市场定价的影响。命题 4.7 的阈值可以在图 4.8 中观察到。当消费者搜寻成本较低时，自有品牌会为其推荐的产品提供较低的价格。随着消费者搜寻成本的增加，自有品牌推荐产品的价格增加。

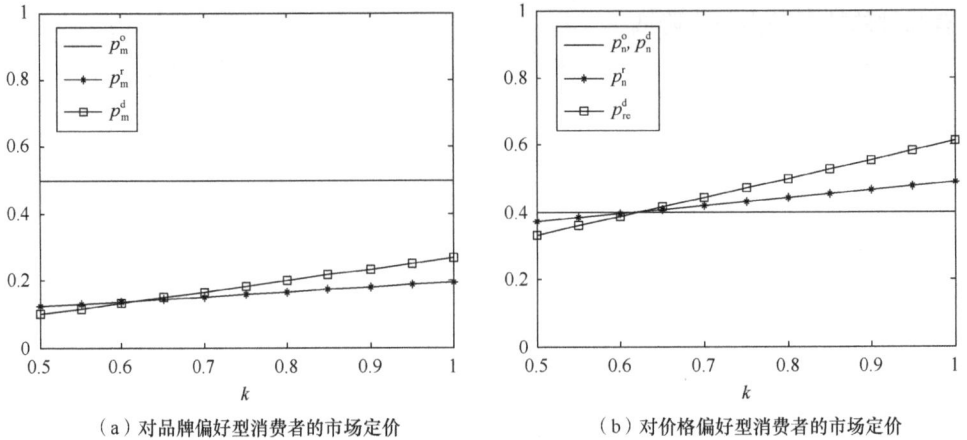

（a）对品牌偏好型消费者的市场定价　　　　　　（b）对价格偏好型消费者的市场定价

图 4.8　搜寻成本系数对两类消费者市场定价的影响

4.5.2　品牌利润分析与策略选择

本节首先分析品牌偏好型消费者市场规模和产品推荐强度对品牌利润的影响。然后研究自有品牌的利润来源与两类品牌的策略选择。

由图 4.9 可知，随着价格偏好型消费者市场规模的降低，自有品牌通过提高定价来维持利润，从而降低了价格偏好型消费者的搜寻努力。品牌偏好型消费者会加大对制造商品牌的搜寻努力，这反过来又会提高产品的价格。产品定价与需求的结合使制造商品牌受益于品牌偏好型消费者市场规模的增加。图 4.9 也显示了当品牌偏好型消费者市场规模较高时，自有品牌采用推荐系统是更好的选择。当价格偏好型消费者市场规模较低时，自有品牌拥有足够的潜在市场，可以通过推荐系统扩大其消费群体。

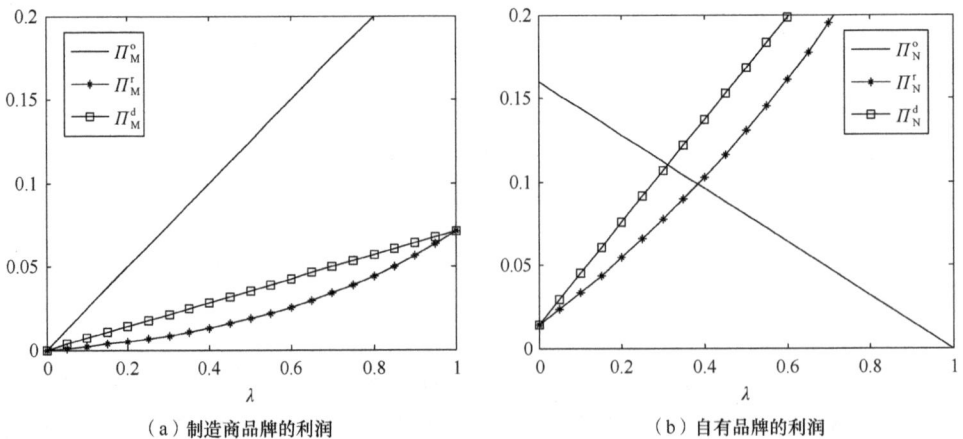

（a）制造商品牌的利润　　　　　　　　　　（b）自有品牌的利润

图 4.9　品牌偏好型消费者市场规模对品牌利润的影响

图 4.10 显示推荐系统的使用总是会损害制造商品牌的利润，随着产品推荐强度的提高，制造商品牌的利润逐渐减少。推荐系统的使用可以增加自有品牌的利润。然而，由于会产生较高的推荐成本，较高的推荐强度可能会损害自有品牌的利润。自有品牌应采用适度的产品推荐强度，既能满足需求为正的约束，又能使自有品牌不必承担较高的推荐成本。图 4.11 显示在引入推荐系统的情形下，自有品牌的利润来源和推荐成本。

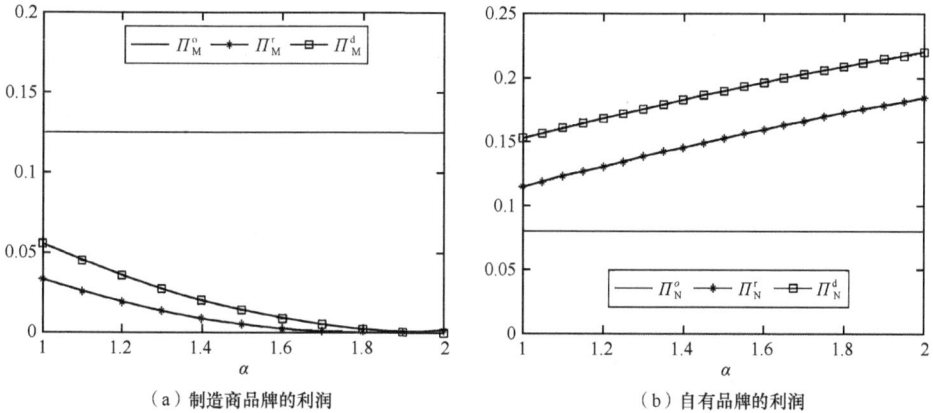

（a）制造商品牌的利润　　（b）自有品牌的利润

图 4.10　推荐强度对品牌利润的影响

由图 4.11 可见，无论差异定价还是统一定价，自有品牌的主要利润来源仍然是品牌偏好型消费者的市场。虽然品牌偏好型消费者能够为自有品牌带来额外的收入，但较高的推荐成本也在一定程度上阻碍了自有品牌对推荐系统的使用。如果推荐强度适中，推荐系统可以增加品牌偏好型消费者的利益，为自有品牌带来额外的利润，而且产生的推荐成本也不会太高。此外，在差异定价情形下，自有品牌的利润高于统一定价下的利润。因此，差异定价策略可能比统一定价策略更有利于自有品牌。

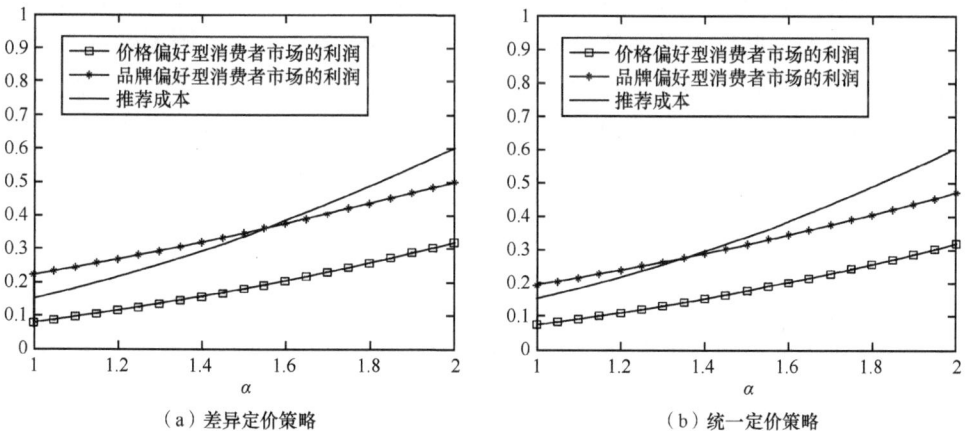

（a）差异定价策略　　（b）统一定价策略

图 4.11　推荐强度对自有品牌利润来源与推荐成本的影响

令$[i,j]$表示制造商品牌与自有品牌策略选择的组合，其中$i,j \in \{o,r,d\}$，i为制造商品牌的策略选择，j为自有品牌的策略选择。以下研究两类品牌在不同参数范围内的策略选择。

图4.12显示了制造商品牌与自有品牌的策略选择区域。对于制造商品牌来说，自有品牌最好不要采用推荐系统。对于自有品牌来说，可以采取两种策略：①不引入推荐系统；②引入推荐系统并采取差异定价策略。有趣的是当推荐强度较高时，自有品牌不会引入推荐系统。这是因为高推荐强度导致使用推荐系统的高成本。图4.12中的阴影区域表示不满足约束条件的非可行域，即参数的取值范围不能保证两类品牌都是盈利的。

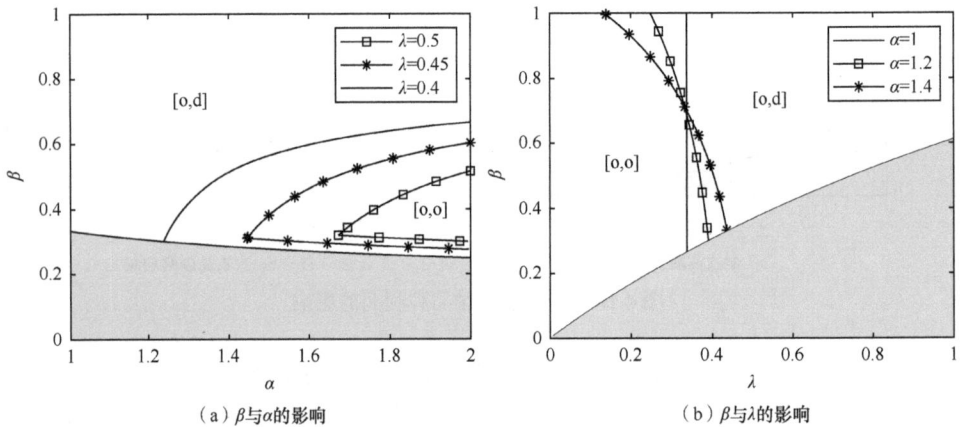

（a）β与α的影响　　　　　　　（b）β与λ的影响

图 4.12　两类品牌的策略选择

由图4.12（a）发现，当推荐强度不高且保留价格差异相对较大时，自有品牌会采用推荐系统，并通过差异定价策略向品牌偏好型消费者销售产品。不失一般性，品牌偏好型消费者的市场规模λ可以在集合$\{0.4,0.45,0.5\}$中选取。图4.12（a）说明通过引入推荐系统并采取差异定价策略，品牌偏好型消费者市场规模的增加将扩大自有品牌的策略选择范围。由图4.12（b）发现，当品牌偏好型消费者的市场规模较大时，自有品牌会采取引入推荐系统与差异定价策略。当品牌偏好型消费者的市场规模较小时，无论保留价格差异的高低，自有品牌都会采取不引入推荐系统的策略。不失一般性，产品推荐强度α可在集合$\{1,1.2,1.4\}$中选取。由图4.12（b）发现，当消费者保留价格差异较大时，产品推荐强度的增加会扩大自有品牌采取引入推荐系统与差异定价策略的决策范围。这意味着当品牌偏好型消费者的市场规模较低且保留价格差异较大时，自有品牌可以通过提高产品推荐强度来获得市场竞争优势。

4.6　研究问题的拓展

4.6.1　两类品牌均采用推荐系统情形

本节拓展了研究问题，考虑两类品牌均采用推荐系统向消费者推荐其品牌产品。利用上标 Co 表示两类品牌均采用推荐系统的情形，下标 mre 和 nre 分别表示推荐系统中制造商品牌和自有品牌制定的产品价格。在两类品牌均采用推荐系统的情形下，两类品牌的均衡策略是：均采用差异定价策略，抑或均采用统一定价策略。

观察 4.7　当且仅当两类消费者的市场规模相同时（即 $\lambda = 0.5$），两类品牌均将采用推荐系统。价格偏好型消费者仅购买制造商品牌，而品牌偏好型消费者仅购买自有品牌。

当两类消费者的市场规模相同时，两类品牌均会采用推荐系统。购买推荐系统销售渠道的品牌产品而不是曾经忠诚的品牌可以降低消费者的搜寻成本。这种结果在两类消费者市场规模完全相同的情况下就会发生。两类品牌的生产成本不一致性的影响导致自有品牌生产能力与市场份额较低等天然劣势，使得这种市场现象在现实中不太可能发生。

观察 4.8　当自有品牌和制造商品牌均采用引入推荐系统与差异定价策略时，消费者的搜寻决策和品牌定价策略为 $e_{\mathrm{m}}^{\mathrm{Co}} = e_{\mathrm{n}}^{\mathrm{Co}} = 1/3$，$p_{\mathrm{m}}^{\mathrm{Co}} = p_{\mathrm{n}}^{\mathrm{Co}} = k/3\alpha$，$p_{\mathrm{mre}}^{\mathrm{Co}} = p_{\mathrm{nre}}^{\mathrm{Co}} = 2k/3\alpha$，$\varPi_{\mathrm{M}}^{\mathrm{Co}} = ((-6\lambda + 8)k)/18 - \varphi\alpha^2/2$，$\varPi_{\mathrm{N}}^{\mathrm{Co}} = ((6\lambda + 2)k)/18 - \varphi\alpha^2/2$。

当自有品牌和制造商品牌都采用推荐系统时，保留价格不影响品牌和消费者的决策。这两个市场产生了对称的搜寻努力、产品需求和价格。消费者只投入一小部分（即 $\partial p_2^{H*}/\partial\lambda < 0$）的搜寻努力用于搜索其所偏好的品牌产品。因此当消费者与品牌的决策相互独立时，两类品牌可能会选择采用最低的产品推荐强度。

4.6.2　内生性推荐强度情形

本节探讨自有品牌采用推荐系统的最优产品推荐强度，考虑自有品牌可以决策推荐系统的产品推荐强度 α，并采用数值算例验证引入推荐系统与差异定价情形下的研究结果。

由图 4.13（a）可见，随着保留价格差异的增加，自有品牌应该加大产品推荐强度。结果发现保留价格差异的增大促进了自有品牌采用推荐系统的动机，随保留价格差异递增的利润也可以被自有品牌用来在品牌偏好型消费者的市场中推荐其产品。由图 4.13（b）可见，随着品牌偏好型消费者市场规模的增加，自有品牌也需要投入较高的产品推荐强度来吸引品牌偏好型消费者。因此，产品推荐强度随品牌偏好型消费者市场规模递增。图 4.13（c）说明随着消费者搜寻成本的降低，自有品牌的产品推荐强度降低。当搜寻成本降低时，推荐系统的作用相对较弱，自有品牌可以通过调整产品推荐强度来适应这种市场变化。

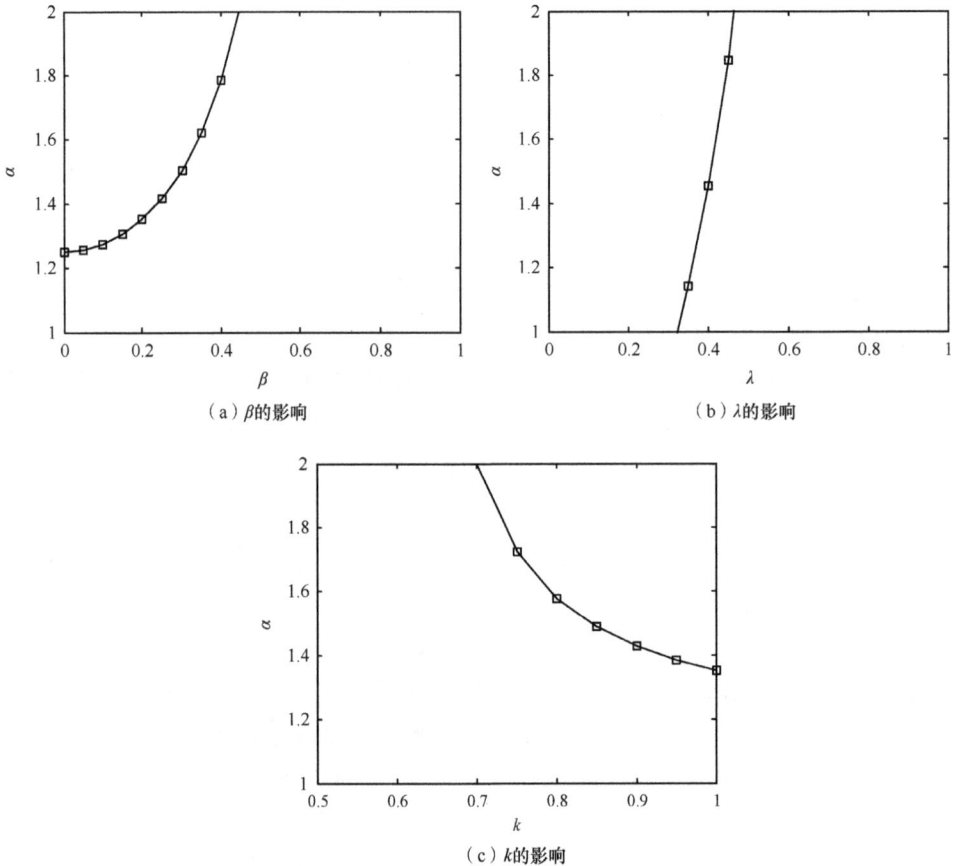

（a）β 的影响　　　　（b）λ 的影响

（c）k 的影响

图 4.13　相关参数对内生性推荐强度的影响

4.7　本 章 小 结

本章以自有品牌与制造商品牌竞争为背景，探讨自有品牌引入产品推荐系统的影响。具体来说，描述了两个消费者细分市场，根据消费者对制造商品牌和自有品牌的消费搜索偏好，可分为品牌偏好型消费者和价格偏好型消费者两类。通过比较无推荐系统情形、统一定价情形以及差异定价情形下的均衡策略，进一步探讨推荐与定价策略对品牌竞争与消费者搜寻努力的影响。主要研究结论如下。

（1）首先，推荐系统的引入总是会损害制造商品牌的利润。自有品牌只有在产品推荐强度适中的情况下才会采用推荐系统。较高的产品推荐强度会给自有品牌带来较高的推荐成本。其次，通过对比统一定价与差异定价，证明了自有品牌在差异定价策略下具有更大的灵活性。在差异定价策略下，各市场保持决策独立性以获得更多的利润。统一定价策略可以将每个市场的单边效用扩大到整个市场，而差异定价策略可以削弱搜寻成本对搜寻努力的影响。最后，消费者的搜寻成本将转化为自有品牌的推荐成本。此外，结论还表明自有品牌比制造商品牌更有可能制定更高的产品价格。

（2）研究结果对自有品牌和制造商品牌都具有重要意义。若自有品牌采用引入推荐系统与统一定价策略，当产品推荐强度提高时，自有品牌和制造商品牌都应该降低产品价格。若自有品牌引入推荐系统与差异定价策略，自有品牌应该针对品牌偏好型消费者提高产品价格，而不改变针对价格偏好型消费者的产品价格，同时提高产品推荐强度。制造商品牌应该降低产品价格，以应对由于自有品牌提高产品推荐强度而产生的市场竞争。

（3）当消费者的搜寻成本很低时，自有品牌需要降低产品价格并通过推荐系统来吸引消费者。当消费者的搜寻成本增加时，自有品牌也可以提高定价吸引消费者。此外，自有品牌应采取差异定价策略，以获得竞争优势。当品牌偏好型消费者的市场规模较低时，自有品牌应不引入推荐系统。当品牌偏好型消费者的市场规模较高时，自有品牌应引入推荐系统与差异定价策略。当品牌偏好型消费者的市场规模较低且保留价格差异较大时，自有品牌通过提高产品推荐强度可以获得市场竞争优势。

第5章　条件免运费下平台商的凑单推荐服务策略

在 CFS 下，针对消费者基础运费和凑单异质性购物偏好，选择合理的购物凑单推荐服务水平策略是提升平台商业绩的关键。本章在对平台商与消费者间的主从博弈关系、消费者效用函数关系分析的基础上，通过构建 Stackelberg 博弈模型，揭示平台商凑单推荐服务水平和消费者购物意愿间的相互关系，进而针对消费者基础运费和凑单偏好，探究基础运费、保留价格和推荐商品价格对平台商最优购物推荐服务水平策略的影响。研究表明：不同的基础运费和消费者偏好对平台商利润的影响具有差异性；适度提升最优购物凑单推荐服务水平能有效提高消费者购物意愿、增加平台商利润。因此，基础运费、CFS 阈值和凑单推荐服务水平的科学制定对平台商业绩改善具有重要影响。

5.1　研究背景与问题提出

近年来，实行 CFS 政策，并提供相应的购物凑单推荐服务已成为众多电商平台（零售）商降低运营成本和提高销售量的基本策略。当消费者购物金额小于免运费阈值时，有消费者愿意直接支付基础运费；也有消费者接受平台商提供的购物凑单推荐服务，增加购物金额以享受免运费优惠；还有消费者难以权衡基础运费、购物金额和凑单推荐服务效用，而放弃购物。例如，调查研究发现，部分消费者宁愿付 6 元基础运费，也不愿意选择凑单达到甚至超出平台商的免运费门槛；而也有消费者却对平台商的凑单推荐服务很感兴趣，甚至会为达到免运费门槛而盲目凑单消费。这说明 CFS 政策的实行在降低平台商运营成本的同时，也将导致消费者弃购率上升，致使部分消费者流失，而平台商提供良好的购物凑单推荐服务将有助于维持并提升消费者购物意愿，进而提高商品销售量。以京东商城为例，随着物流配送成本逐年上升，其 CFS 阈值和基础运费一再上调，2018 年 2 月将免运费阈值调整为 99 元，且规定购物金额小于 49 元和达到 49 元而小于 99 元时分别收取 15 元和 6 元的基础运费。同时，京东也不断加强"千人千面"个性化推荐系统建设，2017 年因个性化推荐产生的直接订单贡献率达 10%，第一季度物流实现营收高达 51.71 亿元，然而净收入仍然亏损 3.09 亿元。因此，面对电商平台物流配送服务的高收益高亏损和个性化推荐催生的高回报这种"矛盾"的情景，在实行 CFS 政策时，针对消费者偏好，提出最优购物凑单推荐服务水平决策，在增加消费者效用的同时也提升平台商利润，对促进平台商发展具有重要意义。

CFS 已成为网络零售行业基本的促销策略，对消费者、平台（零售）商和供应商等的商业行为决策具有重要影响。Hua 等（2012）较早关注并研究了 CFS 下的零售商的最优经济批量订货决策问题。Koukova 等（2012）对比研究了固定运费和 CFS 下零售商的最优定价策略。Boone 和 Ganeshan（2013）进一步研究了零售商、供应商的最优定价与库存策略。王海兵和杨蕙馨（2014）构建了双寡头竞争模型研究 CFS 对消费者购物决策的影响。宋杰珍和黄有方（2016）、Song 等（2017a）基于 Stackelberg 博弈研究了 CFS 阈值决策及消费者的反应行为，并设计了零售商和配送者的利润协调机制。Shao（2017）从配送成本视角，研究了 CFS 对多零售商和单一零售商的决策影响。上述研究主要关注 CFS 影响、阈值设置和利益主体反应行为与策略，而极少研究 CFS 实施者主动为消费者应对 CFS 影响而普遍提供的凑单推荐服务的合理设计与服务水平策略的优化选择问题。

随着网络购物的普及和市场竞争的日益加剧，B2C 平台商越来越重视各种针对消费者购物行为的购物推荐服务策略的制定、实行与优化，这也引起了众多学者的广泛关注。Baier 和 Stüber（2010）实证分析了高质量的购物推荐服务能有效提升消费者网购意愿。Alhamid 等（2016）研究指出，设计合理的个性化购物推荐服务策略是改善消费者购物体验、促进购物需求的有效途径。金淳和张一平（2013）基于多主体建模与仿真和博弈理论研究了购物推荐服务水平策略与消费者购物决策行为间的关系。周丹等（2017）探讨了消费者消费预算约束下，在线企业所采用的购物推荐奖励策略对其营销效果的影响。此外，Kuksov 等（2017）探讨了两竞争者在不同广告佣金水平下的广告推荐服务策略的效果。与广告推荐服务不同，平台商购物凑单推荐服务直接面向消费者个性化需求和直观感知凑单购物的消费者效用。

基于以上分析，本章在研究 CFS 政策下的平台商最优购物凑单推荐服务水平的基础上，分析最优购物凑单推荐服务水平策略的主要影响因素及其影响规律。5.2 节对问题进行描述并建立模型。5.3 节分析消费者的购买策略和行为意愿。5.4 节通过计算模型的均衡解探究平台商凑单推荐服务策略，进一步分析消费者基础运费偏好、消费者凑单偏好、基础运费、凑单推荐商品价格变化对平台商购物凑单推荐服务水平策略的影响。5.5 节通过数值算例对相关结论进行分析与验证。5.6 节是本章小结。

5.2　问　题　建　模

考虑由实行 CFS 政策、提供凑单推荐服务的平台商和具有运费与凑单偏好的消费者构成的网购系统。设平台商的 CFS 阈值为 T，基础运费为 t，商品价格为 p，凑单商品价格为 p_0，平台商凑单推荐服务水平为 r（$0<r<1$），消费者购物意愿为

s（$0<s<1$）。平台商根据所售商品和凑单推荐商品的价格、消费者购物偏好确定其购物凑单推荐服务水平，而消费者基于 CFS 阈值、凑单推荐服务水平确定其购物意愿（图 5.1）。平台商和消费者间形成由平台商主导、消费者跟随的 Stackelberg 博弈（图 5.2）。

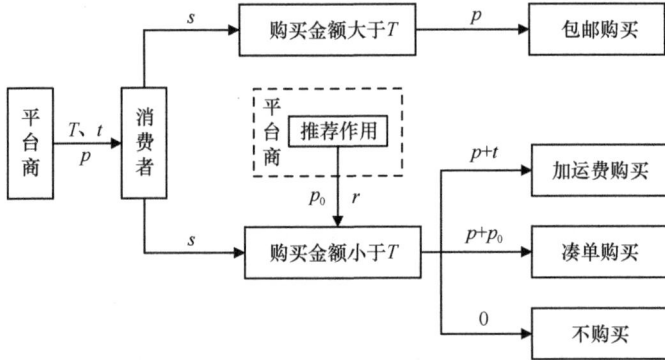

图 5.1　消费者的购物选择策略

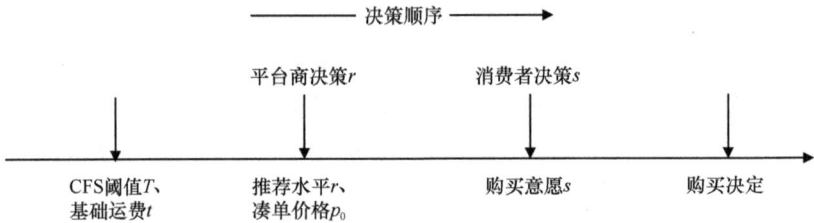

图 5.2　平台商与消费者的博弈顺序

　　根据消费者行为理论，设消费者至多购买一单位的商品和一单位的推荐商品，整个市场的需求容量为 1，消费者对商品的保留价格为 v（$T6p+p_0 6v$），基础运费接受水平为 θ_1（$0<\theta_1<1$），购物凑单推荐接受水平为 θ_2（$0<\theta_2<1$），其中 θ_1 和 θ_2 可分别代表消费者对基础运费和凑单两种异质性偏好程度。根据 Tsay 和 Agrawal（2000）、Yao 和 Liu（2005）的研究，当消费者购物意愿为 s 和平台商购物凑单推荐服务水平为 r 时，需要支付的成本分别为 $(\delta s^2)/2$ 和 $(\lambda r^2)/2$（$\delta>0$ 为消费者购物成本系数，$\lambda>0$ 为平台商购物凑单推荐服务成本系数）。当 $p>T$ 时，消费者免运费购物，其效用为 $v-p$；当 $p<T$ 时，消费者可支付基础运费购物、接受凑单推荐服务购物和放弃购物，相应的消费者效用分别为 $\theta_2(v-p-p_0)$、$\theta_1(v-p-t)$ 和 0。

　　消费者根据购买商品的价格决定购买选择策略，可以分为两种情况。当 $p>T$ 时，即消费者购买商品的价格大于等于平台商设定的免运费门槛，消费者出于包邮"便宜"的心理选择直接下订单完成购物，此时的消费者最优购买意愿即为 $s^*=p$，平台商利润为 $\pi^*=p^2$；当 $p<T$ 时，即消费者购买商品的价格小于平台

商设定的免运费门槛,消费者购买决策会受到基础运费价格和平台商推荐影响。特别地,若 $\theta_1 = \theta_2$,即消费者无偏好情况下,当 $t < p_0$ 时,显然有 $U^M > U^N$,消费者会直接选择加基础运费购买;当 $t > p_0$ 时,显然有 $U^M < U^N$,消费者会直接选择凑单购买;当 $t = p_0$ 时,消费者选择加基础运费购买和凑单购买是等同的。当 $\theta_1 \neq \theta_2$ 时,消费者期望效用函数可表示为

$$U = \theta_1(v-p-t)s + \theta_2(v-p-p_0)sr - \frac{\delta s^2}{2} \tag{5.1}$$

平台商根据消费者购物意愿,以自身利润最大化为目标确定凑单推荐服务水平,则平台商期望利润函数可表示为

$$\pi = (p+t)s + (p+p_0)sr - \frac{\lambda r^2}{2} \tag{5.2}$$

根据上述分析,有如下关于平台商最优购物凑单推荐服务水平和消费者最优购物意愿的结论。

定理 5.1　在 CFS 下,当消费者购物金额小于 CFS 阈值时,平台商最优购物凑单推荐服务水平为

$$r^* = \frac{(p+t)(v-p-p_0)\theta_2 + (p+p_0)(v-p-t)\theta_1}{\delta\lambda - 2(p+p_0)(v-p-p_0)\theta_2}$$

消费者最优购物意愿为

$$s^* = \frac{(v-p-t)\theta_1}{\delta} + \frac{(v-p-p_0)\theta_2}{\delta} \frac{(p+t)(v-p-p_0)\theta_2 + (p+p_0)(v-p-t)\theta_1}{\delta\lambda - 2(p+p_0)(v-p-p_0)\theta_2}$$

证明　利用逆向归纳法,由式(5.1)可得

$$\frac{\mathrm{d}U}{\mathrm{d}s} = (v-p-t)\theta_1 + (v-p-p_0)\theta_2 r - \delta s = o \text{ ,且} \frac{\mathrm{d}^2U}{\mathrm{d}s^2} = -\delta < 0$$

从而有

$$s = \frac{1}{\delta}\big((v-p-t)\theta_1 + (v-p-p_0)\theta_2 r\big) \tag{5.3}$$

平台商最优购物凑单推荐服务水平存在的充要条件为 $\lambda > (2\theta_2/\delta)(p+p_0)$ $(v-p-p_0)$ 。将式(5.3)代入式(5.2),可得

$$\pi = \frac{(p+t)}{\delta}\big((v-p-t)\theta_1 + (v-p-p_0)\theta_2 r\big)$$
$$+ \frac{(p+p_0)}{\delta}\big((v-p-t)\theta_1 + (v-p-p_0)\theta_2 r\big)r - \frac{\lambda r^2}{2} \tag{5.4}$$

由式(5.4)可得

$$\frac{\partial\pi}{\partial r} = \frac{(p+t)}{\delta}(v-p-p_0)\theta_2 + \frac{(p+p_0)}{\delta}\big((v-p-t)\theta_1 + 2(v-p-p_0)\theta_2 r\big) - \lambda r = 0$$

$$\frac{\partial^2\pi}{\partial r^2} = \frac{2\theta_2}{\delta}(p+p_0)(v-p-p_0) - \lambda < 0$$

由上述两式可得结论成立。定理得证。

推论 5.1　在 CFS 下，当消费者购物金额小于 CFS 阈值时，平台商利润与其购物凑单推荐服务水平具有边际递减效应。

由式（5.2）可知，平台商利润 π 是关于推荐服务水平 r 的凹函数，当推荐服务水平小于阈值 r^* 时，利润随推荐服务水平的增加而增加，超过阈值 r^* 时，利润随推荐服务水平的增加而减少。由于平台商的推荐会产生一定的推荐成本，当推荐服务水平较低时，消费者购买商品产生的利润高于平台商推荐产生的成本，故实际利润随推荐服务水平的提升而增加。但是当推荐服务水平提升至超过阈值 r^* 时，产生的推荐成本将大幅度提升，导致平台商边际利润下降，从而导致平台商的总利润降低。

5.3　消费者购物策略与行为意愿分析

根据消费者行为理论，理性消费者的购物效用为正，并选择高效用的购物方式。由于消费者效用同时受基础运费 t 和凑单商品价格 p_0 的影响，关于消费者购物决策，有如下命题成立。

命题 5.1　当满足条件 $t<(1-\theta_2/\theta_1)v+(\theta_2/\theta_1-1)p+(\theta_2/\theta_1)p_0$ 时，消费者选择支付基础运费购物；当满足条件 $p_0<(1-\theta_1/\theta_2)v+(\theta_1/\theta_2-1)p+(\theta_1/\theta_2)t$ 时，消费者选择接受凑单推荐服务购物；当满足条件 $v=p+(\theta_2p_0-\theta_1t)/(\theta_2-\theta_1)$ 时，消费者可在上述两种方式中任选其一。

证明　消费者支付基础运费进行购物需满足条件 $\theta_1(v-p-t)>0$ 且 $\theta_1(v-p-t)>\theta_2(v-p-p_0)$，从而有 $t<(1-\theta_2/\theta_1)v+(\theta_2/\theta_1-1)p+(\theta_2/\theta_1)p_0$ 成立。同理可证其他两种形式成立，命题得证。

由命题 5.1 可知，对于运费偏好型消费者来说，低基础运费价格会致使消费者直接选择加基础运费的购买策略，但当基础运费价格较高时，消费者对产品的保留价格达到一定值时才会选择加基础运费的购买策略，并且保留价格越高，发生购买的可能性就越大；对于该情形下的凑单策略选择，则是发生在合理的运费价格区间上的，这与平台商的推荐强度相关，运费偏好型消费者对推荐产品不敏感，因此不会产生强烈的凑单愿望，只有当消费者自身对产品的保留价格停留在低于加基础运费购买的效用水平时，才会考虑凑单策略。这说明消费者的不同偏好对购买决策的选择有很大影响。对于偏爱推荐凑单型消费者来说，当推荐商品的价格较低时会致使消费者直接选择凑单的购买策略。对于该情形下的加基础运费购买策略选择，由于偏爱推荐凑单型的消费者对基础运费价格缺乏积极的反应，只有当消费者自身对产品的保留价格停留在低于凑单购买的效用水平时，才会考虑加基础运费购买策略。当商品的保留价格较高时，接受购物凑单推荐服务的购物意愿也高，并且不会过分在意凑单商品的价格，反而会在意运费价格，这与消费者免运费偏好心理有关。

根据定理 5.1、命题 5.1 和上面的分析结果，可以得出有关消费者基础运费偏好、凑单偏好、基础运费、购物凑单推荐服务水平和凑单推荐商品价格对消费者购物意愿的影响情况。

推论 5.2　在 CFS 下，消费者购物意愿受其基础运费偏好、凑单偏好、基础运费、购物凑单推荐服务水平和凑单推荐商品价格影响的具体情况如表 5.1 所示。

表 5.1　消费者购物意愿影响情况

参数	参数变化范围	消费者购物意愿变化趋势
θ_1	$\theta_1 \in (0,1)$ 时，$\partial s/\partial \theta_1 > 0$	↗
θ_2	$\theta_2 \in (0,1)$ 时，$\partial s/\partial \theta_2 > 0$	↗
p	$\theta_1 \in \left[0, 2\theta_2/(1+2\theta_2)\right]$，$t \in (0,1)$ 时 $\partial s/\partial t > 0$	↗
	$\bar{p}$，$1-\lambda$ 时	↘
r	$r \in (0,1)$ 时，$\partial s/\partial r > 0$	↗
$\bar{p}$	$\partial s/\partial p_0 < 0$	↘

证明　由 e 和式（5.3），有 $\partial s/\partial p_0 < 0$，$\partial s/\partial r > 0$。类似地，可证其他结论成立。

由推论 5.2 可知，若消费者基础运费（凑单）偏好增大，其购物意愿增强；基础运费对消费者购物意愿的影响与消费者偏好有关，当 $\theta_1 > 2\theta_2$ 时，消费者购物意愿随基础运费增加而增强，由于消费者对运费的接受程度足够强，说明对运费价格的敏感程度不显著，当运价增加时，消费者仍然乐于接受，并且高运价会刺激消费者购买欲望；消费者购物意愿随购物凑单推荐服务水平的提升而增强，若平台商提高消费者购买商品价格和凑单推荐商品价格，则消费者效用将下降，消费者购物意愿将降低；若消费者对商品的保留价格增大，则消费者效用也将增大，消费者购物意愿将增强。

5.4　平台商凑单推荐服务策略

在 CFS 下，当 $p > T$ 时，即消费者购物金额不小于 CFS 阈值，消费者直接购买商品，因此推荐服务水平不起作用，平台商的利润函数为 $\pi_1 = p$。当 $p < T$ 时，即消费者购物金额小于 CFS 阈值，平台商的推荐服务水平才起作用，提供合理的购物凑单推荐服务将有效增强消费者购物意愿，而消费者基础运费偏好、消费者凑单偏好、基础运费、凑单推荐商品价格变化又将影响平台商购物凑单推荐服务水平策略。下面对上述影响情况进行具体分析。

由定理 5.1 中平台商最优购物凑单推荐服务水平 r^* 的函数表达式，有下列关系式成立：

$$\frac{\partial r^*}{\partial \theta_1} = \frac{(p+p_0)(v-p-t)}{\delta\lambda - 2(p+p_0)(v-p-p_0)\theta_2}, \quad \frac{\partial r^*}{\partial t} = \frac{(v-p-p_0)\theta_2 - (p+p_0)\theta_1}{\delta\lambda - 2(p+p_0)(v-p-p_0)\theta_2}$$

$$\frac{\partial r^*}{\partial v} = \frac{(p+t)\theta_2 + (p+p_0)\theta_1}{\delta\lambda - 2(p+p_0)(v-p-p_0)\theta_2} - \frac{2\theta_2(p+p_0)\big((p+t)(v-p-p_0)\theta_2 + (p+p_0)(v-p-t)\theta_1\big)}{\big(\delta\lambda - 2(p+p_0)(v-p-p_0)\theta_2\big)^2}$$

$$\frac{\partial r^*}{\partial p_0} = \frac{(v-p-t)\theta_1 - (p+t)\theta_2}{\delta\lambda - 2(p+p_0)(v-p-p_0)\theta_2} + \frac{2\theta_2(2p+2p_0-v)\big((p+t)(v-p-p_0)\theta_2 + (p+p_0)(v-p-t)\theta_1\big)}{\big(\delta\lambda - 2(p+p_0)(v-p-p_0)\theta_2\big)^2}$$

$$\frac{\partial r^*}{\partial \theta_2} = \frac{(p+t)(v-p-p_0)}{\delta\lambda - 2(p+p_0)(v-p-p_0)\theta_2} - \frac{2(p+p_0)(v-p-p_0)\big((p+t)(v-p-p_0)\theta_2 + (p+p_0)(v-p-t)\theta_1\big)}{\big(\delta\lambda - 2(p+p_0)(v-p-p_0)\theta_2\big)^2}$$

通过对上述关系式的分析，可提出如下关于消费者基础运费偏好、消费者凑单偏好、基础运费、凑单推荐商品价格等的变化与平台商最优购物凑单推荐服务水平策略间的关系结论。

命题 5.2 以下结论成立：

（1）最优购物凑单推荐服务水平 r^* 随消费者基础运费偏好 θ_1 递增。

（2）当满足 $0 < \theta_1 \leqslant (p+t)\delta\lambda / 2(p+p_0)^2(v-p-t)$ 时，若 $\theta_2 \in (0,\hat{\theta})$，$r^*$ 随消费者凑单偏好增大而增大，若 $\theta_2 \in (\hat{\theta},1)$，$r^*$ 随消费者凑单偏好增大而减小；当满足 $(p+t)\delta\lambda / 2(p+p_0)^2(v-p-t) < \theta_1 < 1$ 时，r^* 随消费者凑单偏好增大而减小。

其中，$\hat{\theta} = (p+t)\delta\lambda - 2k_2^2 k_3 \theta_1 / 4(p+t)k_2 k_4$，$k_1 = (p+t)\theta_2$，$k_2 = p+p_0$，$k_3 = v-p-t$，$k_4 = v-p-p_0$。

证明 由于 $\partial r^*/\partial \theta_1 = (k_2 k_3)/(\delta\lambda - 2k_2 k_4 \theta_2) > 0$，可知 r^* 是关于基础运费接受水平 θ_1 的单调增函数，故命题 5.2（1）成立。

令 $\partial r^*/\partial \theta_2 = 0$，并设 $L = (p+t)k_4(\delta\lambda - 2k_4\theta_2 k_2) - 2k_2 k_4(k_4\theta_2(p+t) + k_2 k_3 \theta_1)$，则有 $\partial L/\partial \theta_2 = -4(p+t)(p+p_0)(v-p-p_0)^2 < 0$，从而可知，$L$ 是关于 θ_2 的单调减函数。

令 $L=0$，有 $\theta_2 = \hat{\theta}$。当满足 $\hat{\theta} > 0$，$0 < \hat{\theta}_1 \leqslant \big((p+t)\delta\lambda\big)/\big(2(p+p_0)^2(v-p-t)\big)$ 时，若 $\theta_2 \in (0,\hat{\theta})$，有 $L>0$，$\partial r^*/\partial \theta_2 > 0$。

若 $\theta_2 \in (\hat{\theta},1)$，有 $L<0$，$\partial r^*/\partial \theta_2 < 0$。当满足 $\hat{\theta} < 0$ 时，若 $\theta_2 \in (0,1)$，有 $L<0$，$\partial r^*/\partial \theta_2 < 0$。命题 5.2（2）成立。

由命题 5.2 可知，当仅考虑消费者偏好对平台商最优购物凑单推荐服务水平的影响时，凑单推荐服务水平与 θ_1 的变化关系较为直观，这可解释为平台商的凑单推荐与基础运费价格的相互影响较为平和，当消费者对运费的接受水平增加时，平台商以某一固定的比例相应提升凑单推荐服务水平，进而保持了市场平衡。但由于平台商进行的是相关商品的推荐，所以凑单推荐服务水平对接受凑单推荐的消费者影响更为显著，当 θ_1 小于某一定值时，平台商在 θ_2 的某一范围内随 θ_2 增大提升凑单推荐服务水平，超过范围则降低凑单推荐服务水平；当 θ_1 超出定值时，平台商随 θ_2 增大只降低凑单推荐服务水平。消费者偏好在消费者购买决策过程中起的作用通常是决定性的，因此平台商在进行推荐时不可盲目提升凑单推荐服务水平，应充分分析消费者购买心理后再进行个性化推荐，以获取最大利益。

命题 5.3　当满足条件 $\max\{p+t,\ p+p_0\}\leqslant v<\hat{v}$ 时，有 $\partial r^*/\partial v>0$ 且 $r^*>0$ ，r^* 随保留价格 v 增大而增大；当满足条件 $v>\hat{v}$ 时，有 $\partial r^*/\partial v>0$ 且 $r^*<0$ ，r^* 随保留价格 v 增大而增大。其中，

$$\hat{v}=\frac{\delta\lambda k_1+2k_1k_2^2(\theta_1+2\theta_2)+k_2\theta_1(2k_2^2\theta_2+\delta\lambda)}{4k_1k_2\theta_2+4k_2^2\theta_1\theta_2}$$

证明　因为消费者购物效用大于 0，令 $\partial r^*/\partial v=0$ ，命题得证。

由命题 5.3 可知，最优购物凑单推荐服务水平是关于保留价格的增函数。当保留价格在一定范围内增大时，平台商应提升最优购物凑单推荐服务水平；若消费者无偏好，当其保留价格增大时，平台商应提升最优购物凑单推荐服务水平；当保留价格超出一定范围并持续增大时，最优购物凑单推荐服务水平对消费者购物决策影响减弱，平台商应降低最优购物凑单推荐服务水平甚至放弃购物凑单推荐服务。当保留价格超过一定范围并继续增大时，消费者对商品的感知效用足够大，可以忽略运费价格和凑单商品价格对自身效用的折损，消费者的选择将不会受到平台商的影响，持续提升推荐服务水平并不能决定消费者的购买，反而增加了推荐成本，此时平台商的合理策略选择是降低推荐服务水平来节约推荐成本。

命题 5.4　当满足 $\theta_1<\left(v/(p+p_0)-1\right)\theta_2$ 时，有 $\partial r^*/\partial t>0$ ，r^* 随基础运费 t 增大而增大；当满足 $\left(v/(p+p_0)-1\right)\theta_2<\theta_1<1$ 时，有 $\partial r^*/\partial t<0$ ，r^* 随基础运费 t 增大而减小。

证明　由于以下公式成立：

$$\frac{\partial r^*}{\partial t}=\frac{(v-p-p_0)\theta_2-(p+p_0)\theta_1}{\delta\lambda-2(p+p_0)(v-p-p_0)\theta_2}$$

根据前提假设条件，命题得证。

由命题 5.4 可知，基础运费对最优购物凑单推荐服务水平的影响取决于消费者偏好，当消费者基础运费偏好强于凑单偏好时，最优购物凑单推荐服务水平与基础运费呈同方向变动。对于消费者来说，当平台商增加基础运费时，将降低商品的感知效用，促使凑单偏好更加显现，平台商将通过增大凑单推荐力度来稳固凑单型消费者，同时吸引处于观望型的消费者选择凑单。相反，当消费者凑单偏

好强于基础运费偏好时，最优购物凑单推荐服务水平随基础运费的增加而降低。由于凑单能给消费者带来相对加基础运费更高的效用，平台商提高基础运费价格反而会流失原本偏好运费型的消费者，如若持续提高凑单推荐服务水平，增加推荐成本的同时并未带来更多的利益，这对平台商来说是得不偿失的行为，平台商应在适当降低凑单推荐服务水平的基础上降低推荐成本从而增加收益。

命题 5.5　当$(v/(p+t)-1)\theta_1 \leqslant \theta_2 < 1$时，若$p_0 \in (0, \hat{p}_0)$，$r^*$随$p_0$增大而增大，若$p_0 \in (\hat{p}_0, 1)$，$r^*$随$p_0$增大而减小；当$0 < \theta_2 < (v/(p+t)-1)\theta_1$时，若$p_0 \in (0, \hat{p}_0)$，$r^*$随$p_0$增大而减小，若$p_0 \in (\hat{p}_0, 1)$，$r^*$随$p_0$增大而增大。其中，

$$\hat{p}_0 = \frac{p(1+2\theta_2)(k_1 - k_3\theta_1) + v\theta_2(k_3\theta_1 - 2k_1)}{k_3\theta_1 - k_1(1+2\theta_2)}$$

证明　类似于命题 5.4 的证明，易证命题成立。

由命题 5.5 可知，当消费者凑单偏好较基础运费偏好弱（强）时，随凑单推荐商品价格变化，平台商最优购物凑单推荐服务水平存在最大（小）值。若消费者凑单偏好较基础运费偏好弱，基础运费作为消费者购物决策的比价参考，平台商需考虑凑单推荐商品价格对最优购物凑单推荐服务水平的影响，凑单推荐商品价格在固定范围内增大，平台商最优购物凑单推荐服务水平应提升，因此存在最大最优购物凑单推荐服务水平使得基础运费产生的负效用最小；若消费者凑单偏好较基础运费偏好强，且凑单推荐商品价格在消费者可接受范围内，平台商应适度控制最优购物凑单推荐服务水平。随着推荐商品的价格继续增大，消费者的凑单意愿会减弱，平台商需要通过水平更高的个性化推荐提升消费者购物体验，推荐消费者有购买意愿的商品，进而才能诱导消费者凑单，提升下单转化率，增强消费者黏性。

上述命题的管理启示是：平台商在制定推荐策略时，要充分考虑消费者偏好，针对不同消费者的不同偏好制定个性化推荐策略；消费者对商品的保留价格是消费者决定购买商品的门槛，不同的感知效用对应不同程度的推荐服务水平，盲目的推荐不仅达不到提升利润的目的，反而会导致更高的推荐成本；此外，最优购物凑单推荐服务水平随基础运费和推荐商品价格的变化趋势都受消费者偏好限制，因此，平台商仅通过提升基础运费价格和推荐商品价格来提高利润的方式是行不通的。

5.5　模型分析与数值算例

本节通过数值分析对前面的结论进行验证。相关参数取值为$T = 0.5$，$p = 0.4$，$p_0 = 0.2$，$\delta = 0.6$，$\lambda = 0.6$，分别分析保留价格、基础运费、推荐商品价格、最优购物凑单推荐服务水平、平台商利润之间的互相影响关系。

1. 商品保留价格变化对平台商最优购物凑单推荐服务水平的影响

令 $t = 0.1$，$\theta_1 = \theta_2 = 0.5$，且满足 $v > \max\{p + t, p + p_0\}$，则根据定理 5.1，平台商最优购物凑单推荐服务水平的函数表达式，推荐服务水平 r 与商品保留价格 v 的变化关系如图 5.3 所示。

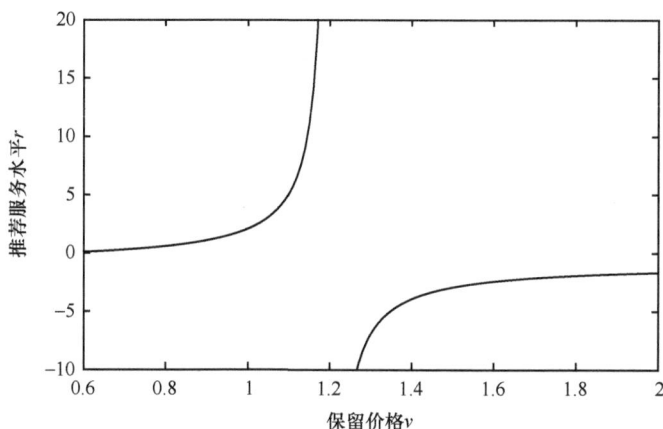

图 5.3　保留价格 v 对推荐服务水平 r 的影响关系

由图 5.3 可知，最优购物凑单推荐服务水平随保留价格增大而提升，与命题 5.3 结论一致。当保留价格 $0.6 \leqslant v < 1.2$ 时，最优购物凑单推荐服务水平大于零且呈上升趋势。当消费者保留价格较低时，购物凑单推荐服务对消费者表现出积极作用，平台商应提升最优购物凑单推荐服务水平；当 $v > 1.2$ 时，消费者保留价格较高，凑单推荐服务作用被抑制，最优凑单推荐服务水平为零，平台商应不提供购物凑单推荐服务。

2. 针对消费者基础运费和凑单偏好，分析基础运费变化对最优购物凑单推荐服务水平的影响

令两组参数取值为 $\{\theta_1 = 0.2, \theta_2 = 0.6\}$ 和 $\{\theta_1 = 0.8, \theta_2 = 0.6\}$，根据平台商最优购物凑单推荐服务水平的函数表达式，最优购物凑单推荐服务水平 r^* 与基础运费 t 变化关系如图 5.4 所示。

由图 5.4 可知，当 $\theta_1 < 0.5\theta_2$ 时，最优购物凑单推荐服务水平随基础运费增大而提升。当消费者基础运费偏好较弱时，基础运费增加，支付基础运费购物消费者的效用下降；当消费者凑单偏好较强时，基础运费增加（最大为 0.2），平台商应提升最优购物凑单推荐服务水平。当 $0.5\theta_2 < \theta_1 < 1$ 时，最优购物凑单推荐服务水平随基础运费增加而降低。因为消费者对较高的基础运费（$t > 0.56$）的接受水平仍很高，支付基础运费购物需求足够大，若平台继续提升最优购物凑单推荐服务水平，将付出更大的推荐服务成本和物流成本，因此，平台商应降低最优购物凑

单推荐服务水平以节约运营成本。

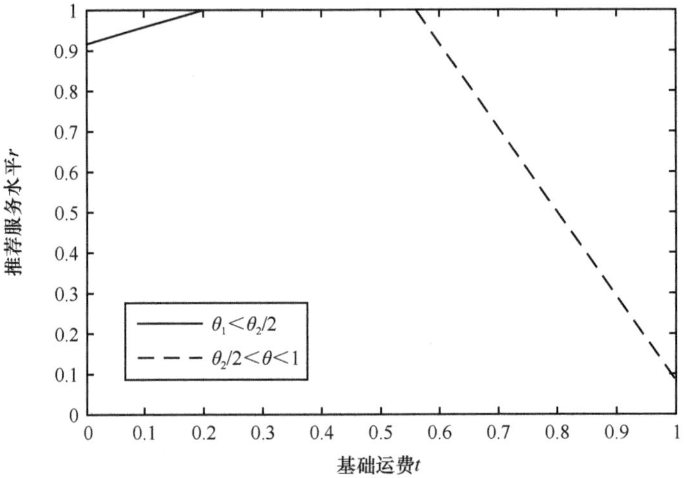

图 5.4　基础运费 t 对推荐服务水平 r 的影响关系

3. 针对消费者的异质性偏好，分析基础运费变化对平台商利润的影响

令 $v = 0.9$ 及三组参数取值为 $\{\theta_1 = 0.9, \theta_2 = 0.1\}$、$\{\theta_1 = 0.5, \theta_2 = 0.5\}$、$\{\theta_1 = 0.1, \theta_2 = 0.9\}$，平台商利润 π 与基础运费 t 的变化关系如图 5.5 所示。

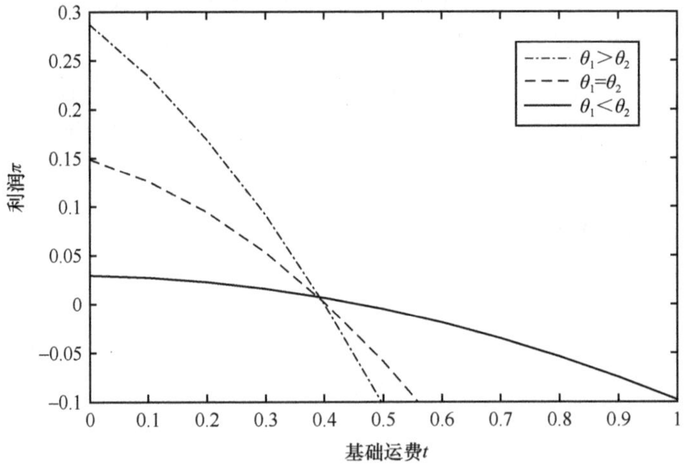

图 5.5　基础运费 t 对利润 π 的影响关系

由图 5.5 可知，在消费者异质性偏好下，平台商利润均随基础运费增加而降低。当基础运费在一固定范围内时，消费者的基础运费接受水平越高，基础运费越高则平台商利润越大；当基础运费超出固定范围时，消费者凑单推荐服务接受水平越高，基础运费增加则平台商利润增大，而随着基础运费持续增加，平台商利润减少。随着消费者凑单推荐服务接受水平的逐渐提升，基础运费的提高将有损平台商利润提升。说明增加基础运费不一定能增加平台商利润,平台商在现实自营物流运营中不是"运费越高,利润越大"。平台商在确定最优基础运费时,应综合多方因素,当基础运费在一定范围内时,运费偏好型消费者能接受基础运费,平台商利润将增加;随着基础运费增加,并超出一定范围,运费偏好型消费者效用逐渐降低,将导致弃购率上升,导致平台商的销售量减少,影响平台商利润。

4. 针对消费者的基础运费和凑单偏好,分析保留价格对平台商利润的影响

取 $\{t=0.1,0.2,0.3\}$ 及三组参数 $\{\theta_1=0.1,\theta_2=0.9\}$、$\{\theta_1=0.5,\theta_2=0.5\}$、$\{\theta_1=0.9,\theta_2=0.1\}$,平台商利润 π 与保留价格 ν 的变化关系如图 5.6 所示。

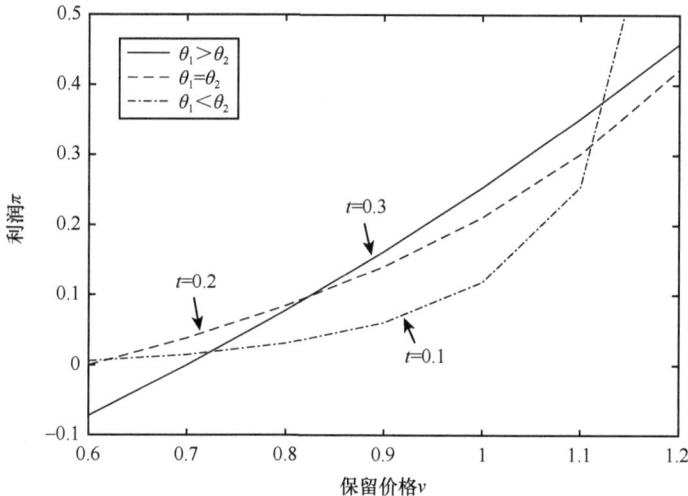

图 5.6　保留价格 ν 对利润 π 的影响关系

由图 5.6 可知,平台商利润均随保留价格增加而增加,而与消费者偏好无关。当保留价格很小,消费者对凑单推荐服务的接受水平大于对运费的接受水平时,平台商的利润最大,这是由于保留价格越低,消费者购买商品的愿望越弱,消费者会通过比价来选择低廉的商品,同时较低的运费价格也会使消费者购物数量增加,从而使平台商利润增加。保留价格的增加,带动消费者的购物意愿增强,高的保留价格一方面会抵消运费带给消费者的负效用;另一方面会增强消费者的购物意愿,平台商凑单推荐服务能发挥积极的作用。当保留价格高于一定值时,虽然高保留价格容易使消费者购买商品,但过高的基础运费价格仍然会使运费偏好型消费者的效用为负,而凑单偏好型消费者购物意愿强烈,因此,平台商的利润会呈现快速增长的趋势。

5. 针对消费者的基础运费和凑单偏好,分析购物凑单推荐服务水平变化对平台商利润的影响

取三组参数 $\{\theta_1=0.1,\theta_2=0.9\}$、$\{\theta_1=0.5,\theta_2=0.5\}$、$\{\theta_1=0.9,\theta_2=0.1\}$,平台

商利润 π 与购物凑单推荐服务水平 r 的变化关系如图 5.7 所示。

由图 5.7 可知,平台商利润是关于购物凑单推荐服务水平的单峰函数。随着购物凑单推荐服务水平的提升,平台商利润呈先增后减趋势,这与推论 5.2 结论一致。消费者偏好改变会影响平台商凑单推荐服务水平,当 θ_2 增大时,凑单推荐服务水平增大,但利润反而降低。不同消费者偏好下,平台商凑单推荐服务水平应在 (0.2,0.5)。这要求现实的管理者在制定推荐策略时,不能盲目追求凑单推荐服务水平的提升,应考虑推荐成本对整体利润增长的阻碍作用,多方考虑消费者行为因素的影响,从而制定合适的凑单推荐服务水平,达到增加利润的目的。

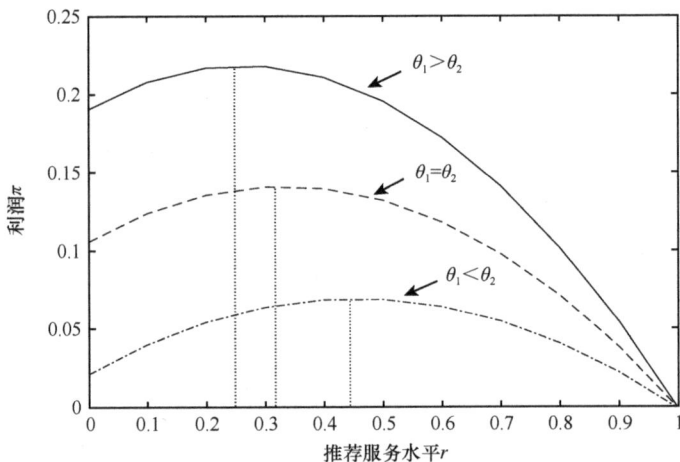

图 5.7　推荐服务水平 r 对利润 π 的影响关系

6. 针对消费者的不同购物凑单推荐服务接受水平,分析推荐商品价格的变化对平台商利润的影响

取三组参数 $\theta_2 = 0.1$、$\theta_2 = 0.4$、$\theta_2 = 0.7$,平台商利润 π 与推荐商品价格 p_0 的变化关系如图 5.8 所示。

由图 5.8 可知,购物凑单推荐服务接受水平 θ_2 较小时,平台商的利润变化极小,说明当消费者对凑单推荐服务偏好程度较小时,推荐商品的价格并不是影响平台商利润的主要因素,此时平台商需要考虑调整其他影响因素来增加利润;θ_2 较大时,平台商的利润波动明显,呈先增加后减少趋势,且 $p_0 = 0.3$ 时,相同推荐产品价格的情况下,凑单推荐接受水平越高,平台商利润越大。当 $p_0 = 1$ 时,不同凑单推荐接受水平下的平台商利润相等,p_0 再继续增大时,凑单推荐服务接受水平越低,平台商利润反而更大。由此可知,较高的推荐商品价格不一定会增加平台商的利润,较低的推荐商品价格也不一定会降低平台商的利润,平台商的最佳策略是:当消费者凑单推荐服务接受水平较高时,平台商尽量采取低价推荐,当消费者凑单推荐服务接受水平较低时,平台商应适当推荐价格较高的商品,以保证获得最大利润。

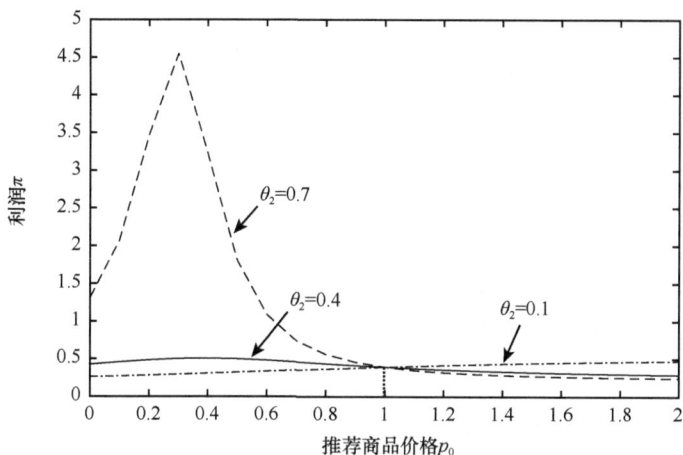

图 5.8　推荐商品价格 p_0 对利润 π 的影响关系

5.6　本　章　小　结

本章针对由消费者和平台商构成的网购系统，在实行 CFS 政策下，研究考虑消费者基础运费和凑单异质性购物偏好的平台商最优购物凑单推荐服务水平策略选择问题，并得到如下研究结果。

（1）随着平台商最优购物凑单推荐服务水平的提升，消费者购买意愿增强，而平台商的利润呈先增加后减少的趋势。这表明平台在进行凑单产品推荐时，应将推荐服务水平保持在适中的范围内，既吸引了消费者又增加了平台利润。

（2）基础运费价格增加将导致消费者购买意愿和平台商利润的降低。平台商仅通过提高基础运费价格的策略实现利润增长是不稳妥的，应适当降低基础运费价格，结合推荐服务，实现利润的最大化。

（3）当消费者商品保留价格在某一固定范围内增加时，平台商将提升最优购物凑单推荐服务水平，而超出该范围后，随着保留价格进一步增大，平台商将降低最优购物凑单推荐服务水平。

（4）在消费者异质性偏好下，推荐商品价格对平台商最优购物凑单推荐服务水平的影响具有差异性。这一结论可为平台商针对消费者实施个性化推荐服务提供理论指导，电商平台应关注消费者的消费偏好，推荐与不同消费者匹配的价格水平的商品。

第6章　凑单推荐服务引入下平台商条件免运费策略

考虑 CFS 政策的附加推荐服务不仅能够满足客户的需求还能增加平台商的利润。本章研究了一个电子商务收益管理的博弈问题，其中，平台商决定推荐服务下的最优 CFS 政策（包括 CFS 阈值和基础运费定价）。构建不含推荐服务和含推荐服务的模型，探究推荐服务水平对产品相关性、最优 CFS 政策和最优利润的影响。结果表明，推荐服务并不总是对平台商有利，较高的推荐服务水平增加了消费者的配送需求，但降低了消费者的附加商品需求。在相同的推荐服务水平下，附加项目的价格总是大于基础运费。此外，虽然适度的推荐服务水平会增强消费者对附加商品的付费意愿，但平台商仍然不具备引入推荐服务的必要动机。通过考虑内生的附加商品推荐服务来扩展所提出的模型，进一步发现，只有当 CFS 阈值足够高时，平台商才有足够动机提供附加商品推荐服务。

6.1　研究背景与问题提出

近年来，互联网技术的出现催生并加速了电商平台的发展。目前，平台交易占网络零售业较大比重（Gümüş et al.，2013）。艾瑞咨询发布的 2018 年第二季度中国零售报告显示，电商平台交易额占中国零售交易额的 62.2%。在此环境下，电商平台普遍使用一种常见的营销策略，即 CFS 政策，吸引消费者进行网络购物，以提高平台的绩效（Hua et al.，2017；Shao，2017；Sainathan，2018）。根据这一政策，若购买金额不小于 CFS 阈值，消费者直接享受免运费；若购买金额小于 CFS 阈值，消费者可选择直接支付基础运费购买产品，或根据平台商提供的推荐服务购买凑单产品以获得免运费资格。合理的运费价格和推荐服务强度，不仅能激发消费者的购买欲望，还会降低消费者的消费自控力，有助于平台商诱导消费者购买行为的发生（Lo et al.，2016；李春发等，2020）。因此，基础运费大小和凑单产品推荐服务水平对消费者的购买决策有很大影响，而消费者对支付基础运费或凑单仍存在理性的选择。首先，消费者支付基础运费购买产品相当于增加了产品的总价格，易超过消费者心理预期，从而抑制消费者购买冲动。其次，众多消费者认为，平台商推荐的凑单产品与需求不匹配，不仅挤压空间，而且增加消费压力，出现过度消费导致产品边际效用递减效应。

随着互联网技术的发展，个性化推荐与凑单相结合的凑单推荐服务已被平台商广泛应用。2017 年，京东商城通过向消费者提供凑单推荐服务，产生的直接订单转化率达 10%。个性化推荐为消费者提供更准确、更直接的目标产品，促使消费者完成凑单购物行为（Zou et al.，2017）。凑单产品推荐不仅能增加平台商目标产品的销量，而且在一定程度上也促进了留滞产品和待推产品的销售。因此，评估凑单推荐产品与目标产品的相关性是平台商亟须解决的关键问题。根据平台商运营的实际情形，推荐凑单产品的产品相关性可通过以下三个指标进行评估：推荐转化率、GMV/1000 推荐、CTR（click through rate，点击率）和推荐收入的百分比。根据 2019 年 Lisa 电商平台产品推荐的统计数据，平台商凑单推荐产品点击量虽仅占访问量的 7%，但收入却高达 26%。该数据表明，平台商向消费者推荐的产品与目标产品间有显著相关性，能极大程度地促进消费者购买推荐产品，这与亚马逊平台上经常出现的"Frequently Bought Together"推荐一致。

　　鉴于此，本章将探讨以下三个问题：①平台商缘何引入凑单推荐服务？推荐服务是否会增加消费者选择购买凑单产品的可能性？②平台商的凑单推荐服务如何影响最优 CFS 阈值和基础运费的设置？凑单商品价格如何影响不同购物方式的消费者需求？③凑单推荐服务水平如何影响平台绩效？平台商提供凑单推荐服务是否比不提供推荐服务有更好的 CFS 政策？6.2 节对问题进行描述，建立了无凑单推荐服务模式和引入凑单推荐服务模式。6.3 节分析了凑单推荐服务下平台商的策略行为。6.4 节通过数值算例分析了凑单推荐服务水平对平台商利润的影响，并比较了引入凑单推荐服务和无凑单推荐服务两种情形下的最优策略。6.5 节讨论了研究问题的两个扩展。6.6 节是本章小结。

6.2　问题描述与建模

6.2.1　问题描述

　　考虑由引入凑单推荐服务、决策 CFS 阈值和基础运费以实现利润最大化的平台商和依据网购效用进行购买选择的消费者构成的最优决策问题。其中，平台商拥有自营物流，并在线向消费者销售产品。在产品销售过程中，平台商通过设置 CFS 阈值 T 和基础运费 t，向消费者提供 CFS 政策。如果消费者购买金额达到平台商的 CFS 阈值，则可享受免运费优惠。否则，消费者要么选择向平台商支付基础运费购物，要么选择凑单以达到 CFS 阈值享受免运费优惠。鉴于此，考虑以下两个模型：①平台商不提供凑单推荐服务，作为研究问题的基准模型；②平台商提供凑单推荐服务情形下的对照模型。当平台商不提供凑单推荐服务时，并不是不允许消费者凑单，而是此时的凑单商品未经过平台的过滤，一般是为减少库存而直接罗列的与目标产品相关性较低的快消品（fast-moving consumer goods，FMCG）。

　　假设平台商的运输成本为零，这里可从实践的例子中得到支持。例如，一些大型电商平台的销售和物流是分开的。消费者通过京东商城购买产品，而产品的运输则由京东物流完成，天猫和菜鸟联盟的合作也同样适用此运营模式。此外，为了丰富研究结论，本章在拓展部分将放松该假设，考虑不同的运输成本结构。为了便于区分两种产品，消费者购买的目标产品称为产品 1，平台推荐的凑单产品称为产品 2。产品 1 的价格 p_1 是平台预先设定的，而产品 2 的价格 p_2 则随消费者凑单产品价格的灵敏度系数 β（$0<\beta<1$）变化而变化。

　　平台商的 CFS 政策对消费者的购买行为有重要影响，考虑两种情况：第一种情况是当产品 1 的价格大于或等于 CFS 阈值时，消费者直接购买产品并享受免运费优惠。这种情况相对简单，接下来不作进一步的讨论。第二种情况是当产品 1 的价格小于 CFS 阈值时，消费者有两种选择：支付由平台商决策的基础运费；或购买平台商推荐的凑单产品。当 CFS 阈值较大时，若消费者购买的目标产品价格不变，则消费者选择凑单的可能性较大。本质上，无论消费者购买多少凑单产品来达到 CFS 门槛，其填补的价格空间是一定的。因此，若考虑多个凑单产品只会增加计算的复杂度，而不会改变研究问题的实质。不失一般性，假设消费者只购买一单位凑单产品，且凑单产品（产品 2）的价格满足 $p_2 = (T-p_1)/\beta$（$p_2>0$）。其中，价格灵敏度系数 β 可通过大量的不同消费者购物数据进行评估，如 VanWestendorp 价格敏感性分析。同时，Umberto（2015）详细研究了推荐产品的价格敏感性，提高了推荐产品定价的准确性。如 Chevalier 和 Goolsbee（2003）收集亚马逊 18000 多种不同图书的公开价格数据，通过实证分析表明，消费者对亚马逊推荐图书价格的敏感度系数约为 0.6。

　　根据消费者效用模型，设消费者对目标产品的支付意愿 v 均匀分布在[0,1]上（Mussa and Rosen，1978；Mantin et al.，2014）。消费者通过向平台商支付基础运费购买产品获得的效用为 $U_s^N = v - p_1 - t$；通过凑单购买产品获得的效用为 $U_r^N = v - p_1 + \alpha v - p_2$，其中 αv（$0<\alpha<1$）表示消费者购买凑单产品获得的积极效用（Geng et al.，2018），α 表示凑单产品和目标产品间的产品相关度。例如，在亚马逊上同时购买了《权力的游戏》和推荐的《权力的游戏：王者之手》纸牌游戏的消费者比只购买《权力的游戏》的消费者能获得更多的效用。

　　为吸引消费者购物并提高销售业绩，电商平台在消费者结算购物车时提供凑单产品的推荐服务。首先，平台商的凑单推荐服务可通过智能算法实现，如基于效用的推荐（Li et al.，2016）、基于协同过滤的推荐（Huang and Zeng，2011）、基于内容的推荐（Kawaguchi et al.，2019）等算法。这些算法有效地支持并提高了消费者网购产品和凑单时的决策质量（Xiao and Benbasat，2007）。例如，亚马逊平台鼓励消费者通过声明"我喜欢"或"我不感兴趣"对推荐产品进行评级，实现平台与消费者间的互动。这样的互动将帮助亚马逊平台更好地了解客户，从而提高推荐产品的准确性。其次，可以通过计算推荐产品的点击率和转化率来衡量推荐服务水平。亚马逊平台则采用该方法估计其产品的推荐服务水平（Linden et al.，2003）。根据麦肯锡的研究数据，亚马逊总收入的 35%来自消费者购买推荐产品。综上所述，推荐服务水平可被平台商采取技术措施进行评估，因此引入凑单推荐服务研究平台商最优决策问题是可行的。设平台商凑单推荐服务水平为 r（$0 \leqslant r \leqslant 1$），且直接影响消费者选择凑单购物时的效用。当平台商提供推荐服务时，消费者的凑单产品比不通过推荐服务时的产品更符合他们的需求，从而在一定程度上增加了消费者凑单的效用，则消费者通过凑单推荐服务购买产品获得的效用为 $U_r^R = v - p_1 + (1+r)(\alpha v - p_2)$。

基于上述效用函数，讨论凑单推荐服务对消费者和平台商的影响。当 $r = 0$ 时，平台商的推荐服务效果极差，消费者购买凑单推荐产品的体验极差，此时会产生与无推荐服务时相同的决策。随着推荐服务水平 r 的增加，凑单推荐服务的效果逐渐明显。例如，消费者想在京东商城购买一本价格远低于 CFS 阈值的图书，当消费者在没有凑单推荐服务的情况下选择凑单时，平台提供的凑单产品往往是一些低价值的快速消费品。消费者需要购买多件产品或者搜索更贵的新产品进行凑单才能获得免运费优惠。反之，当平台商向消费者提供推荐服务时，凑单产品是经过智能化处理后（例如，根据消费者之前的购买情况、所购互补产品类型等）推荐给消费者。这些推荐产品往往与消费者目标产品的相关性更高，且更有可能满足消费者的购物需求（Baier and Stüber，2010）。这表明，随着推荐服务强度的提高，消费者对凑单产品的满意度也在提高。由于较高的推荐服务水平导致较高的推荐成本，设平台商的单位推荐服务成本为 kr，其中 $k > 0$ 表示推荐服务成本系数，常量。表 6.1 列出了本章涉及的相关符号及参数含义。

表 6.1　相关符号及参数含义

符号	含义	符号	含义
T	CFS 阈值，由平台商决策，变量	α	产品 2 与产品 1 间的产品相关性，常量
p_1	产品 1 的价格，常量	β	消费者对产品 2 的价格敏感系数，常量
t	基础运费，由平台商决策，变量	k	平台商的推荐服务成本系数，常量
r	平台商的凑单推荐服务水平	N	表示平台商不提供凑单推荐服务的情形
p_2	产品 2 的价格，与 T 相关	R	表示平台商提供凑单推荐服务的情形

6.2.2　无凑单推荐服务（N）模式

为探究平台商凑单推荐服务对消费者和平台商决策的影响，首先建立无凑单推荐服务情形下的基本模型，分析平台商的最优决策。在这种情形下，平台商先同时决策 CFS 阈值和基础运费。然后，消费者通过最大化两种购物方式的效用做出购买决策。

根据上述效用函数，消费者基于个人理性约束和激励相容约束进行决策（Yan et al.，2018）。在无凑单推荐服务情形下，消费者向平台商支付基础运费完成购物需满足以下条件：

$$
\begin{cases}
v - p_1 - t > 0 \Rightarrow v > p_1 + t \\
v - p_1 - t > v - p_1 + \alpha v - p_2 \Rightarrow v > \dfrac{p_2 - t}{\alpha}
\end{cases}
\tag{6.1}
$$

同理，在无凑单推荐服务情形下，消费者选择凑单购物需满足以下条件：

$$
\begin{cases}
v - p_1 + \alpha v - p_2 > 0 \Rightarrow v > \dfrac{p_1 + p_2}{1 + \alpha} \\
v - p_1 + \alpha v - p_2 > v - p_1 - t \Rightarrow v > \dfrac{p_2 - t}{\alpha}
\end{cases}
\tag{6.2}
$$

根据消费者效用推导出需求函数。为保证两种购物方式的消费需求均存在，可得 $p_1 + t 6 (p_2 - t)/\alpha$，即 $\alpha 6 (p_2 - t)/(p_1 + t)$。因此，当平台商无凑单推荐服务时，选择支付基础运费的消费者需求和选择凑单的消费者需求分别为 $q_s^N = (p_2 - t)/\alpha - p_1 - t$ 和 $q_r^N = 1 - (p_2 - t)/\alpha$。

平台商通过最大化利润决策基础运费 t 和 CFS 阈值 T，其利润函数为

$$
\pi^N = (p_1 + t) q_s^N + \left(p_1 + \frac{T - p_1}{\beta} \right) q_r^N
\tag{6.3}
$$

求解一阶条件，可得无凑单推荐服务情形下的最优策略，有如下结论成立。

定理 6.1　在无凑单推荐服务的情形下，平台商的最优基础运费为 $t^{N*} = 1/2 - p_1$，最优 CFS 阈值为

$$
T^{N*} =
\begin{cases}
\dfrac{(1 + \alpha)\beta}{2} + (1 - \beta) p_1, & 0 < p_2 < 1 \\
\beta + p_1, & p_2 > 1
\end{cases}
$$

最优利润为

$$
\pi^N =
\begin{cases}
\dfrac{(1 + \alpha)}{4}, & 0 < p_2 < 1 \\
\dfrac{-4 p_1^2 - 4(1 - \alpha) p_1 + 3\alpha - 1}{4\alpha}, & p_2 > 1
\end{cases}
$$

证明　在无凑单推荐服务的情形下，平台商的利润函数关于 t^N 和 T^N 的黑塞（Hessian）矩阵二阶顺序主子式大于 0，即

$$
|H| = \frac{4(1 + \alpha)}{(\alpha\beta)^2} + \frac{4\left(T - p_1 - \beta t - \dfrac{\alpha\beta}{2} \right)\left(T - p_1 - \beta t + \alpha\beta(p_1 - t) + p_1 \right)}{\alpha^2 \beta^3} > 0
$$

故利润函数是关于 t^N 和 T^N 的联合凹函数，存在最大值。联立 $\partial \pi^N / \partial t = 0$ 和 $\partial \pi^N / \partial T = 0$，结合限制条件，定理得证。

定理 6.1 表明平台商的最优基础运费仅与产品 1 的价格有关。因此，当平台商长期销售某一固定种类的产品时，其基础运费不改变，这与实际情形相符合。当产品 2 的价格相对较小时，平台商的最优 CFS 阈值和利润均随产品相关性的增加而增加。若产品相关性较高，说明平台商的凑单产品（产品 2）与目标产品的关联度较高，从而促使平台商提高 CFS 阈值，促进消费者进行凑单，增加平台商利润。对平台商而言，在保持产品价格不变的情况下提高 CFS 阈值，可扩大消费者选择凑单的价格空间，诱导鼓励消费者选择凑单。

推论 6.1　在无凑单推荐服务的情形下，平台商最优凑单产品的价格、选择支付基础运费的消费者需求和选择凑单购买的消费者需求分别为

$$p_2^{N*} = \begin{cases} \dfrac{1+\alpha}{2} - p_1, & 0 < p_2 < 1 \\ 1, & p_2 > 1 \end{cases}$$

$$q_s^{N*} = \begin{cases} 0, & 0 < p_2 < 1 \\ \dfrac{1+2p_1}{2\alpha} - \dfrac{1}{2}, & p_2 > 1 \end{cases}$$

$$q_r^{N*} = \begin{cases} \dfrac{1}{2}, & 0 < p_2 < 1 \\ 1 - \dfrac{1+2p_1}{2\alpha}, & p_2 > 1 \end{cases}$$

证明　将 t^{N*} 和 T^{N*} 代入式 $p_2 = (T - p_1)/\beta$，可得推论 6.1。

由推论 6.1 可知，当凑单产品的价格相对较低（$0 < p_2 < 1$）时，没有消费者选择支付基础运费购买产品，有一半的消费者会选择凑单。对消费者而言，与支付基础运费相比，选择一个便宜的凑单产品就将获得免运费资格，因此没有消费者会选择通过支付基础运费进行购买。对部分价格敏感型消费者而言，也会因为增加了购买支付而放弃凑单。当凑单产品价格相对较高（$p_2 > 1$）时，由于凑单价格远高于消费者购买目标产品的价格，选择凑单的消费者将转向平台商支付基础运费，因此反过来增加了选择支付基础运费购物的消费者需求。相应地，凑单的消费者需求将减小。

消费者需求为分段函数形式，即两种购物方式的消费者需求分别为

$$q_s^{N*} = \begin{cases} 0, & 0 < p_2 < 1 \\ \dfrac{1+2p_1}{2\alpha} - \dfrac{1}{2}, & p_2 > 1 \end{cases}$$

$$q_r^{N*} = \begin{cases} \dfrac{1}{2}, & 0 < p_2 < 1 \\ 1 - \dfrac{1+2p_1}{2\alpha}, & p_2 > 1 \end{cases}$$

当凑单产品价格较低（$0 < p_2 < 1$）时，总需求为 $q_s^{N*} + q_r^{N*} = 1/2$。由于产品 2

价格较低，消费者购买凑单产品获得的效用大于支付基础运费购买时的效用，故消费者不会选择支付基础运费购物。在保证效用非负的前提下，消费者将选择凑单。当凑单产品价格较大（$p_2>1$）时，总需求也为 $q_s^{N*} + q_r^{N*} = 1/2$。产品 2 价格的上涨导致消费者购买凑单产品获得的效用降低。因此，选择支付基础运费购物的消费者增加，选择凑单的消费者减少。对于未购物的消费者而言，选择两种购物方式的效用都为负，故整体潜在的消费需求仍为 1。

6.2.3　引入凑单推荐服务（R）模式

本节考虑平台商引入凑单推荐服务情形下的最优决策。根据消费者效用推导出在引入凑单推荐服务情形下，消费者选择支付基础运费购物和选择凑单购物的需求分别为 $q_s^R = ((1+r)p_2 - t)/(\alpha(1+r)) - p_1 - t$ 和 $q_r^R = 1 - ((1+r)p_2 - t)/(\alpha(1+r))$。

为保证市场存在，有如下条件成立：

$$\alpha < \alpha^R = ((1+r)p_2 - t)/((1+r)(p_1 + t))$$

定义 $\Delta\alpha = \alpha^R - \alpha^N > 0$，表示平台商引入凑单推荐服务后产品相关性的增量。$\Delta\alpha > 0$ 说明平台商的凑单推荐服务的确增强了推荐产品与目标产品间的产品相关性，这与现实情况是相符的。根据现实情况，当产品 1 的价格低于 CFS 阈值时，消费者在付款时可以点击购物车右侧上方的免运费凑单按钮进行凑单，平台商将向其推荐与目标产品具有较高相关性的凑单产品。相反，若消费者从产品列表中购买凑单产品，不但要花费较高的购物成本，而且产品的相关性较低，降低了消费者的购物体验。当平台商不引入凑单推荐服务时，若消费者因达到免运费条件而购买凑单产品，则需花费较大精力在产品列表中寻找匹配产品，此过程中产生的成本称为消费者的购物成本。而本书主要探究平台商的凑单推荐服务如何影响基础运费和 CFS 阈值的设置，消费者仅决策购买方式，故未在模型中体现购物成本。

在引入凑单推荐服务情形下，平台商通过最大化利润决策基础运费 t 和 CFS 阈值 T。其利润函数为

$$\pi^R = (p_1 + t)q_s^R + \left(p_1 + \frac{T - p_1}{\beta} - kr\right)q_r^R \tag{6.4}$$

通过求解一阶条件，可得引入凑单推荐服务情形下的最优策略。有如下结论成立。

定理 6.2　若引入凑单推荐服务，当 $\alpha > 1/16$ 时，平台商的最优 CFS 阈值为

$$2\alpha^2\beta(1+r)^2 + 2\alpha(1+r)\left((kr^2 + (k-p_1)r - 2p_1 + 1)\beta\right)$$

$$T^{R*} = \frac{+2(1+r)p_1) + (k\beta - p_1)r^2}{4\alpha(1+r^2) - r^2}$$

最优基础运费为

$$t^{R*} = \frac{(1+r)\left(kr^2 + ((1-4p_1)r - 4p_1 + 2)\alpha\right)}{4\alpha(1+r^2) - r^2}$$

最优利润为

$$\pi^{R*} = \frac{k^2 r^4 + k\left(2(k-\alpha-p_1)+1\right)r^3}{(4\alpha-1)r^2 + 8\alpha r + 4\alpha} +$$

$$\frac{\left(\alpha^2 + 2(p_1 - 2k)\alpha + (k-p_1+1)(k-p_1)\right)r^2 - \left(2(k-\alpha-p_1)-1\right)\alpha r + \alpha^2 + \alpha}{(4\alpha-1)r^2 + 8\alpha r + 4\alpha}$$

证明　平台商利润函数关于 t^N 和 T^N 的黑塞矩阵二阶顺序主子式大于 0，有 $\alpha > (r^2)/(4(1+r)^2)$，$0 \leqslant r \leqslant 1$，故 $0 \leqslant r^2/(4(1+r)^2) \leqslant 1/16$，可得 $\alpha > r^2/(4(1+r)^2) > 1/16$ 成立。因此，平台利润函数是关于 t^N 和 T^N 的联合凹函数，存在最大值。

联立 $\partial \pi^R / \partial t = 0$ 和 $\partial \pi^R / \partial T = 0$，回代可得结果。由于 $\partial t^{R*}/\partial \alpha > 0$ 可得

$$-\frac{4r^2(1+r)\left(kr^2 + \left(2k - p_1 + \frac{1}{4}\right)r + k - p_2 + \frac{1}{2}\right)}{\left(4\alpha(1+r^2) - r^2\right)^2} > 0$$

需满足 $kr^2 + (2k - p_1 + 1/4)r + k - p_1 + 1/2 < 0$，有阈值 $p_1 > k(1+r) + (r+2)/(4(1+r))$，进一步放缩得阈值 $p_1 > 1/4 + k(1+r) + 1/(4+4r) > 1/4 + 2\sqrt{(k+kr)/(4+4r)} = 1/4 + \sqrt{k}$。定理得证。

定理 6.2 表明：一方面，平台商的最优基础运费不仅与产品相关性 α 有关，而且与引入的凑单推荐服务水平 r 有关。当产品价格满足 $p_1 > k(1+r) + (r+2)/(4+4r)$ 时，$\partial t^{R*}/\partial \alpha > 0$，平台商的基础运费随产品相关性递增。当平台商以价格 $p_1 > 1/4 + \sqrt{k}$ 销售产品时，由于产品价格较接近 CFS 阈值，消费者更有可能通过推荐服务购买凑单产品。此时，与设置较小的基础运费相比，平台商适当提高基础运费则更有利可图。另一方面，平台商最优 CFS 阈值变化趋势较复杂。由于在引入凑单推荐服务后，平台商在设置 CFS 阈值时需考虑的因素增多，决策过程更困难。对产品 2 价格敏感的消费者一时难以做出购买决定。推荐服务虽增强了产品 2 与产品 1 之间的相关性，但平台商同时要承担额外的服务成本。

推论 6.2　在引入凑单推荐服务情形下，平台商最优凑单产品（产品 2）的价格为

$$p_2^{R*} = \frac{2\alpha^2(1+r)^2 + 2\alpha(1+r)\left(kr^2 + (k-p_1)r - 2p_2 + 1\right) + kr^2}{4\alpha(1+r^2) - r^2}$$

证明　将 t^{R*} 和 T^{R*} 代入式 $p_2 = (T - p_1)/\beta$，可得推论 6.2。

由推论 6.2 可知，若平台引入凑单推荐服务，将有助于提高消费者选择凑单

购买的可能性。当产品 1 的价格满足条件 $1/2 < p_1 < 1/4 + \sqrt{k}$ 时，有 $v^R > 1/2 + \Delta$ 成立，其中满足

$$\Delta = \frac{r\left(\left(kr^2 + \left(2k + p_1 - \frac{1}{4}\right)r - A\right)\alpha - \frac{kr^2}{2}\right)}{2\alpha\left(\alpha(1+r)^2 - \frac{r^2}{4}\right)} < 0$$

此外，当平台商以适中的价格销售产品时，消费者的最小支付意愿将降低。由定理 6.2 可知，平台商此时将提高基础运费，可见推荐服务在鼓励消费者凑单方面发挥着重要作用。当产品 1 价格过高（$p_1 > 1/4 + \sqrt{k}$）或过低（$p_1 < 1/2$）时，消费者对支付基础运费和选择凑单无明显购买倾向。例如，若消费者在京东商城购买较昂贵或较廉价的产品，如笔记本电脑或零食时，选择支付基础运费或凑单免运费则无明显差异。

6.3　凑单推荐服务下平台商行为分析

本节主要比较无凑单推荐服务和引入凑单推荐服务两种情形下的最优解。不失一般性，考虑最优解存在的充分必要条件为 $k > \alpha > 1/16$，且引入凑单推荐服务下的凑单产品价格范围为 $0 < p_2^{R*} < 1$。通过比较分析，有如下结论成立。

命题 6.1　当 $1/4 < \alpha < k < 1/2$ 时，若 $0 \leqslant r \leqslant r^*$，则 $p_2^{R*} \leqslant p_2^{N*}$，$T^{R*} \leqslant T^{N*}$；若 $r^* < r \leqslant 1$，则 $p_2^{R*} > p_2^{N*}$，$T^{R*} > T^{N*}$。其中，

$$r^* = \frac{(3 - 8k - 4p_1) - 2A + \sqrt{((4p_1 - 1)2 + A)\alpha^2 + 4A(8A + 12p_1 - 7)\alpha + 4A^2}}{8k\alpha}$$

证明　令 $A = k - p_1 + 1/2$，有

$$p_2^{R*} - p_2^{N*} = \frac{4r\left(k\alpha r^2 + \left(\left(2k + p_1 - \frac{3}{4}\right)\alpha + \frac{A}{2}\right)r + \alpha(k + p_1 - 1)\right)}{(8\alpha - 2)r^2 + 16\alpha r + 8\alpha}$$

从而只需验证

$$f(r) = k\alpha r^2 + \left(\left(2k + p_1 - \frac{3}{4}\right)\alpha + \frac{A}{2}\right)r + \alpha(k + p_1 - 1)$$

由 $\partial^2 f(r)/\partial r^2 = 2k\alpha > 0$，$f(r)$ 关于 r 有最小值。

令 $\partial f(r)/\partial r = 2k\alpha r + (2k + p_1 - 3/4)\alpha + A/2 = 0$，$p_1 \leqslant 1/2$，得

$$\hat{r} = \frac{(-8k - 4p_1 + 3)\alpha + 2A}{8k\alpha} < 0$$

有 $f(0) = \alpha(k + p_1 - 1)$。当 $f(r) = 0$ 时，可得 r^*（舍去负数解）。

又 $f(0) = \alpha(k + p_1 - 1) < 0$，$f(r^*) = 0$，为确保解有意义，取最大 $p_1 = 1/2$，

则 $0<r^*<1$。有 $k(1-4\alpha)<(-\alpha)/2$，若 $\alpha<1/4$，则 $k(1-4\alpha)>0$ 矛盾，故 $\alpha>1/4$。有 $0<\alpha/(8\alpha-2)<k<1/2$，$k>\alpha$，可得 $1/4<\alpha<k<1/2$ 成立。因此，当 $0\leqslant r\leqslant r^*$ 时，$f(r)<0$；当 $r^*<r\leqslant 1$ 时，$f(r)>0$。由于 $T=\beta p_2+p_1$，代入可得命题 6.1 成立。

命题 6.1 表明当平台商引入的凑单推荐服务水平相对较低时，将迫使 CFS 阈值降低。由于较低的推荐服务水平导致产品 2 的价格也较低，消费者无论通过向平台商支付基础运费还是通过凑单购物，两种购物方式下的消费体验无明显差异。平台商为了吸引消费者选择凑单以获得免运费优惠，需降低 CFS 阈值。同理，较强的推荐服务水平也会促使平台商提高 CFS 阈值。随着推荐服务水平的增加，产品 2 的价格增加，平台商需提高 CFS 阈值，鼓励消费者尽可能通过凑单购买产品以获得免运费优惠。同时，推荐服务水平增强带来的利润可抵消增加的推荐成本，进而维持平台的正常盈利能力。

命题 6.2　当 $1/16<\alpha<k$ 时，若 $0\leqslant r\leqslant r^{**}$，则 $t^{R*}\leqslant t^{N*}$；若 $r^{**}<r\leqslant 1$，则 $t^{R*}>t^{N*}$。其中，

$$r^{**}=\frac{(\alpha-A)+\sqrt{\alpha^2+2\alpha(2k-A)+A^2}}{2k}$$

证明　令

$$t^{R*}-t^{N*}=\frac{2r\left(kr^2+(A-\alpha)r-\alpha\right)}{(8\alpha-2)r^2+16\alpha r+8\alpha}$$

只需考虑式 $g(r)=kr^2+(A-\alpha)r-\alpha$。由 $\partial^2 g(r)/\partial r^2=2k>0$，知 $g(r)$ 关于 r 有最小值。令 $\partial g(r)/\partial r=2kr+A-\alpha=0$，$\hat{r}=(\alpha-A)/2k$，得 $\hat{r}=(\alpha-A)/2k$，$g(0)=-\alpha<0$。当 $g(r)=0$ 时，得 r^{**}（舍去负数解）。为确保解有意义，取最大 $p_1=1/2$，当 $0<r^{**}<1$ 时，有 $0<\alpha/k<1$。当 $0<\hat{r}=(\alpha-A)/2k<1$ 时，得 $\alpha/3<k<\alpha$ 与 $k>\alpha>1/16$ 矛盾。故 $\hat{r}=(\alpha-A)/2k<0$，$k>\alpha>1/16$ 且 $g(r^{**})=0$。因此，当 $0\leqslant r\leqslant r^{**}$ 时，$g(r)<0$；当 $r^{**}<r\leqslant 1$ 时，$g(r)>0$。

由命题 6.2 可知，当推荐服务水平小于某一阈值时，平台商的基础运费将相应降低；当推荐服务水平超过此阈值时，平台商应提高基础运费。根据命题 6.1，若推荐服务水平较低，则 CFS 阈值和产品 2 的价格都较低。在此情况下，消费者只需支付较低的凑单产品价格就能获得免运费优惠，从而增强购物体验。因此，平台商的最优运费策略是相应降低基础运费，以吸引更多的消费者。同时，较高的推荐服务水平将促进平台通过运费和凑单销售更多产品。若将基础运费维持在较低水平，虽可吸引更多的消费者通过支付基础运费购物，但所得利润不足以抵消较高的推荐成本。而提高 CFS 阈值和产品 2 的价格将抑制消费者选择凑单。

命题 6.3　当 $1/16<\alpha<k$ 时，消费者在引入凑单推荐服务后，选择支付基础运费的需求较无凑单推荐服务时选择支付基础运费的需求高，即 $q_s^N\leqslant q_s^R$；而消费

者在引入凑单推荐服务后，选择凑单的需求较无凑单推荐服务时选择凑单的需求低，即 $q_r^R \leqslant q_r^N$。

证明　将最优解代入可得消费者需求，令

$$q_s^R - q_s^N = \frac{r\left(kr^2 + (3k - p_1 + \alpha)r + 2A + \alpha\right)}{(4\alpha - 1)r^2 + 8\alpha r + 4\alpha}$$

只需考虑式 $h(r) = kr^2 + (3k - p_1 + \alpha)r + 2A + \alpha$。由 $\partial^2 h(r)/\partial r^2 = 2k > 0$，可知 $h(r)$ 关于 r 有最小值。令 $\partial h(r)/\partial r = 2kr + 3k - p_1 + \alpha = 0$，　$p_1 \leqslant 1/2$，得 $\tilde{r} = (p_1 - k - \alpha)/(2k) - 1 < 0$。又 $h(0) = 2A + \alpha > 0$，故当 $0 \leqslant r \leqslant 1$ 时，有 $h(r) > h(0) > 0$，即 $q_s^R - q_s^N > 0$。

同理，令

$$q_r^R - q_r^N = -\frac{2r\left(kr^2 + \left(2k - p_1 + \dfrac{1}{4}\right)r + A\right)}{(4\alpha - 1)r^2 + 8\alpha r + 4\alpha}$$

只需考虑式 $y(r) = kr^2 + (2k - p_1 + 1/4)r + A$。令 $\partial y(r)/\partial r = 0$，得 $\tilde{\tilde{r}} = (p_1 - 1/4)/(2k) - 1 < 0$。又 $y(0) = A > 0$，故当 $0 \leqslant r \leqslant 1$ 时，有 $y(r) > y(0) > 0$，即 $q_r^R - q_r^N \leqslant 0$。命题得证。

命题 6.3 表明平台商引入凑单推荐服务后，降低消费者凑单需求的同时，增加了消费者支付基础运费的需求。随着凑单推荐服务水平的增强，消费者支付基础运费的需求增加，而消费者凑单的需求减少。显然，与推荐服务水平越高消费者凑单需求越大的直觉相反。这是因为，无论平台的凑单推荐服务水平如何，都会加剧两种销售方式间的竞争。当凑单推荐服务水平较低时，引入凑单推荐服务时的基础运费小于无凑单推荐服务时的基础运费。同时，CFS 阈值的降低对价格敏感的消费者来说影响较小，仍倾向于选择向平台商支付基础运费。当凑单推荐服务水平较高时，引入凑单推荐服务时的凑单产品价格大于无凑单推荐服务时的凑单产品价格。而随 CFS 阈值的增加，消费者更难达到免运费门槛，从而降低了消费者对凑单购买的需求。

6.4　策略分析与模型比较

本节通过数值算例分析了凑单推荐服务对平台商利润的影响，并比较了引入凑单推荐服务和无凑单推荐服务两种情形下的最优策略。相关参数设置如下：$r \in (0,1)$，$\alpha \in (0.25, 0.5)$ 及 $\alpha < k < 0.5$。接下来，讨论并比较了不同推荐服务水平下的平台商利润和 CFS 阈值，有如图 6.1 和图 6.2 所示的最优平台利润和 CFS 阈值关于推荐服务水平的变化关系。

由图 6.1 可知，当引入凑单推荐服务时，随着推荐服务水平的增加，平台商

最优利润呈先下降后上升的变化趋势。平台商在引入凑单推荐服务的初始阶段，推荐成本较凑单产品销售利润大。随着推荐服务水平的逐步增强，凑单产品销售的效率提高，导致平台商利润总体呈先下降后上升的趋势。由图 6.1 观察可知，无凑单推荐服务时的平台商利润总高于引入凑单推荐服务后的平台商利润。由于平台商推荐成本随推荐服务水平的增加呈线性增加，当无凑单推荐服务时，消费者总是愿意购买价格较低的凑单产品。在此情形下，平台商利润增长趋势仅受凑单产品与消费者目标产品间的相关性影响。由于产品 1 的价格较低，即使产品相关性不高，消费者也会倾向购买更多凑单产品以达到 CFS 阈值而不会选择向平台商支付基础运费（因为消费者选择支付基础运费的效用较小）。故在无凑单推荐服务时的平台商利润往往较高。

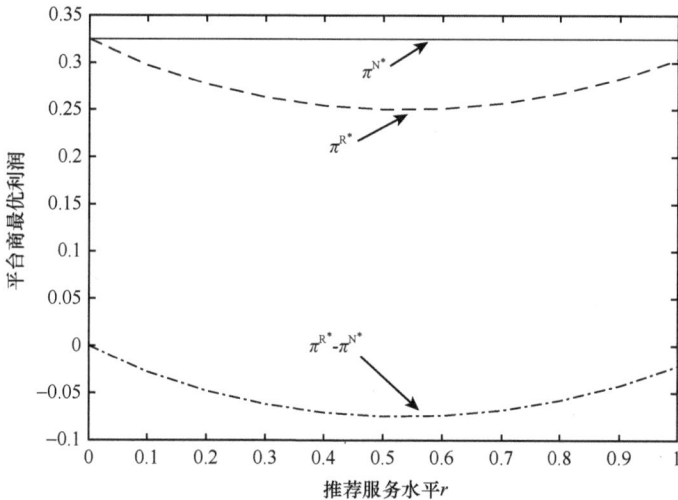

图 6.1 推荐服务水平对平台商最优利润的影响

同理，通过数值算例探究凑单推荐服务水平对平台商最优 CFS 阈值的影响。由图 6.2 可知，平台商最优 CFS 阈值随推荐服务水平先降低后上升。当推荐服务水平继续增加至大于 r^* 后，引入凑单推荐服务后的 CFS 阈值大于无凑单推荐服务下的 CFS 阈值。此结论与命题 6.1 一致。平台商提高 CFS 阈值，引导消费者尽可能多地购买凑单产品，以抵消产生的推荐服务成本。故当推荐服务水平较高时，平台商应设置较大的 CFS 阈值。

为进一步研究产品相关性对平台商最优基础运费、凑单产品价格和利润的影响，取如下相关参数：$p = 0.25$，$k = 1$，$r \in (0,1)$ 且 $\alpha \in (0.0625,1)$。不失一般性，r 可取 $\{0.2, 0.4, 0.6, 0.8\}$，图 6.3～图 6.5 表明平台商最优基础运费、最优凑单产品价格及利润关于产品相关性的变化关系。

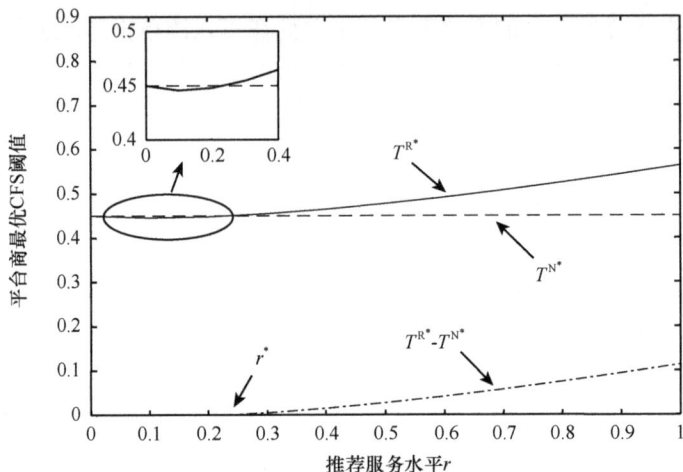

图 6.2 推荐服务水平对平台商最优 CFS 阈值的影响

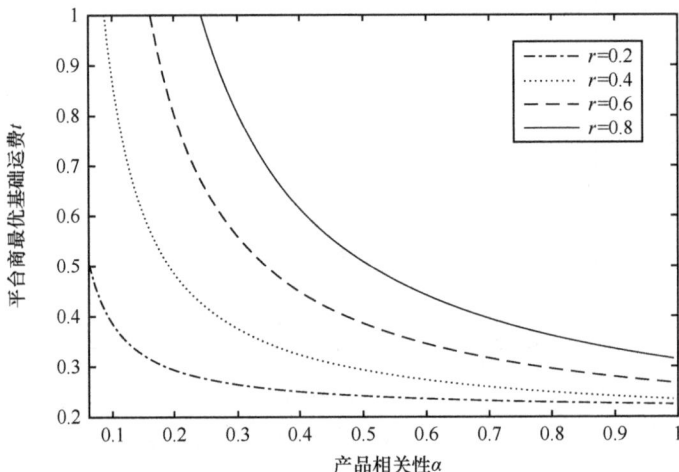

图 6.3 产品相关性对平台商最优基础运费的影响

由图 6.3 和图 6.4 可知，给定某一推荐服务水平，当产品相关性 $\alpha > 0.25$ 时，凑单产品价格大于平台商基础运费。随着产品相关性增加，平台商基础运费逐渐下降，凑单产品价格逐渐上升，呈相反的变化趋势。这是因为产品相关性的增加促使消费者选择购买凑单产品，平台商实施 CFS 政策来提高凑单产品的价格，满足消费者对免运费的需求。图 6.3 显示当产品相关性保持不变时，随着推荐服务水平的增加，平台商基础运费逐渐增加。同理，由图 6.4 可知，当推荐服务水平保持不变时，随着产品相关性的增加，凑单产品价格逐渐增加。平台商通过推荐服务向消费者推送更符合其需求的凑单产品，因此，为了使消费者更易达到 CFS 阈值获得免运费资格，平台商推荐凑单产品的销售价格随产品相关性的增加而逐渐增加。

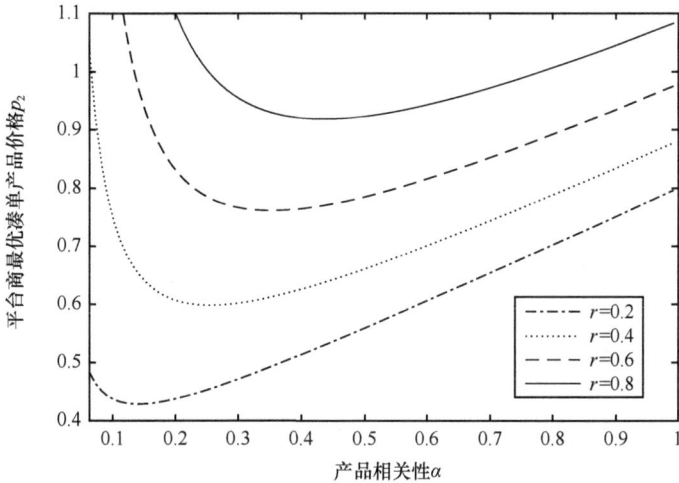

图 6.4 产品相关性对平台商最优凑单产品价格的影响

由图 6.5 可知，当产品相关性较小时，较高的推荐服务水平会使平台商产生更多利润。这表明凑单推荐服务可诱导消费者的凑单行为，促进凑单产品的销售。与直觉相反的是，当推荐服务水平较低时，平台商利润随产品相关性的降低而增加，当推荐服务水平较高时，平台商利润随产品相关性的增加而减少。此时，平台商的基础运费相对较高，无论消费者选择何种购物方式，平台商都能获取较多利润。当产品相关性较高时，推荐服务对消费者凑单的激励作用减弱。平台商不应承担推荐服务带来的高成本风险，而应降低推荐服务水平，进而降低推荐成本，通过积极调整基础运费定价策略实现利润增长。

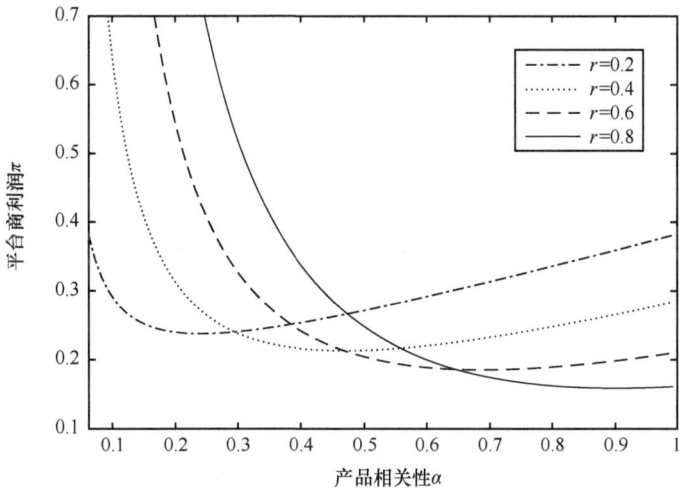

图 6.5 产品相关性对平台商利润的影响

6.5　研究问题的拓展

本节将从两个方面扩展上述研究问题的基本模型。首先,将平台商的推荐服务水平看作内生的决策变量,研究影响最优推荐服务水平的因素。此外,基本模型中未考虑平台商的运输成本,本节将探讨固定成本和可变成本下的平台商最优决策。进一步证明基本模型主要结论的稳健性。

6.5.1　推荐服务水平内生决策

在上述模型中,凑单推荐服务水平外生影响平台商的最优决策。本节将拓展这一假设,推荐服务水平 r 由平台商内生决策。设平台商的 CFS 阈值固定,考虑到凑单推荐服务直接影响消费者凑单的支付意愿,因此设消费者选择向平台商支付基础运费购物的效用为 $U_s = v - p_1 - t$,选择凑单购物的效用为 $U_r = v - p_1 + rv - p_2$。

根据消费者效用函数,推导出选择向平台商支付基础运费和选择凑单的消费者需求分别为 $q_s = (p_2 - t)/r - p_1 - t$ 和 $q_r = 1 - (p_2 - t)/r$。

平台商的利润函数为

$$\pi^R = (p_1 + t)q_s + (p_1 + p_2 - kr)q_r \tag{6.5}$$

通过求解一阶条件,可得此情形下的最优策略。有如下结论成立。

定理 6.3 当推荐服务水平内生决策时,若 CFS 阈值给定且满足 $T > (1-\beta)p_1 + \beta/2$,平台的最优推荐服务水平、最优基础运费和最优利润分别为

$$\hat{r}^* = \frac{k + 2p_1 + 2p_2}{2\sqrt{k}} - 1$$

$$\hat{t}^* = \frac{\sqrt{k} - k}{2 - p_1}$$

$$\pi^* = \frac{k^2}{4} + (1 - \sqrt{k})^2(p_1 + p_2) + k(1 - \sqrt{k})$$

证明 平台利润函数关于 r 和 t 的黑塞矩阵二阶顺序主子式大于 0,即 $|H| = (4(t - p_2)^2)/r^3 > 0$,故利润函数是关于 r 和 t 的联合凹函数,存在最大值。联立 $\partial\pi/\partial r = 0$ 和 $\partial\pi/\partial t = 0$,回代利润函数可得最优解。为确保推荐服务水平非负,有 $(k + 2p_1 + 2p_2)/(2\sqrt{k}) > 1$,得

$$p_1 + p_2 > \sqrt{k} - \frac{k}{2} > \max\left(\sqrt{k} - \frac{k}{2}\right) = \frac{1}{2}$$

代入 $p_2 = (T - p_1)/\beta$,可得 $T > (1-\beta)p_1 + \beta/2$。定理得证。

由定理 6.3 可知,当平台商推荐服务水平内生决策时,只有在足够大的 CFS

阈值情形下，平台商提供凑单推荐服务才有意义。这一结论可通过电商平台的实际运营过程进行验证。例如，京东平台的 CFS 阈值持续呈上升态势。至 2018 年 2 月，京东 CFS 起征点由 99 元调整为不满 49 元收取基础运费 15 元和不满 99 元收取基础运费 6 元。伴随 CFS 阈值的提高，其"千人千面"精准推荐系统的建设也不断加强，且 2017 年由精准推荐服务产生的直接订单转化率高达 10%。同时，定理 6.3 也表明，当推荐服务成本系数较小时（$0<k<1$），平台商最优推荐服务水平 r 随推荐服务成本系数递减，最优基础运费 t 随推荐服务成本系数递增。当推荐服务成本系数不断增大（$k>1$）时，平台商的推荐服务水平与基础运费呈相反的变化趋势。由图 6.6 可知，当推荐服务成本系数增加时，平台商利润逐渐降低。由于较高的推荐成本系数导致了较大的推荐服务成本，平台商将投入更大的精力在凑单产品的推荐上，从而忽略了选择支付运费的消费者，导致平台商的利润降低，而设置较高的 CFS 阈值可使平台商获取较大利润。

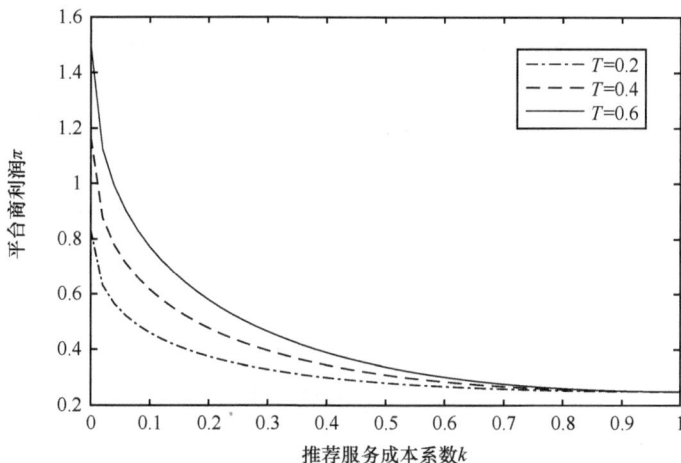

图 6.6　推荐服务成本系数对平台商利润的影响

6.5.2　考虑运输成本

首先，考虑固定运输成本拓展基本模型。假设平台商将产品输送至消费者需花费的固定运输成本为 $\hat{c}$。此情形下，消费者选择向平台支付基础运费购物的效用为 $U_s^F = v - p_1 - t$，选择凑单购物的效用为 $U_r^F = v - p_1 + (1+r)(\alpha r - p_2)$。根据上述效用函数，可得选择向平台支付基础运费购物和选择凑单购物的消费者需求分别为

$$q_s^F = \frac{(1+r)p_2 - t}{\alpha(1+r)} - p_1 - t \text{ 和 } q_r^F = 1 - \frac{(1+r)p_2 - t}{\alpha(1+r)}$$

平台商的利润函数为

$$\pi^{\mathrm{F}} = \left(p_1 + t\right)q_{\mathrm{s}}^{\mathrm{F}} + \left(p_1 + \frac{T - p_1}{\beta} - kr\right)q_{\mathrm{r}}^{\mathrm{F}} - \hat{c} \tag{6.6}$$

定理 6.4　给定固定运输成本 $\hat{c}$，若满足 $\alpha > 1/16$，则平台商的最优基础运费为 $t^{\mathrm{F*}} = t^{\mathrm{R*}}$，最优 CFS 阈值为 $T^{\mathrm{F*}} = T^{\mathrm{R*}}$，最优利润为 $\pi^{\mathrm{F*}} = \pi^{\mathrm{R*}} - \hat{c}$。

证明　平台利润函数关于 t^{F} 和 T^{F} 的黑塞矩阵二阶顺序主子式大于 0，有 $\alpha > r^2 / \left(4\left(1+r\right)^2\right)$，又 $0 \leqslant r \leqslant 1$，故 $0 \leqslant r^2 / \left(4\left(1+r\right)^2\right) \leqslant 1/16$，可得 $\alpha > r^2 / \left(4\left(1+r\right)^2\right) > 1/16$ 成立。利润函数是关于 t^{F} 和 T^{F} 的联合凹函数，存在最大值。联立 $\partial \pi^{\mathrm{F}} / \partial t = 0$ 和 $\partial \pi^{\mathrm{F}} / \partial T = 0$，回代利润函数可得定理 6.4。

若考虑平台商承担固定运输成本，则结论类似于定理 6.2。当产品相关性大于某确定阈值时，除平台商最优利润受固定运输成本影响外，最优基础运费和最优 CFS 阈值都不变。此结论与平台商采取措施降低固定运输成本，进而提高利润的预期一致。例如，平台商可通过优化物流配送流程或开展外包业务来降低固定运输成本。此外，研究表明，固定运输成本不影响消费者购物行为的选择。

其次，考虑可变运输成本拓展基本模型。平台将产品输送至消费者过程中，单位产品需花费的运输成本为 c。在此情形下，消费者选择向平台支付基础运费购物的效用为 $U_{\mathrm{s}}^{\mathrm{V}} = v - p_1 - t$，选择凑单购物的效用为 $U_{\mathrm{r}}^{\mathrm{V}} = v - p_1 + (1+r)(\alpha v - p_2)$。根据上述效用函数，可得向平台支付基础运费和凑单的消费者需求分别为

$$q_{\mathrm{s}}^{\mathrm{V}} = \frac{(1+r)p_2 - t}{\alpha(1+r)} - p_1 - t$$

$$q_{\mathrm{r}}^{\mathrm{V}} = 1 - \frac{(1+r)p_2 - t}{\alpha(1+r)}$$

平台商的利润函数为

$$\pi^{\mathrm{V}} = \left(p_1 + t - c\right)q_{\mathrm{s}}^{\mathrm{V}} + \left(p_1 + \frac{T - p_1}{\beta} - kr - c\right)q_{\mathrm{r}}^{\mathrm{V}} \tag{6.7}$$

定理 6.5　当考虑可变运输成本时，若满足 $\alpha > 1/16$，则平台最优 CFS 阈值为

$$T^{\mathrm{V*}} = \frac{\begin{array}{c} 2\alpha^2\beta(1+r)^2 + 2\alpha(1+r)\left(\left(kr^2 + \left(\dfrac{c}{2} + k - p_1\right)r - 2p_1 + 1\right)\beta \\ + 2(1+r)p_1\right) + (k\beta - p_1)r^2 \end{array}}{4\alpha\left(1+r^2\right) - r^2}$$

最优基础运费为

$$t^{\mathrm{V*}} = \frac{(1+r)\left(kr^2 + \left((2c+1-4p_1)r - 4p_1 + 2 + 2c\right)\alpha\right)}{4\alpha\left(1+r^2\right) - r^2}$$

最优利润为

$$\pi^{V*} = \frac{k^2 r^4 + k\left(2(k-\alpha-p_1)+1+c\right)r^3}{(4\alpha-1)r^2+8\alpha r+4\alpha} +$$

$$\frac{\begin{array}{c}\left(\alpha^2+\left(2(p_1-2k)+c^2-3c\right)\alpha+(k-p_1+1)(k-p_1+c)\right)r^2-\\\left(2(k-\alpha-p_1)-1+5c-2c^2\right)\alpha r+\alpha^2+(c-1)^2\alpha\end{array}}{(4\alpha-1)r^2+8\alpha r+4\alpha}$$

证明 平台商利润函数关于 t^V 和 T^V 的黑塞矩阵二阶顺序主子式大于 0，即

$$|H| = \frac{4(1+r)^2\alpha-r^2}{\alpha^2\beta^2(1+r)^2} > 0$$

从而，有 $\alpha > r^2 / \left(4(1+r)^2\right)$，又 $0 \leqslant r \leqslant 1$，故 $0 \leqslant r^2 / \left(4(1+r)^2\right) \leqslant 1/16$，则下式成立

$$\alpha > \frac{r^2}{4(1+r)^2} > \frac{1}{16}$$

利润函数是关于 t^V 和 T^V 的联合凹函数，存在最大值。联立 $\partial\pi^F/\partial t = 0$ 和 $\partial\pi^F/\partial T = 0$，回代利润函数可得定理 6.5。

当 $c>0$ 时，有

$$t^{V*}-t^{R*} = \frac{2\alpha c(1+r)^2}{4\alpha(1+r)^2-r^2} > 0 , \quad T^{V*}-T^{R*} = \frac{\alpha\beta c(1+r)(2+r)}{4\alpha(1+r)^2-r^2} > 0$$

进一步有

$$\frac{\partial t^{V*}}{\partial c} = \frac{2\alpha(1+r)^2}{4\alpha(1+r)^2-r^2} > 0 , \quad \frac{\partial T^{V*}}{\partial c} = \frac{\alpha\beta(1+r)(2+r)}{4\alpha(1+r)^2-r^2} > 0$$

定理 6.5 表明，当平台商的可变运输成本足够小时，定理 6.2 的结论仍然成立。即当 $c=0$ 时，$t^{V*}=t^{R*}$，$T^{V*}=T^{R*}$ 和 $\pi^{V*}=\pi^{R*}$ 成立。这表明基本模型具有稳健性。当 $c>0$ 时，通过比较，平台商的最优基础运费满足 $t^{V*}>t^{R*}$，且最优 CFS 阈值满足 $T^{V*}>T^{R*}$。此外，随着可变运输成本的增加，平台商基础运费和 CFS 阈值逐渐递增。这是因为当平台商承担每笔交易的运输成本时，实际上是将运输成本转移到了基础运费和 CFS 阈值上来由消费者承担，这类似于"羊毛出在羊身上"的现象。

6.6 本 章 小 结

本章主要延续第 5 章的研究主题，探讨实施 CFS 政策的电商平台最优基础运费和 CFS 阈值的设置问题，以及推荐服务水平对平台商最优决策及利润的影响关系。为研究在实施 CFS 政策的平台商引入凑单推荐服务的最佳时机，建立了无凑单推荐服务和引入凑单推荐服务两种情形下的均衡博弈模型，并得到如下研究结果。

（1）引入凑单推荐服务将损害平台商的利润。由于引入凑单推荐服务加剧了平台商的内部竞争，推荐服务成本的增加削弱了平台商对消费者凑单产品的推荐服务水平，从而降低了消费者凑单的可能性。这要求平台商在实际引入凑单推荐服务过程中需要仔细权衡成本与利润间的关系。

（2）相同的推荐服务水平下，凑单产品价格总是大于基础运费。当平台商在实施凑单推荐服务时，决策较基础运费更高的凑单产品价格有助于消费者凑单购物时达到 CFS 阈值，进而享受 CFS 政策。

（3）较高的推荐服务水平增加了消费者选择支付基础运费购物的需求，降低了消费者选择凑单购物的需求。虽然当凑单推荐服务水平适中时，提高了消费者凑单购物的消费意愿，但平台商引入推荐服务仍弊大于利。若对促销型平台来说，引入凑单推荐服务将有助于目标的达成。

（4）运输成本对平台商没有显著影响。平台商的固定运输成本仅降低了利润，不影响其最优决策，而可变运输成本实际上被平台商转移到消费者身上，由消费者承担。此外，当平台商设置较高的 CFS 阈值时，引入凑单推荐服务将有助于平台商利润的增长。

第7章 广告推荐服务引入下双电子渠道最优定价策略

广告推荐服务引入已成为平台商提升代理渠道竞争力的基本方式。本章在对网络品牌商直销与平台商代理的双电子渠道竞争关系分析的基础上，构建了涉及平台商广告推荐服务引入的两种双电子渠道最优定价 Stackelberg 博弈模型，探讨广告推荐服务引入与广告推荐服务投入水平、消费者网络代理渠道接受度间的关系及其对双电子渠道最优定价决策的影响。研究结论表明，广告推荐服务引入能拓展平台商市场，其最佳引入时机与广告推荐服务投入水平、消费者网络代理渠道接受度密切相关；广告推荐服务引入将促使网络品牌商降低产品直销价格而提高批发价格，增加平台商的价格竞争压力；推荐服务引入与否，平台商产品最优售价均随消费者网络代理渠道接受度增大而增大。代理商在合理的广告推荐服务投入水平区间引入广告推荐服务，将有助于市场需求的扩张。广告推荐服务引入将使网络品牌商产品最优直销价格下降、批发价格上升，平台商产品最优销售价格将随广告推荐服务投入水平的提高而上升。

7.1 研究背景与问题提出

随着互联网、大数据和人工智能等技术的迅猛发展及其在电商领域的广泛应用，网络品牌商和网络平台商在电商平台上的产品销售合作与竞争成为商业活动常态。网络品牌商常在自建网络直销平台基础上，充分利用代销平台商拓宽产品销售渠道、提升企业绩效，从而形成产品销售的双电子渠道。如 IBMiX、Think和 Publicis Sapient 等众多知名平台商，为各自品牌商提供产品网络代销服务。根据 Econsultancy 发布的 2018 年网络代理平台商 100 强报告，平台商代理业务量年均增长 20%，2018 年营业收入已达 28 亿英镑。由于知名度、影响力和消费者心理等，代理平台商与网络品牌商竞争往往处于劣势，需借助有效的网络营销方式弥补竞争劣势以吸引更多消费者，可有效提升消费者的产品购买意愿并扩大消费者规模的网络广告推荐服务引入已成为公认的最佳选择（Kim N and Kim W，2018；Alalwan，2018）。例如，SHIGEMATSU 利用有调 APP（application，应用程序）进行防霾口罩产品推荐、Adidas 天猫旗舰店采用慢慢买网站引导消费者购物等。这些信息推荐系统的广告推荐服务为代理平台商提供了更广泛的客户基础，从而增强了竞争能力。艾瑞咨询《2018 年中国网络广告市场年度检测报告》指出，2017年电商广告份额占比达 31.8%，网络推荐广告服务规模达 688.8 亿元，网络推荐广告服务对电商行业绩效提升具有重要影响。因此，在网络品牌商直销和平台商代销的双电子渠道相互竞争环境下，把握平台商广告推荐服务引入对双电子渠道定价决策的影响规律，并针对消费者网络代理渠道接受度和平台商广告推荐服务投入水平，确定平台商广告推荐服务引入时机，合理决策协调产品直销、批发和代销等价格，成为双电子渠道定价决策的核心问题。

平台商对传统供应链定价决策影响曾受学者关注（陈翔等，2003；Yadav and Varadarajan，2005），张艳辉等（2018）通过实证研究表明，传统制造企业在实施多渠道策略过程中更有意愿寻找平台商以拓展业务。与上述研究不同，Lu 和 Liu（2015）研究了二级供应链引入网络代理销售平台对网络品牌商和实体零售商盈利能力和行为的影响，分析了单、双渠道结构下供应链各成员的绩效。白世贞等（2016）进一步采用优化理论方法探究了二级团购供应链中，网络平台自营和代理两种模式下各主体的决策问题及协调策略。Yan 等（2018）考虑存在线上对线下溢出效应时，网络代理平台的电子渠道引入问题。在此基础上，Yi 等（2018）引入消费者公平因素，研究平台商渠道对制造商决策的影响，指出采用平台商销售有利于降低渠道的分散性。上述研究从不同角度分析了平台商在供应链决策中的作用，考虑了线下直销与线上零售的双渠道运营模式，但均未涉及电子供应链中的平台商实施营销策略与其余成员竞争的问题。随着移动互联网和支付技术的发展完善与应用普及，双电子渠道销售模式广泛存在，不同于以上研究，本章从代理商的角度，分析推荐广告引入策略对双电子渠道成员最优定价及竞争关系的影响。

针对推荐服务及网络广告推荐服务引入策略对供应链管理的影响，Yang 和 Gao（2017）分析了网络零售商引入推荐系统以促进产品销售的问题。Zhang 等（2018）提出了在位者面临潜在进入威胁时的消费市场与其竞争者间的网络推荐策略。金亮（2019）通过构建线下到线上（O2O）供应链委托代理模型，探讨不对称信息下的零售商最优线上推荐服务与佣金契约设计。上述研究中的推荐服务未进行具体化，吴翠莲等（2016）结合网络团购特点，构建网络平台商投入广告推荐服务、参与网络团购、同时投入广告推荐服务和参与网络团购三种销售策略下的定价模型，分析网络平台商的最佳广告推荐服务投入策略。Berman（2018）分析了网络外部性和不确定性造成的效率低下对广告推荐服务策略的影响。Zhou 等（2018）进一步研究了网络推荐系统的广告推荐服务对网络品牌商市场管理的影响。上述研究从消费者、网络品牌商和零售商等视角对不同形式推荐服务行为进行分析，但并未对网络广告推荐服务投入进行量化，仅将其作为影响决策主体策略选择的外生因素。广告推荐服务作为提高平台商竞争力的有效方式，代理商需要权衡引入成本与引入后的收益，进而决策广告推荐服务的最佳引入时机，并协调双电子渠道成员间的定价决策。

综上，本章将广告推荐服务引入问题纳入双电子渠道定价模型，探讨代理商如何通过网络广告推荐服务策略增强盈利能力，以及广告推荐服务引入如何影响产品最优定价决策、品牌商与代理商间的竞合关系。为此，针对代理商推荐广告不引入和引入两种情形，构建代理商和品牌商的双电子渠道定价决策 Stackelberg 博弈模型，通过对模型及相关参数分析，揭示广告推荐服务投入水平、消费者代理渠道接受度等因素对双电子渠道最优定价决策的影响规律，为实践中的代理商广告推荐服务科学引入和产品定价策略提供理论依据。7.2 节对问题进行描述并建模。7.3 节提出了无推荐服务的双电子渠道定价策略，分析广告推荐服务投入水平和广告推荐服务外部效应因子变化对产品定价和利润的影响。7.4 节通过数值算例讨论了考虑推荐服务的双电子渠道定价策略，分析广告推荐服务投入水平和广告推荐服务外部效应因子变化对产品定价和利润的影响。7.5 节通过数值算例验证广告推荐服务投入水平、消费者代理渠道接受度对产品最优定价决策的影响，分析讨论了研究问题的扩展。7.6 节是本章小结。

7.2　问题描述与建模

考虑由一网络品牌商（简称品牌商）和一代理平台商（简称平台商）构成、涉及品牌商网络直销渠道和平台商代理渠道的产品双电子渠道销售系统，如图 7.1 所示。在该系统运行过程中，品牌商一方面进行产品直销，另一方面还通过平台商进行产品代销，同时平台商可引入网络广告推荐服务促进代理渠道产品销售，品牌商与平台商在产品销售上形成典型的 Stackelberg 博弈关系。设产品单位生产成本为 c，直销、批发和代销的价格分别为 p_d、w 和 p_r，平台商广告推荐服务的技术水平和投入水平分别为 $\delta(\delta>0)$ 和 r，则广告推荐服务费为 δr。

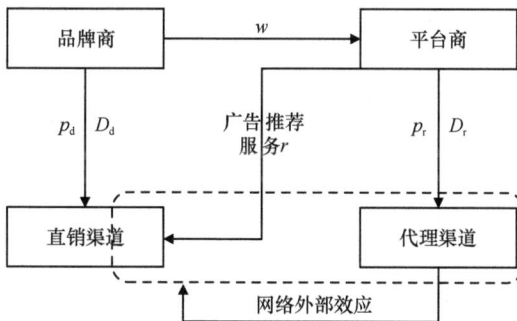

图 7.1　双电子渠道销售系统

设消费者对产品的估值 v 服从 $[0,1]$ 上的均匀分布，消费者代理渠道接受度为 α（$0<\alpha<1$）。由于品牌商直销渠道具有品牌和声誉等优势，设直销渠道和代理渠道购买产品的消费者效用分别为 v 和 αv。由于网络广告推荐服务具有网络外部

效应，且其与广告推荐服务投入水平相关，设平台商引入广告推荐服务的直销渠道负网络外部效应因子和代理渠道正网络外部效应因子分别为 θ_1 和 θ_2，消费者购买产品产生的消费者负效用和正效用分别为 $\theta_1 r$ 和 $\theta_2 r$。为突出研究主题，仅考虑品牌商和平台商的决策行为，将推荐系统的行为考虑为外生因素。

7.3　无推荐服务的双电子渠道定价分析

在平台商不引入广告推荐服务情况（记为 PN）下，品牌商具有品牌、声誉和产品定价权等优势。品牌商首先确定产品直销价格 p_d^{PN} 和批发价格 w^{PN}，平台商据此确定产品代销价格 p_r^{PN}，品牌商与平台商间形成以品牌商主导的 Stackelberg 博弈关系。

设消费者通过代理渠道和直销渠道购买产品的效用分别为 U_r^{PN} 和 U_d^{PN}，可得 $U_r^{PN} = \alpha v - p_r^{PN}$ 和 $U_d^{PN} = v - p_d^{PN}$。

根据消费者行为理论和效用理论，若 $U_d^{PN} > \max\{0, U_r^{PN}\}$，则消费者通过直销渠道购买产品，产品销量为 $D_d^{PN} = 1 - \left(p_d^{PN} - p_r^{PN}\right)/(1 - \alpha)$；当 $U_r^{PN} > \max\{0, U_d^{PN}\}$ 时，消费者通过代理渠道购买产品，产品销量为 $D_r^{PN} = \left(p_d^{PN} - p_r^{PN}\right)/(1 - \alpha) - p_r^{PN}/\alpha$。

品牌商和平台商的利润分别为 $\pi_m^{PN} = p_d^{PN} D_d^{PN} + w^{PN} D_r^{PN} - c(D_d^{PN} + D_r^{PN})$ 和 $\pi_r^{PN} = (p_r^{PN} - w^{PN}) D_r^{PN}$。从而可建立如下的销售系统产品最优定价决策模型：

$$\max_{p_d^{PN}, w^{PN}} \pi_m^{PN} = p_d^{PN}\left(1 - \frac{p_d^{PN} - p_r^{PN}}{1 - \alpha}\right) + w^{PN}\left(\frac{p_d^{PN} - p_r^{PN}}{1 - \alpha} - \frac{p_r^{PN}}{\alpha}\right) - c\left(1 - \frac{p_r^{PN}}{\alpha}\right)$$

$$\text{s.t.} \max_{p_r^{PN}} \pi_r^{PN} = \left(p_r^{PN} - w^{PN}\right)\left(\frac{p_d^{PN} - p_r^{PN}}{1 - \alpha} - \frac{p_r^{PN}}{\alpha}\right)$$

利用逆向归纳法求解上述模型，有如下结果成立。

定理 7.1　若平台商不引入广告推荐服务，则产品最优直销和批发价格分别为 $p_d^{PN*} = (1 + c)/2$ 和 $w^{PN*} = (\alpha + c)/2$，最优代销价格为 $p_r^{PN*} = \left(\alpha(1 + c)\right)/2$，品牌商和平台商利润分别为 $\pi_m^{PN*} = (1 - c)^2/4$ 和 $\pi_r^{PN*} = 0$。

证明　由于 $\partial^2 \pi_r^{PN}/\partial\left(p_r^{PN}\right)^2 = -2/((1 - \alpha)\alpha) < 0$，平台商利润函数是关于 p_r^{PN} 的凹函数，有最大值。

品牌商利润函数关于 p_d^{PN} 和 w^{PN} 的黑塞矩阵二阶顺序主子式为

$$|H| = \begin{vmatrix} \dfrac{\alpha - 2}{1 - \alpha} & \dfrac{1}{1 - \alpha} \\ \dfrac{1}{1 - \alpha} & \dfrac{-1}{(1 - \alpha)\alpha} \end{vmatrix} = \frac{2}{(1 - \alpha)\alpha} > 0$$

由此可知，品牌商利润函数是关于 p_d^{PN} 和 w^{PN} 的联合凹函数，存在最大值。

根据逆序归纳法，可求得 $p_{\mathrm{r}}^{\mathrm{PN}} = c(\alpha+1)/4 + \alpha/2$。为保证市场存在，$D_{\mathrm{r}}^{\mathrm{PN}} > 0$，则有 $p_{\mathrm{r}}^{\mathrm{PN*}} = \min\{\alpha p_{\mathrm{d}}^{\mathrm{PN*}}, p_{\mathrm{r}}^{\mathrm{PN}}\} = \alpha p_{\mathrm{d}}^{\mathrm{PN*}}$。定理得证。

定理 7.1 表明平台商最大利润为零，一是由于本章仅考虑涉及单个进行产品直销、主导产品来源与批发定价的品牌商和单个进行品牌商产品代销的平台商的双电子渠道销售系统，品牌商与平台商在系统运行过程中是完全竞争关系，平台商利润来源于其产品代销价格与批发价格的价差；二是由于未考虑平台商为品牌商代销产品，品牌商需向平台商支付一定代理和管理报酬。

推论 7.1　若平台商不引入广告推荐服务，品牌商产品总销量为 $D_{\mathrm{d}}^{\mathrm{PN}} = (1-c)/2$，平台商产品总销量为 $D_{\mathrm{r}}^{\mathrm{PN}} = 0$。

由推论 7.1 可知，品牌商的市场总需求与产品单位生产成本有关。当产品单位生产成本降低时，品牌商的总销量增加。这要求品牌商不断革新技术降低产品生产成本。对于刚进入市场的平台商而言，若不引入广告推荐服务，在与网络品牌商进行市场争夺时总处于劣势。平台商的产品销售受限于品牌商的强势渠道地位，品牌商通过调整批发价格独占销售渠道，而平台商需承担较大的批发成本和较小的销售额，导致销售业绩不显著，因此将促使平台商改变销售策略以扭转不利局面。

下面考虑产品成本 c 和消费者代理渠道接受度 α 变化对产品最优定价的影响规律。

命题 7.1　若平台商不引入广告推荐服务，则有如下关系式成立：

（1）$\partial p_{\mathrm{d}}^{\mathrm{PN*}}/\partial c > 0$，$\partial w^{\mathrm{PN*}}/\partial c > 0$，$\partial p_{\mathrm{r}}^{\mathrm{PN*}}/\partial c > 0$。

（2）$\partial p_{\mathrm{d}}^{\mathrm{PN*}}/\partial \alpha = 0$，$\partial w^{\mathrm{PN*}}/\partial \alpha > 0$，$\partial p_{\mathrm{r}}^{\mathrm{PN*}}/\partial \alpha > 0$。

命题 7.1 说明若产品生产成本增加，产品最优直销、批发和代销价格均增加。品牌商提升直销价格和批发价格可转移生产成本，平台商提高代销价格可缓解品牌商提升批发价格带来的压力。此外，若消费者的代理渠道接受度提升，产品最优代销价格和最优批发价格将增加，而产品最优直销价格不受影响。由此可知，良好的销售渠道服务和品牌形象对产品定价具有重要影响。对平台商而言，应注意提升渠道服务水平，增强消费者对产品代理销售的满意度。

观察 7.1　若平台商不引入广告推荐服务，平台商与品牌商竞争将处于不利地位。

由定理 7.1 可知 $p_{\mathrm{d}}^{\mathrm{PN*}} > w^{\mathrm{PN*}} > p_{\mathrm{r}}^{\mathrm{PN*}}$。这意味着在平台商不引入广告推荐服务情况下，对品牌商而言，可通过直销产品和向平台商批发产品盈利，同时可通过调控产品批发价格把控市场；对平台商而言，若产品批发价格较代销价格高，平台商处于亏损状态，平台商最终将不进行产品代销，品牌商也将丧失产品批发收益和损失产品市场份额。因此，平台商需要确保产品代销价格较批发价格高，并据此提高网络代销渠道产品销售量，这一方面能在增加平台商自身收益的同时增加品牌商产品批发收益,另一方面也能增强平台商与品牌商竞争的优势。平台商通过网络广告推荐服务引入是实现上述目标的基本途径和策略。为此,下面探讨在平台商广告推荐服务引入情况下,网络广告推荐服务引入及其投入水平对产品销售双电子渠道最优定价决策的影响。

7.4　考虑推荐服务的双电子渠道定价分析

在平台商引入广告推荐服务(记为 PI)的情况下,其带来的网络外部效应使直销渠道的消费者向代理渠道转移,消费者在购物决策过程中受广告推荐服务的影响,进而使消费者效用发生改变。与 PN 情形类似,品牌商首先确定产品直销价格 $p_{\mathrm{d}}^{\mathrm{PI}}$ 和批发价格 w^{PI},平台商据此确定产品代销价格 $p_{\mathrm{r}}^{\mathrm{PI}}$,品牌商与平台商之间形成以品牌商主导的 Stackelberg 博弈关系。

假设消费者通过品牌商直销渠道和平台商代理渠道购买产品的消费者效用分别为 $U_{\mathrm{d}}^{\mathrm{PI}}$ 和 $U_{\mathrm{r}}^{\mathrm{PI}}$,即为 $U_{\mathrm{d}}^{\mathrm{PI}}=v-p_{\mathrm{d}}^{\mathrm{PI}}-\theta_2 r$ 和 $U_{\mathrm{r}}^{\mathrm{PI}}=\alpha v-p_{\mathrm{r}}^{\mathrm{PI}}+\theta_1 r$。

根据 Mukhopadhyay 等(2008)和 Zhou 等(2018)的研究,令 $\theta_1=\theta_2=\theta$,若 $U_{\mathrm{d}}^{\mathrm{PI}}>\max\left\{0,\ U_{\mathrm{r}}^{\mathrm{PI}}\right\}$,消费者通过直销渠道购买产品,产品销量 $D_{\mathrm{d}}^{\mathrm{PI}}=1-\left(p_{\mathrm{d}}^{\mathrm{PI}}-p_{\mathrm{r}}^{\mathrm{PI}}+2\theta r\right)\big/(1-\alpha)$;若 $U_{\mathrm{r}}^{\mathrm{PI}}>\max\left\{0,\ U_{\mathrm{d}}^{\mathrm{PI}}\right\}$,消费者通过代理渠道购买产品,产品销量 $D_{\mathrm{r}}^{\mathrm{PI}}=\left(p_{\mathrm{d}}^{\mathrm{PI}}-p_{\mathrm{r}}^{\mathrm{PI}}+2\theta r\right)\big/(1-\alpha)-\left(p_{\mathrm{r}}^{\mathrm{PI}}-\theta r\right)\big/\alpha$。

品牌商的利润函数可表示为 $\pi_{\mathrm{m}}^{\mathrm{PI}}=p_{\mathrm{d}}^{\mathrm{PI}}D_{\mathrm{d}}^{\mathrm{PI}}+w^{\mathrm{PI}}D_{\mathrm{r}}^{\mathrm{PI}}-c\left(D_{\mathrm{d}}^{\mathrm{PI}}+D_{\mathrm{r}}^{\mathrm{PI}}\right)$,平台商的利润函数可表示为 $\pi_{\mathrm{r}}^{\mathrm{PI}}=\left(p_{\mathrm{r}}^{\mathrm{PI}}-w^{\mathrm{PI}}\right)D_{\mathrm{r}}^{\mathrm{PI}}-\delta r$,从而可建立如下的最优决策模型:

$$\max_{p_{\mathrm{d}}^{\mathrm{PI}},\ w^{\mathrm{PI}}}\ \pi_{\mathrm{m}}^{\mathrm{PI}}=p_{\mathrm{d}}^{\mathrm{PI}}\left(1-\frac{p_{\mathrm{d}}^{\mathrm{PI}}-p_{\mathrm{r}}^{\mathrm{PI}}+2\theta r}{1-\alpha}\right)+w^{\mathrm{PI}}\left(\frac{p_{\mathrm{d}}^{\mathrm{PI}}-p_{\mathrm{r}}^{\mathrm{PI}}+2\theta r}{1-\alpha}-\frac{p_{\mathrm{r}}^{\mathrm{PI}}-\theta r}{\alpha}\right)-$$
$$c\left(1-\frac{p_{\mathrm{r}}^{\mathrm{PI}}-\theta r}{\alpha}\right)$$

$$\mathrm{s.t.}\ \max_{p_{\mathrm{r}}^{\mathrm{PI}}}\ \pi_{\mathrm{r}}^{\mathrm{PI}}=\left(p_{\mathrm{r}}^{\mathrm{PI}}-w^{\mathrm{PI}}\right)\left(\frac{p_{\mathrm{d}}^{\mathrm{PI}}-p_{\mathrm{r}}^{\mathrm{PI}}+2\theta r}{1-\alpha}-\frac{p_{\mathrm{r}}^{\mathrm{PI}}-\theta r}{\alpha}\right)-\delta r$$

利用逆向归纳法求解上述模型,有如下结果成立。

定理 7.2　若平台商引入广告推荐服务,则产品最优直销价格、批发价格、代销价格分别为 $p_{\mathrm{d}}^{\mathrm{PI}*}=(1+c-\theta r)/2$,$w^{\mathrm{PI}*}=(\alpha+c+\theta r)/2$,$p_{\mathrm{r}}^{\mathrm{PI}*}=\left((\theta r+c+2)\alpha+3\theta r+c\right)/4$,品牌商的利润为

$$\pi_{\mathrm{m}}^{\mathrm{PI}*}=\frac{\left(2r(2-c)\theta-\theta^2 r^2-c^2+4c-2\right)\alpha}{8(1-\alpha)}+\frac{\left(2\theta^2 r^2+2\theta r(c-1)+1-2c\right)}{4(1-\alpha)}+\frac{(c-\theta r)^2}{8\alpha(1-\alpha)}$$

平台商的利润为

$$\pi_{\mathrm{r}}^{\mathrm{PI}*} = \frac{\left(\theta^2 r^2 + 2(c\theta + 8\delta)r + c^2\right)\alpha}{16(1-\alpha)} + \frac{\left(\theta^2 r^2 + 8\delta r + c^2\right)}{8(1-\alpha)} + \frac{(c-\theta r)^2}{16\alpha(1-\alpha)}$$

证明　由于 $\partial^2\pi_{\mathrm{r}}^{\mathrm{PI}}\big/\partial\left(p_{\mathrm{r}}^{\mathrm{PI}}\right)^2 = -2\big/((1-\alpha)\alpha)<0$，平台商利润函数是关于 $p_{\mathrm{r}}^{\mathrm{PI}}$ 的凹函数，有最大值。品牌商利润函数关于 $p_{\mathrm{d}}^{\mathrm{PI}}$ 和 w^{PI} 的黑塞矩阵二阶顺序主子式为

$$|H| = \begin{vmatrix} \dfrac{\alpha-2}{1-\alpha} & \dfrac{1}{1-\alpha} \\ \dfrac{1}{1-\alpha} & \dfrac{-1}{(1-\alpha)\alpha} \end{vmatrix} = \frac{2}{(1-\alpha)\alpha} > 0$$

从而可知品牌商利润函数是关于 $p_{\mathrm{d}}^{\mathrm{PI}}$ 和 w^{PI} 的联合凹函数，存在最大值。根据逆向归纳法，可求得 $p_{\mathrm{d}}^{\mathrm{PI}*}$、$w^{\mathrm{PI}*}$、$p_{\mathrm{r}}^{\mathrm{PI}*}$，代入利润函数，可得 $\pi_{\mathrm{m}}^{\mathrm{PI}*}$ 和 $\pi_{\mathrm{r}}^{\mathrm{PI}*}$。定理得证。

推论 7.2　若平台商引入广告推荐服务，品牌商产品总销量为

$$D_{\mathrm{d}}^{\mathrm{PI}} = \frac{1}{2} - \frac{\theta r(\alpha-1) + c(\alpha+1)}{4\alpha}$$

平台商产品总销量为

$$D_{\mathrm{r}}^{\mathrm{PI}} = \frac{\theta r(1+\alpha)}{4\alpha(1-\alpha)} - \frac{c}{4\alpha}$$

由推论 7.2 可知，当平台商引入广告推荐服务时，提升广告推荐服务投入水平将促进平台商产品销售，而抑制品牌商的产品销售，符合平台商引入广告推荐服务提升业绩的目标。适度的广告推荐服务投入水平有助于平台商跻身市场，增强竞争力。同时平台商和品牌商的总销售量也受消费者代理渠道接受度的影响，这与未引入广告推荐服务时的情形不同。广告推荐服务的引入增加了消费者对代理渠道购买产品的效用，而相应削弱了品牌商直销渠道的消费者效用，进而影响双电子渠道的产品销售。

根据定理 7.2 可进一步揭示广告推荐服务投入水平 r 和广告推荐服务外部效应因子 θ 变化对产品最优定价的影响规律。

命题 7.2　若平台商引入广告推荐服务，有如下关系式成立：

（a）$\partial p_{\mathrm{d}}^{\mathrm{PI}*}\big/\partial r<0$，$\partial w^{\mathrm{PI}*}\big/\partial r>0$，$\partial p_{\mathrm{r}}^{\mathrm{PI}*}\big/\partial r>0$；

（b）$\partial p_{\mathrm{d}}^{\mathrm{PI}*}\big/\partial\theta<0$，$\partial w^{\mathrm{PI}*}\big/\partial\theta>0$，$\partial p_{\mathrm{r}}^{\mathrm{PI}*}\big/\partial\theta>0$。

命题 7.2 说明若平台商引入广告推荐服务，随广告推荐服务投入水平提升，产品最优直销价格降低、最优批发价格增大，产品最优代销价格增大。由于广告推荐服务投入水平直接影响代理渠道的消费者效用，大量投入广告推荐服务可令平台商的竞争能力增强。因此，面对更为激烈的市场竞争，品牌商将一方面降低直销渠道价格吸引消费者，另一方面提高批发价格打压平台商的竞争优势。平台

商将提高代销价格，将高价批发产品带来的消极效应转嫁给消费者，最终由消费者买单。此外，网络外部效应对渠道成员的产品最优价格影响与广告推荐服务投入带来的影响一致。当网络外部性增强时，广告推荐服务的效果增强，将带动消费者需求增加，故平台商应加大广告推荐服务的投入。

命题 7.3　若平台商引入广告推荐服务，则

（1）当满足条件 $0 < r < \left((\alpha c - c - 2\alpha)(1-\alpha)\right) \big/ \left(\theta(\alpha^2 - 4\alpha - 1)\right)$ 时，$\partial \pi_{\mathrm{m}}^{\mathrm{PI*}} / \partial r < 0$，否则 $\partial \pi_{\mathrm{m}}^{\mathrm{PI*}} / \partial r > 0$；当满足条件 $0 < r < \left((1-\alpha)(c\theta\alpha + c\theta + 8\delta\alpha)\right) \big/ \left((1+\alpha)^2 \theta^2\right)$ 时，$\partial \pi_{\mathrm{r}}^{\mathrm{PI*}} / \partial r < 0$，否则 $\partial \pi_{\mathrm{r}}^{\mathrm{PI*}} / \partial r > 0$。

（2）当满足条件 $0 < \theta < \left((\alpha c - c - 2\alpha)(1-\alpha)\right) \big/ \left(r(\alpha^2 - 4\alpha - 1)\right)$ 时，$\partial \pi_{\mathrm{m}}^{\mathrm{PI*}} / \partial \theta < 0$，否则 $\partial \pi_{\mathrm{m}}^{\mathrm{PI*}} / \partial \theta > 0$；当满足条件 $0 < \theta < \left(c(1-\alpha)\right) \big/ \left(r(1+\alpha)\right)$ 时，$\partial \pi_{\mathrm{r}}^{\mathrm{PI*}} / \partial \theta < 0$，否则 $\partial \pi_{\mathrm{r}}^{\mathrm{PI*}} / \partial \theta > 0$。

命题 7.3 说明若广告推荐服务投入水平在一定范围内，品牌商和平台商最大利润均随其增加而降低；若超过该范围，两者最大利润都随其增加而增加。较低的广告推荐服务投入水平在一定程度上影响品牌商直销渠道的消费需求，导致其利润降低，同时平台商广告推荐服务投入成本高于广告推荐服务发挥的推荐效果，导致其利润降低。相反，较高的广告推荐服务投入水平带来较强的网络外部效应，使得品牌商利润增加，而较好的推荐效果弥补平台商广告推荐服务投入成本，使其利润回升。网络外部效应对品牌商、平台商利润影响变化趋势与广告推荐服务投入相同。

通过对比两种模式下的产品最优定价和市场需求，有如下结论成立。

命题 7.4

（1）$p_{\mathrm{d}}^{\mathrm{PI*}} < p_{\mathrm{d}}^{\mathrm{PN*}}$，$w^{\mathrm{PI*}} > w^{\mathrm{PN*}}$。

（2）当 $r > \left((1-\alpha)c\right) \big/ \left((3+\alpha)\theta\right)$ 时，$p_{\mathrm{r}}^{\mathrm{PI*}} > p_{\mathrm{r}}^{\mathrm{PN*}}$，否则 $p_{\mathrm{r}}^{\mathrm{PI*}} < p_{\mathrm{r}}^{\mathrm{PN*}}$。

由命题 7.4 可知，引入广告推荐服务后，品牌商产品直销价格降低，批发价格较高。说明引入广告推荐服务促使品牌商降低产品直销价格吸引消费者，提高产品的批发价格应对平台商的竞争，弥补直销价格下降的利润损失。同时，当广告推荐服务投入水平超过一定阈值时，平台商的产品代销价格较无广告推荐服务时高。说明广告推荐服务投入水平越高，广告推荐服务费用也越高，平台商需权衡广告推荐服务投入效益，进行最优决策。

命题 7.5　当 $0 < r < c/\theta$ 时，$D_{\mathrm{d}}^{\mathrm{PI}} < D_{\mathrm{d}}^{\mathrm{PN}}$，$D_{\mathrm{r}}^{\mathrm{PI}} < D_{\mathrm{r}}^{\mathrm{PN}}$；当 $c/\theta < r < 1$ 时，$D_{\mathrm{d}}^{\mathrm{PI}} > D_{\mathrm{d}}^{\mathrm{PN}}$，$D_{\mathrm{r}}^{\mathrm{PI}} > D_{\mathrm{r}}^{\mathrm{PN}}$。

由命题 7.5 可知，当平台商广告推荐服务投入水平较低时，广告推荐服务引入将迫使平台商代理渠道和品牌商直销渠道的市场需求同时降低，此时代理渠道的市场需求将小于零，显然若此时引入广告推荐服务，将不利于平台商市场业务

的拓展。当平台商广告推荐服务投入水平较高时，平台商和品牌商的市场需求将增加。平台商因较大的广告推荐服务投入水平助长市场份额，进而增加产品批发，带动品牌商的产品销售，达到"双赢"局面。因此，平台商在引入广告推荐服务时，需要权衡和考量广告推荐服务的投入水平，在合理的广告推荐服务投入区间内引入广告推荐服务，拓展市场份额，提高渠道竞争能力。

7.5 问题的数值仿真与拓展

7.5.1 数值算例与仿真

为进一步验证广告推荐服务投入水平 r、消费者代理渠道接受度 α 对产品最优定价决策的影响，下面从三个方面进行数值算例分析，并提出相应的管理启示。

1. 平台商引入广告推荐服务的最佳区域

平台商广告推荐服务引入有利于提升与品牌商的竞争力，因此，品牌商利润受损有助于平台商立足市场。从品牌商的角度分析，阻止平台商引入广告推荐服务虽有利于直销渠道发挥竞争优势，但长期来看将导致平台商退出市场，品牌商将损失批发收益，影响整个系统的绩效。因此，品牌商何时允许平台商引入广告推荐服务，确保品牌商、平台商及整个系统高效合理运营是有现实意义的管理问题。对比广告推荐服务引入前后的品牌商最优利润，当 $\pi_m^{PI*} > \pi_m^{PN*}$ 时，品牌商利润增加，则平台商不引入广告推荐服务；反之平台商引入广告推荐服务。由于结果的复杂性，通过解析解的形式展现过于复杂，根据 Li 等（2019）和 Zhou 等（2020a）参数的设定，取 $c = 0.2$，$\theta = 0.5$，$\alpha \in (0, 1)$，$r \in (0, 1)$，根据两个外生变量 (α, r) 的取值变化，如图 7.2 所示平台商广告推荐服务引入的最佳区域。

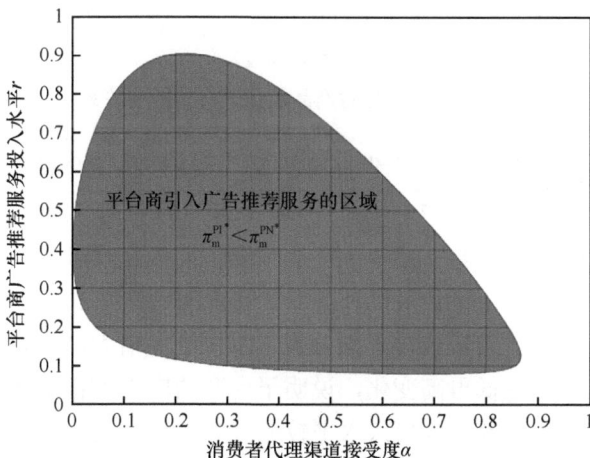

图 7.2 广告推荐服务引入的最佳区域

由图 7.2 可知，当平台商广告推荐服务投入在较小范围内增大时，平台商的利润减小，平台商不会牺牲自身利润引入广告推荐服务；若消费者的代理渠道接受度较大，且消费者对平台商产品估值接近品牌商，直销渠道与代理渠道竞争力持平，广告推荐服务引入必要性极低；若广告推荐服务投入水平较大，且消费者对代理渠道的接受程度较小，广告推荐服务吸引消费者的销量不能抵消所需承担的广告推荐服务成本；若广告推荐服务投入水平、消费者的代理渠道接受度均适中，且产品代销价格较高，广告推荐服务产生的正外部效应使代理渠道需求量增加，相应利润增加，对品牌商而言，直销渠道的价格优势也有利于竞争，形成双赢局面，这是平台商广告推荐服务引入的最佳时机。

2. 平台商广告推荐服务投入水平对产品最优价格和利润的影响

根据 Li 等（2019）、Zhou 等（2020a）和 Berman（2018）对参数的设定，取 $c=0.2$，$\theta=0.5$，$\alpha=0.5$，$\delta=0.001$，$r\in(0,1)$，广告推荐服务投入水平 r 变化对平台商、品牌商产品最优价格和最优利润影响情况如图 7.3 和图 7.4 所示。

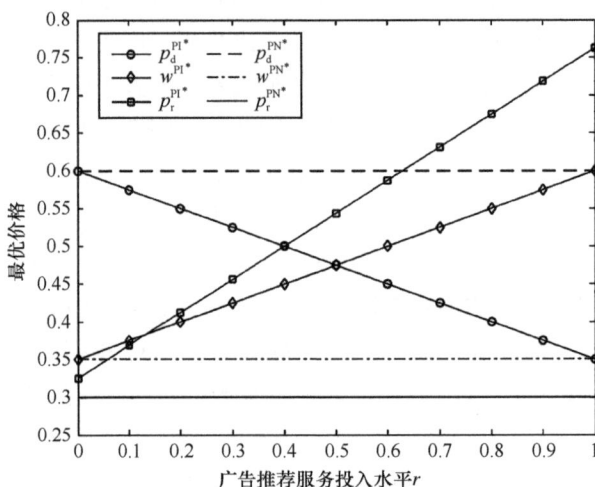

图 7.3　r 变化对产品最优价格的影响关系

图 7.3 和图 7.4 表明，若无广告推荐服务，品牌商和平台商的产品最优价格满足 $p_{\mathrm{d}}^{\mathrm{PN}*}>w^{\mathrm{PN}*}>p_{\mathrm{r}}^{\mathrm{PN}*}$，观察 7.1 成立；若引入广告推荐服务，有 $p_{\mathrm{d}}^{\mathrm{PI}*}<p_{\mathrm{d}}^{\mathrm{PN}*}$ 且 $w^{\mathrm{PI}*}>w^{\mathrm{PN}*}$，当 $r>0.057$ 时，$p_{\mathrm{r}}^{\mathrm{PI}*}>p_{\mathrm{r}}^{\mathrm{PN}*}$，命题 7.4 成立。若广告推荐服务投入水平增大，渠道最优定价决策和最优利润变化情况与命题 7.2、命题 7.3 结论一致。由图 7.4 进一步可知，若广告推荐服务投入水平逐渐增大，品牌商最大利润从无广告推荐服务的先高后低再高变化，说明平台商的广告推荐服务投入水平适中，而品牌商总是在广告推荐服务投入水平较低或者较高时允许引入广告推荐服务。

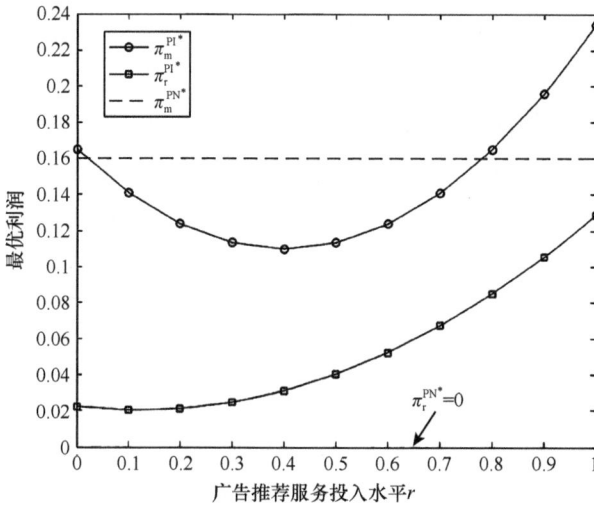

图 7.4　r 变化对最优利润的影响关系

3. 消费者代理渠道接受度对渠道最优定价决策的影响

根据 Li 等（2019）、Zhou 等（2020a）和 Berman（2018）对参数的设定，取 $c = 0.2$，$\theta = 0.5$，$\alpha \in (0,1)$，$\delta = 0.001$，$r \in (0, 1)$，同时为避免较高或较低的广告推荐服务投入水平对算例结果产生影响，取较适中的广告推荐服务投入水平 $r = 0.5$，消费者代理渠道接受度 α 变化对平台商、品牌商产品最优价格和最优利润的影响情况如图 7.5 和图 7.6 所示。

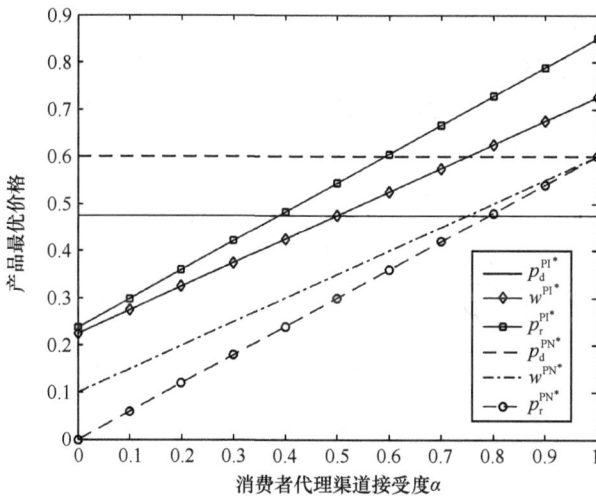

图 7.5　α 变化对产品最优价格的影响情况

由图 7.5 可知，在平台商引入广告推荐服务的情形下，产品最优直销价格不受消费者代理渠道接受度的影响，而最优批发价格和代销价格均随之递增。若消费者代理渠道接受度增大，即消费者通过直销渠道和代理渠道购买产品的感知差异减小，渠道成员间的额外竞争因素减少，这对品牌商及平台商均有利。由图 7.6 可知，若消费者代理渠道接受度 $\alpha>0.714$，品牌商利润超过未引入广告推荐服务情形下的利润。若消费者代理渠道接受度 $\alpha<0.004$，消费者通过直销渠道购买产品获得的感知效用远大于代理渠道，此时品牌商允许平台商引入广告推荐服务仍有利可图。

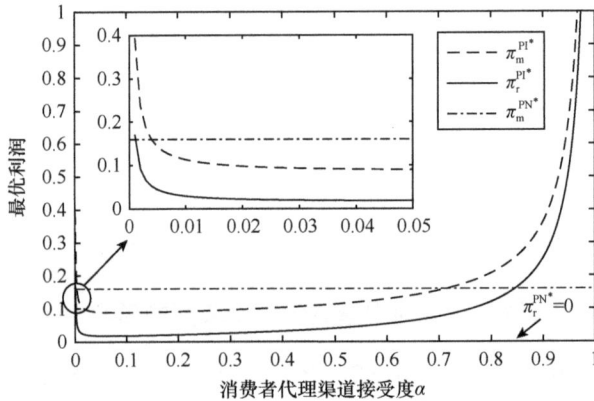

图 7.6　α 变化对最优利润的影响情况

7.5.2　拓展分析

在以上分析中，广告推荐服务投入水平作为外生变量。为探究平台商广告推荐服务引入的最优策略，将进一步考虑平台商内生决策广告推荐服务投入水平下的各渠道成员最优定价。与 PI 情形类似，品牌商首先确定产品直销价格 p_d 和批发价格 w，平台商据此确定产品代销价格 p_r 和广告推荐服务投入水平 r，品牌商与平台商之间形成以品牌商主导的 Stackelberg 博弈关系。由于广告推荐服务投入作为平台商的决策变量，设每投入 r 单位的广告推荐服务时，产生广告推荐服务费用为 $\delta r^2/2$，其中 δ 为广告推荐服务技术水平。根据逆向归纳法，可以求解得定理 7.3。

定理 7.3　在拓展模型中，若平台商引入广告推荐服务，直销渠道产品最优直销价格为

$$p_d^* = \frac{\left(4(c+1)\delta^2+(3c+2)\theta^2\delta+c\theta^4\right)\alpha^2+\left(-4(c+1)\delta^2+(c+1)4\theta^2\delta+2c\theta^4\right)\alpha+\left(\delta(c+2)+\theta^2 c\right)\theta^2}{\left(\theta^4+4\delta\theta^2+8\delta^2\right)\alpha^2+\left(2\theta^4+8\delta\theta^2-8\delta^2\right)\alpha+\theta^4+4\delta\theta^2}$$

最优批发价格为

$$w^* = \frac{\begin{aligned}&\left(\theta^4 - \delta(c-4)\theta^2 + 4\delta^2\right)\alpha^3 + \left((3-c)\theta^4 + 2(c+2)\theta^2\delta + 4\delta^2(c-1)\right)\alpha^2 \\ &+ \left((3-2c)\theta^4 + 5c\theta^2\delta - 4c\delta^2\right)\alpha + \left(\theta^2(1-c) + 2\delta c\right)\theta^2\end{aligned}}{\left(\theta^4 + 4\delta\theta^2 + 8\delta^2\right)\alpha^2 + \left(2\theta^4 + 8\delta\theta^2 - 8\delta^2\right)\alpha + \theta^4 + 4\delta\theta^2}$$

最优代销价格为

$$p_r^* = \frac{\begin{aligned}&\left(\theta^4 + 3\delta\theta^2 + 2\delta^2(c+2)\right)\alpha^3 + \left((3-c)\theta^4 + 2(c+2)\theta^2\delta + 4\delta^2\right)\alpha^2 \\ &+ \left((3-2c)\theta^4 + (4c+1)\theta^2\delta - 2c\delta^2\right)\alpha + \left(\theta^2(1-c) + 2\delta c\right)\theta^2\end{aligned}}{\left(\theta^4 + 4\delta\theta^2 + 8\delta^2\right)\alpha^2 + \left(2\theta^4 + 8\delta\theta^2 - 8\delta^2\right)\alpha + \theta^4 + 4\delta\theta^2}$$

最优广告推荐服务投入水平为

$$r^* = \frac{\theta(1+\alpha)\left((1+\alpha)(1-c)\theta^2 + 2(1-\alpha)c\delta\right)}{\theta^4(1+\alpha)^2 + 4\delta\theta^2(1+\alpha)^2 - 8\alpha\delta^2(1-\alpha)}$$

命题 7.6　在拓展模型中，若广告推荐服务技术水平 $0 < \delta < \left(\theta^2(1+\alpha)\right)\big/$ $\left(2(1-\alpha)\right)$，平台商最优广告推荐服务投入水平 r^* 随产品生产成本 c 下降而上升；若广告推荐服务技术水平 $\delta > \left(\theta^2(1+\alpha)\right)\big/\left(2(1-\alpha)\right)$，平台商最优广告推荐服务投入水平 r^* 随产品生产成本 c 增加而上升。

命题 7.6 说明，产品生产单位成本增加迫使品牌商提高产品批发价格，导致平台商处于较为不利的竞争环境。平台商引入广告推荐服务的目的为提高自身渠道效率、逆转自身竞争劣势。当广告推荐服务技术水平较低时，引入广告推荐服务效果不明显，持续增加广告推荐服务投入不但无法增强自身竞争能力，而且意味着更大的成本压力。因此，平台商应逐渐减少广告推荐服务投入量。相反，当广告推荐服务技术水平较高时，随着产品生产成本增加，代理商最优广告推荐服务投入水平提升。生产成本增加迫使代理商提高广告推荐服务的技术水平，从而优化了广告推荐服务投入，持续增强广告推荐服务投入可极大地提升平台商的竞争能力，并吸引更多消费者应对品牌商带来的高额批发成本压力。

7.6　本 章 小 结

本章研究由单一具有网络直销渠道的网络品牌商和单一具有网络代理渠道的网络平台商构成的双电子渠道竞争问题。通过对比平台商引入广告推荐服务前后的产品最优定价和最优利润，探讨广告推荐服务的最佳引入时机，分析广告推荐服务投入水平和消费者代理渠道接受度对产品最优定价和最优利润的影响，并得到如下研究结果。

（1）网络平台商更有动机引入广告推荐服务以拓宽市场，其最佳引入时机则与广告推荐服务投入水平、消费者代理渠道接受度紧密相关。这与当前网络平台商广泛利用互联网推荐系统进行广告引流的策略不谋而合，同时，随着消费者网络购物选择的多样性和包容性，网络平台商在实践运营中得以发展。

（2）广告推荐服务投入水平增加将导致产品直销价格降低，批发价格与代销价格增加。为弥补平台商引入广告推荐服务产生的网络外部性损失、加剧网络平台商的竞争压力，网络品牌商将转移部分直销价格至批发价格。

（3）平台商在合理的广告推荐服务投入水平区间内引入广告推荐服务，不仅有利于自身市场需求的拓展，还能增加品牌商的市场需求，从而达到"双赢"，否则，广告推荐服务引入将不利于二者的市场需求。

（4）当消费者代理渠道接受度增大时，广告推荐服务引入与否不影响代销价格的递增趋势。相对于无广告推荐服务的情形，广告推荐服务引入后的网络品牌商直销价格下降，批发价格上升，网络平台商代销价格的升降取决于广告推荐服务投入水平。

第8章　考虑策略型消费者的两阶段优惠券推荐决策

本章将构建两阶段模型研究电商平台针对策略型消费者的优惠券定价与推荐决策问题。考虑三种优惠券推荐策略：第一种是即时策略，即电商平台在第一阶段推荐一张短期优惠券，消费者只能在第一阶段兑换优惠券；第二种是跨期策略，平台在第一阶段推荐一张长期优惠券，消费者只能在第二阶段兑换优惠券；第三种是混合策略，平台在第一阶段推荐一张短期优惠券和一张长期优惠券，消费者可以在每个阶段兑换一张优惠券。基于此，分析了电商平台优惠券的最优折扣定价与推荐策略选择。结论表明，若第一阶段的优惠券折扣较大，平台应优先选择即时策略。当消费者耐心程度与策略型消费者占比均在合理范围内时，混合策略和跨期策略可以相互替代。同时推荐短期和长期的优惠券并不总是比每次仅推荐一张优惠券更好。此外，分析了策略型消费者占比与消费者耐心程度对平台策略选择的影响，且策略型消费者的存在将迫使平台在两个阶段均提高产品价格。

8.1　研究背景与问题提出

随着互联网信息技术的蓬勃发展，电商平台的零售额在过去几年呈现了强劲的增长趋势。在网络零售市场中，电商平台会在销售期的前后采取各种促销方式来吸引消费者，已经成为一个普遍的现象。越来越多的电商平台向消费者推荐网络优惠券，以便在不同销售时期动态调整产品价格。优惠券已成为应对消费者差异化的购物行为、刺激消费者需求、实现更高利润的有效方法。一方面，据报道大约 48% 的美国公司使用网络优惠券进行营销，如 Punch Tavern 的 Free Pint 优惠券活动、亚马逊的 Coupon Code 等。另一方面，中国的电子零售平台京东也采用"我的优惠券"进行促销。与此同时，2016 年超过 57.5% 的美国互联网用户至少兑换过一次网络优惠券，2019 年这一比例已达到 59%。因此，鉴于网络优惠券的广泛使用和消费者异质性的购物行为，研究优惠券折扣定价与推荐策略如何影响电商平台的最优决策具有重要的意义。

电商平台通过这些不同的网络优惠券作为价格折扣来刺激消费者的需求，并鼓励消费者进行大量购买（Hsueh and Chen，2010）。这种价格折扣已经广泛应用于网络零售行业，如中国的天猫和京东，美国的亚马逊和 eBay 等。观察发现，平台在特定时期向消费者推荐不同的网络优惠券折扣。在现实实践中，平台通常采用三种类型的网络优惠券推荐策略来提高其绩效。第一种策略是平台在第一阶段推荐一张短期优惠券，消费者只能在第一阶段使用。这种类型的网络优惠券被广泛应用于几乎所有的电商平台，如京东、天猫、苏宁易购、亚马逊等。第二种策略是平台在第一阶段推荐一张长期优惠券，消费者只能在第二阶段使用。例如，京东或苏宁等电商平台应用这种类型的网络优惠券。第三种策略是平台在第一阶段推荐短期和长期两张优惠券，消费者可以在每一阶段使用一张优惠券。例如，天猫和京东在特定时间向其平台内的消费者推荐这类网络优惠券。

Chargebee.com 为消费者提供灵活方便的网络优惠券，且优惠券有固定的兑换期限，一旦超过兑换时间就不能再使用了。此外，Wan 等（2020）也提出了类似的优惠券折扣策略，即单次策略是平台在第一阶段提供两张优惠券，在第二阶段只向消费者提供一张优惠券；双次策略是平台在两个阶段都提供两张优惠券。本章的每种策略下网络优惠券都有兑换的时间限制。这类优惠券策略目前在实践中已被 Groupon.com、京东、天猫等平台广泛采用。同时忽略了现实电商平台中优惠券策略的实施成本，随着互联网技术在电子商务中的深入应用，实力雄厚的电商平台往往拥有专业的信息技术部门负责优惠券策略设计或外包，因此网络优惠券比传统优惠券在纸张成本、人工成本等方面更低。此外，日益激烈的市场竞争迫使电商平台降低推荐优惠券策略的实施成本。因此，本章的模型假设与 Wan 等（2020）的研究一致，假设电商平台实施优惠券策略的成本为零。

通过在不同时期使用网络优惠券，消费者可以以折扣价格而不是产品原价购买产品。在不同的网络优惠券设计下，制定合理的优惠券折扣价格将有助于提高平台的销售业绩。此外，Aviv 等（2019）发现一些消费者的策略性行为，他们能够意识到一些产品可能会在销售季末期出现价格折扣。一个典型的例子是航空业，超过 50%的乘客会等到航班起飞前再以更低的价格购买特价机票。

策略型消费者的存在为电商平台关于网络优惠券的推荐时间带来了新的挑战。以往研究假设消费者会立即使用网络优惠券购买产品（Jiang et al.，2018），将其定义为短视型消费者的购买行为。然而，随着消费者对网购产品信息的搜寻越来越容易，消费者的策略型等待行为出现。这种等待网络优惠券折扣而不是立即购买产品的现象将严重影响电商平台的盈利能力。也就是说，当消费者产生策略型等待行为，而平台未能及时调整网络优惠券策略时，就有可能造成市场客源的流失。反之，如果平台提前针对策略型消费者，设计合理有效的网络优惠券策略，则可以缓解策略型等待行为对利润的影响。此外，每种网络优惠券策略对消费者和电商平台都有各自的优势与劣势。基于此，平台需要选择最优的优惠券折扣定价与推荐策略来拓展市场，以应对策略型与短视型消费者的不同行为。这样的策略选择对电商平台的实际运营具有重要和现实意义，而且目前尚缺乏关于这种策略选择的相关研究。

以电商平台的网络优惠券策略为研究对象，考虑策略型消费者延迟购买行为，将平台网络优惠券推荐策略分为两个兑换期。具体来说，考虑短视型与策略型消费者的行为差异，电商平台如何选择优惠券推荐策略，以及不同的优惠券推荐策略如何影响平台的最优折扣定价是本章首要研究的问题。在平台不同的网络优惠券推荐策略下，策略型消费者延迟购买产品有何动机，同时推荐两张可以在两个阶段使用的优惠券是否优于推荐一张只能在一个阶段使用的优惠券是本章要解决的研究问题之一。此外，市场中策略型消费者的占比如何影响平台最优的优惠券折扣定价也是本章关注的研究问题。

为了研究上述问题，构建两阶段博弈模型分析考虑策略型消费者的电商平台优惠券折扣定价与推荐策略。基于此，放松传统模型中第二阶段降价的假设，探究策略型消费者的购买动机。但根据实际情况，假设第二阶段的优惠券折扣高于第一阶段。考虑三种不同的网络优惠券推荐策略。第一种是即时策略，即平台在第一阶段推荐一张短期优惠券，消费者只能在第一阶段兑换优惠券；第二种是跨期策略，平台在第一阶段推荐一张长期优惠券，消费者只能在第二阶段兑换优惠券；第三种是混合策略，平台在第一阶段推荐两张优惠券，包括一张短期优惠券和一张长期优惠券，消费者可以在每个阶段兑换一张优惠券。电商平台首先决策每个阶段的优惠券折扣价格，以实现其利润最大化。然后，消费者策略性地选择即时购买、跨期购买抑或混合购买，以实现其效用最大化。通过逆向归纳法求解博弈模型的均衡解，并将均衡结果进行比较，得到平台的最优策略选择。此外，通过分析三种策略下的均衡解，得出了平台的最优折扣定价方案，并提出了一些具有现实意义的相关管理启示。

结果发现，策略型消费者的存在会迫使平台在这两个阶段降低产品价格。随着策略型消费者占比的增加，无论平台采用哪种优惠券推荐策略，这两个阶段的产品价格都会下降。这是因为当策略型消费者占比增加时，平台需要承担策略型消费者延迟购物的损失风险。相应地，短视型消费者占比的下降进一步限制了平台的销售，导致降价成为平台的最佳选择。这与电商平台的现实运营过程是一致的，例如，服装零售商 Gap 及其相关品牌，如 Banana Republic 和 Old Navy，定期向消费者提供 40%的折扣（Adida and Özer，2019），当消费者了解到这一信息时，市场中策略型消费者占比将会增加。对于这些零售商来说，为了确保其业绩会在定期的销售活动之前降价，以吸引消费者购买产品。

结果还表明，电商平台的最优网络优惠券推荐策略与消费者耐心程度密切相关，策略型消费者占比仅对跨期策略有重要的影响。当消费者耐心程度和策略型消费者占比均在合理范围内时，混合策略与跨期策略可以相互替代。如果第一阶段的优惠券折扣比较大，平台应优先考虑即时策略，跨期策略是次优选择。此外，策略型消费者等待购买产品的动机会因平台采用不同的优惠券推荐策略而有所不同，降价和优惠券折扣是策略型消费者愿意推迟购买的主要原因。

若电商平台每次推荐一张短期或长期的优惠券，跨期策略下第二阶段的售价总是高于即时策略下的售价。然而，两种策略下第一阶段销售价格的比较取决于平台在第一阶段的优惠券折扣。若平台在第一阶段同时推荐两张优惠券（一张短期优惠券和一张长期优惠券），当策略型消费者占比相对较小时，平台应在第二阶段降低销售价格。当策略型消费者占比较大时，平台应根据第一阶段的优惠券折扣调整销售价格。研究发现同时推荐两张优惠券并不总是比推荐一张优惠券更好，只有当消费者耐心程度较高时，平台才会选择推荐两张优惠券的混合策略来获得更多的利润。

本章综合现有的理论研究成果，考虑电商平台针对策略型消费者等待购买行为如何制定两阶段优惠券折扣定价与推荐策略。8.2 节针对研究问题，构建两阶段博弈模型。8.3 节讨论电商平台在实施不同优惠券推荐策略时的最优决策与消费者的购买行为，分析平台优惠券推荐策略与机理。8.4 节研究了平台的最优策略选择，并分析了一些相关参数对最优解的影响。8.5 节提供了研究问题的数值分析。8.6 节是本章小结。

8.2　问　题　建　模

考虑消费者兑换网络优惠券的时间期限分为两个阶段。根据实际运营情况，电商平台在第二阶段向消费者推荐的优惠券折扣高于第一阶段。消费者与电商平台构成博弈的双方，其中电商平台通过网络优惠券决策两个阶段的销售价格，而消费者决定是在第一阶段还是第二阶段购买产品。博弈顺序为：作为领导者的电商平台首先决策优惠券推荐策略，并制定两个阶段的销售价格；作为跟随者的消费者决定在第一阶段或第二阶段购买或不购买产品。

本节首先描述平台两阶段网络优惠券的设计，分析策略型消费者行为如何影响其购买决策。然后推导出均衡解，讨论平台的最优折扣定价和优惠券推荐策略选择。最后分析影响平台决策的因素，如推荐网络优惠券的折扣力度、策略型消费者占比以及消费者耐心程度。

8.2.1　平台网络优惠券设计问题

考虑一个由电商平台与消费者组成的两阶段博弈问题，其中电商平台向消费者推荐不同的网络优惠券；消费者是异质的，包括短视型消费者和策略型消费者，基于效用做出购买决定。网络优惠券分为短期优惠券和长期优惠券，被定义为在第一阶段向消费者推荐一张优惠券，消费者只能在指定的时间段（第一或第二阶段）内兑换，以此激励消费者购买产品。根据网络优惠券的不同使用属性，消费者在电商平台购买产品时，第一阶段的优惠券折扣为 α_1，第二阶段的优惠券折扣

为 α_2。在电商实际运营中，为了保证第二阶段的市场吸引力，平台往往会在第二阶段推荐相对第一阶段折扣更大的优惠券。因此假设 $\alpha_2 > \alpha_1$，这表明第二阶段的优惠券折扣力度大于第一阶段。不失一般性，进一步假设第一阶段的优惠券折扣为 $0 < \alpha < 1$，第二阶段的优惠券折扣归一化为 1。

在本章中，电商平台有三种网络优惠券推荐策略。第一种是即时策略（用上标 I 表示），即平台在第一阶段推荐一张短期优惠券，消费者只能在第一阶段兑换该优惠券。第二种是跨期策略（用上标 C 表示），即平台在第一阶段推荐一张长期优惠券，消费者只能在第二阶段兑换该优惠券。第三种是混合策略（用上标 H 表示），即平台在第一阶段推荐一张短期和一张长期两种优惠券，消费者在每个阶段可兑换一张优惠券。在营销过程中，平台在这两个阶段销售的是同质产品，所以产品的质量不发生变化。该平台的目标是在这两个阶段实现总利润最大化。此外，平台在网络销售过程中可以灵活地制定销售价格，而且运营成本几乎为零，因此决定产品线的不再仅仅是价格，本章研究放松了传统模型在第二阶段降价销售的假设。平台在推荐不同的网络优惠券时，决策两阶段最优的销售价格 p_t（$t=1,2$）以最大化其利润。

8.2.2　消费者购买决策问题

假设市场中潜在消费者的总需求是一个连续系统且测度为 1，其中包括策略型消费者（记为 S）和短视型消费者（记为 M）；策略型消费者的市场占比为 λ，短视型消费者的市场占比为 $1-\lambda$。为了最大化其效用，消费者必须决定是否以及何时从平台购买产品。不同之处在于，当消费者具有策略性时，他们会权衡当前阶段和下一阶段购买产品的效用，以决定是否等待购买。相比之下，短视型消费者会基于当前阶段的效用做出购买决策，也就是说，他们只需要考虑产品在当前阶段的价格和效用就可以决定是否购买该产品（Kremer et al.，2017；Wu and Huang，2018）。基于 Liang 等（2014）的研究情景，在第一阶段没有购买产品的消费者会进入第二阶段重新考虑是否购买该产品，然后离开市场。同时，假设消费者对产品的估值会随着时间的推移而降低，因此消费者愿意在第一阶段比第二阶段支付更高的价格来购买产品。关于产品估值随时间递减的假设在时尚、科技和季节性产品等销售中很常见（Wei and Zhang，2018）。

基于以上问题描述，第二阶段的产品价值减少 $1-\beta$ 比例，其中 $0 < \beta < 1$，这里 β 表示消费者耐心程度，这是衡量消费者随时间推移在第二阶段购买产品意愿的指标（Papanastasiou and Savva，2017）。在特殊情况下，$\beta=0$ 表示消费者不愿意在第二阶段购买产品，$\beta=1$ 表示消费者在两个阶段对产品的购买意愿不会随着时间的推移而下降。Pashardes（1986）已经证明短视型消费者与策略型消费者的效用

在某些条件下是相等的。基于 Pashardes（1986）和 Parlaktürk（2012）的研究工作，本章扩展了经典的消费者效用模型。当两种类型的消费者在 t 阶段（$t=1,2$）以折扣价格 p_t 使用网络优惠券购买产品时，三种推荐策略下效用分别为 $u_{ti}^{\mathrm{I}}=\beta^{t-1}\theta-p_t^{\mathrm{I}}+(2-t)\alpha$，$u_{ti}^{\mathrm{C}}=\beta^{t-1}\theta-p_t^{\mathrm{C}}+(t-1)\alpha^{2-t}$ 以及 $u_{ti}^{\mathrm{H}}=\beta^{t-1}\theta-p_t^{\mathrm{H}}+\alpha^{2-t}$（$i=\mathrm{S,M}$；$t=1,2$），其中消费者对产品的购买意愿 θ 服从区间 $[0,1]$ 上的均匀分布，α^{2-t} 为优惠券在 t 阶段（$t=1,2$）的折扣力度。

在两个阶段，两类消费者的购买行为及电商平台的决策总结如下：在第一阶段，策略型消费者决定是购买该产品还是选择到第二阶段再购买，短视型消费者则在折扣价格低于产品估值时立即购买该产品。在第二阶段，由于仅考虑两阶段销售过程，两种类型消费者只决定是否购买产品。因此，通过求解子博弈纳什均衡分析电商平台与消费者之间的博弈过程，其中平台首先决策两个阶段最优的优惠券折扣价格，消费者在对下一阶段价格的理性预期下做出最优购买决策。

8.3　平台优惠券推荐策略与机理

本节主要讨论电商平台的优惠券推荐策略与消费者的购买决策，并分析平台的优惠券推荐机理。具体来说，考虑三种优惠券推荐策略。通过逆向归纳法，首先分析消费者如何基于其效用决策购买行为，此后求解平台在第二阶段的最优定价，在此基础上，推导平台在第一阶段的最优定价。表 8.1 给出了即时、跨期和混合策略下电商平台的最优价格和利润。通过刻画市场均衡的结构，分析平台优惠券的推荐机理。

8.3.1　即时策略

在此策略下，电商平台在第一阶段推荐一张短期优惠券，消费者只能在当前阶段使用，事件的决策顺序如图 8.1 所示。平台首先在预知第二阶段期望价格的前提下，决策第一阶段销售价格 p_1^{I} 来最大化总利润。其次，平台决策第二阶段销售价格 p_2^{I} 来最大化其利润。最后，消费者在不同阶段基于预期销售价格做出购买决策。

第一阶段策略型消费者与短视型消费者的效用为 $u_{1i}^{\mathrm{I}}=\theta-p_1^{\mathrm{I}}+\alpha$，$i=\mathrm{S,M}$。第二阶段的效用为 $u_{2i}^{\mathrm{I}}=\beta\theta-p_2^{\mathrm{I}}$，$i=\mathrm{S,M}$。如果当前阶段效用大于第二阶段效用，即 $u_{1\mathrm{S}}^{\mathrm{I}}>\max\{u_{2\mathrm{S}}^{\mathrm{I}},0\}$，那么策略型消费者将在第一阶段购买产品；否则，策略型消费者将等待下一阶段购买产品。然而，当满足 $u_{1\mathrm{M}}^{\mathrm{I}}>0$ 时，短视型消费者立即购买该产品。在第二阶段中，两种类型的消费者均基于效用 $u_{2i}^{\mathrm{I}}>0$ 做出购买决策，$i=\mathrm{S,M}$。因此，进一步得到即时策略下消费者市场细分，如图 8.2 所示。

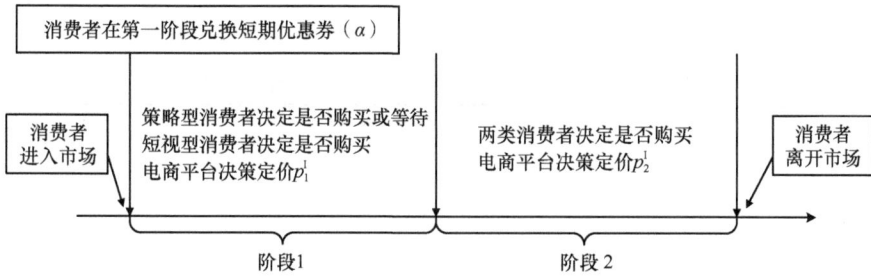

图 8.1　即时策略下事件的决策顺序

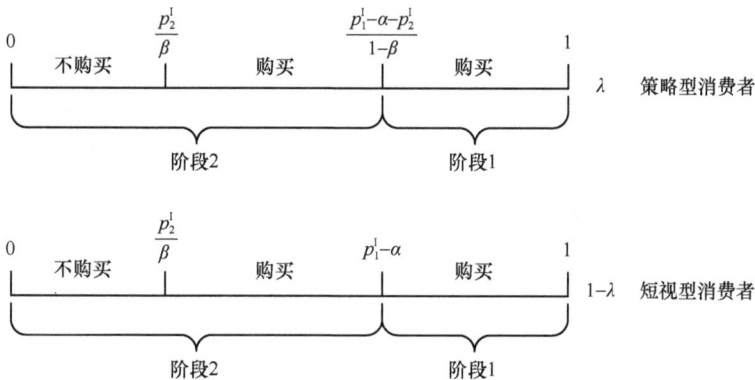

图 8.2　即时策略下消费者市场细分

命题 8.1　在即时策略下，电商平台将在第二阶段降低产品售价，以满足策略型消费者延迟购买产品的动机。

确保存在第二阶段购买产品的策略型消费者，消费者市场需满足条件 $p_2^{\mathrm{I}}/\beta < (p_1^{\mathrm{I}}-\alpha-P_2^{\mathrm{I}})/(1-\beta)$，即 $p_2^{\mathrm{I}}/(p_1^{\mathrm{I}}-\alpha)<\beta<1$。进一步可得 $p_2^{\mathrm{I}}<p_1^{\mathrm{I}}-\alpha$，这是第二阶段策略型消费者存在的前提条件。结果表明在第二阶段，电商平台只能通过降价来吸引策略型消费者购买产品。换句话说，策略型消费者等待到第二阶段购买的动机是销售价格的降低。这一结论可以从淘宝、京东等多家网络电商平台的营销策略案例中得到验证。

电商平台在第二阶段的利润与总利润为

$$\pi_2^{\mathrm{I}}(p_2^{\mathrm{I}}) = \left(\lambda \left(\frac{p_1^{\mathrm{I}}-\alpha-p_2^{\mathrm{I}}}{1-\beta} - \frac{p_2^{\mathrm{I}}}{\beta} \right) + (1-\lambda)\left(p_1^{\mathrm{I}}-\alpha-\frac{p_2^{\mathrm{I}}}{\beta} \right) \right) p_2^{\mathrm{I}}$$

$$\pi^{\mathrm{I}}(p_1^{\mathrm{I}}, p_2^{\mathrm{I}*}) = \left(\lambda \left(1-\frac{p_1^{\mathrm{I}}-\alpha-p_2^{\mathrm{I}}}{1-\beta} \right) + (1-\lambda)(1-p_1^{\mathrm{I}}+\alpha) \right) p_1^{\mathrm{I}} + \pi_2^{\mathrm{I}*}\left(p_2^{\mathrm{I}*} \right)$$

通过利用逆向归纳法求解均衡，平台的决策是第一阶段和第二阶段的最优销售价格，目标是实现利润最大化。

即时、跨期和混合策略下的最优销售价格和利润如表 8.1 所示。

表 8.1　即时、跨期和混合策略下的最优销售价格和利润

策略	最优销售价格和利润
即时	$p_1^{I*} = (1-\beta)(\alpha\beta\lambda - \alpha\beta + 2\alpha + 2)/\left(4 + (1-\lambda)\beta^2 + \beta(2\lambda - 5)\right)$ $p_2^{I*} = \alpha\beta/2 - \beta p_1^{I*}/2$ $\pi^{I*} = \left(4(1+\alpha)^2 + A\right)/4(1-\beta)\left(4 + (1-\lambda)\beta^2 + \beta(2\lambda - 5)\right)$
跨期	$p_1^{C*} = (3-\lambda)(1-\beta)/\left(4 + (1-\lambda)\beta^2 + \beta(2\lambda - 5)\right)$ $p_2^{C*} = 1/2 + \beta p_1^{C*}/2$ $\pi^{C*} = \left(4(2-\lambda)\beta^3 - 4(3-\lambda)\beta^2 + \beta\lambda^2 + 4\right)/4\beta(1-\beta)\left(4 + (1-\lambda)\beta^2 + \beta(2\lambda - 5)\right)$
混合	$p_1^{H*} = (1+2\alpha)/4 + (3 - 2\beta^2 - 2\lambda)/4(\lambda\beta - 2\beta + 2)$ $p_2^{H*} = (1-\alpha\beta)/2 + \beta p_1^{H*}/2$ $\pi^{H*} = \left(16 + 4\beta^5 + ((4-8\alpha)\lambda + 12 - 16\alpha)\beta^4 + B\beta^3 + E\beta^2 + D\beta\right)/32\beta(1-\beta)(2 - (2-\lambda)\beta)$

注：$A = 4\alpha(\lambda-1)\beta^3 + \left(4 + (2-\lambda)^2\alpha^2 + (16-8\lambda)\alpha\right)\beta^2 + 4\left((\lambda - 2)\alpha^2 + (\lambda - 5)\alpha - 2\right)\beta$
$B = (1-2\alpha)^2\lambda^2 - (16\alpha^2 + 12\alpha - 2)\lambda + 16\alpha^2 + 56\alpha + 11$
$E = (4-8\alpha)\lambda^2 + (16\alpha^2 + 20\alpha - 2)\lambda - 32\alpha^2 - 64\alpha - 14$
$D = 4\lambda^2 + (4 - 16\alpha)\lambda + 16\alpha^2 + 24\alpha - 7$

8.3.2　跨期策略

在该策略下，电商平台在第一阶段推荐一张长期优惠券，但消费者只能在第二阶段使用该优惠券，事件的决策顺序如图 8.3 所示。平台首先在预知第二阶段期望价格的前提下，决策第一阶段的销售价格 p_1^C 以最大化总利润。然后，平台决定第二阶段的销售价格 p_2^C 以最大化其利润。最后，消费者在不同阶段根据期望销售价格做出购买决策。

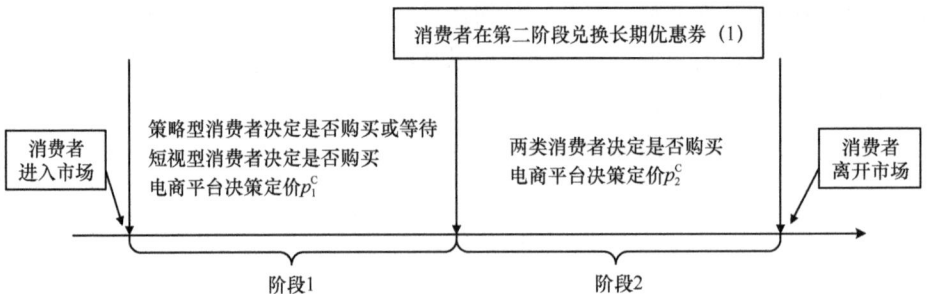

图 8.3　跨期策略下事件的决策顺序

策略型消费者和短视型消费者在第一阶段的效用为 $u_{1i}^C = \theta - p_1^C$，$i = S, M$。在第二阶段的效用为 $u_{2i}^C = \beta\theta - p_2^C + 1$，$i = S, M$。若当前阶段效用大于第二阶段效用 $u_{1S}^C > \max\{u_{2S}^C, 0\}$，则策略型消费者将在第一阶段购买产品；否则，策略型消费者将等待到下一阶段再购买。然而,短视型消费者只要满足 $u_{1M}^C>0$ 就会购买产品。在第二阶段,消费者根据效用 $u_{2i}^C>0$ 做出购买决策, $i=\mathrm{S,M}$。进一步得到跨期策略下消费者市场细分,如图 8.4 所示。

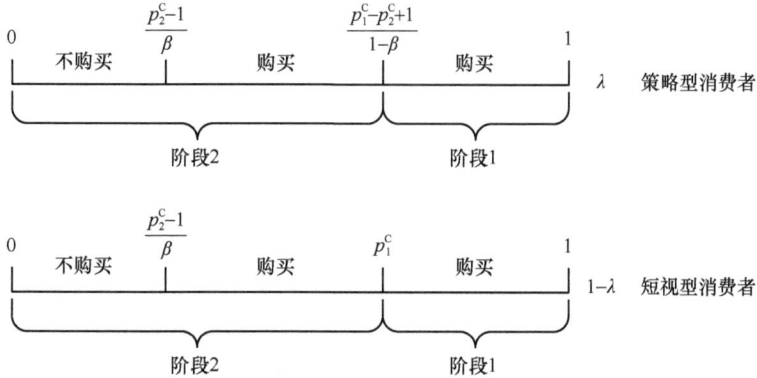

图 8.4　跨期策略下消费者市场细分

命题 8.2　在跨期策略下,电商平台在第二阶段将推荐更高折扣的网络优惠券,以激励策略型消费者等待第二阶段购买产品。

如果策略型消费者等待至第二阶段购买产品,则满足条件 $\left(p_2^C-1\right)\big/\beta<\left(p_1^C-p_2^C+1\right)\big/\left(1-\beta\right)$,整理可得 $\left(p_2^C-1\right)\big/p_1^C<\beta<1$,因此可得 $p_2^C-p_1^C<1$。也就是说,第二阶段的销售价格是不确定的,但这两个阶段的价格变化始终小于第二阶段平台的优惠券折扣。因此,策略型消费者选择在第二阶段购买产品的动机不再是销售价格的变化,而是平台在第二阶段推荐更高折扣的优惠券。

同样,可得平台在第二阶段的利润和总利润分别为

$$\pi_2^C(p_2^C)=\left[\lambda\left(\frac{p_1^C-p_2^C+1}{1-\beta}-\frac{p_2^C-1}{\beta}\right)+(1-\lambda)\left(p_1^C-\frac{p_2^C-1}{\beta}\right)\right]p_2^C$$

$$\pi^C(p_1^C,p_2^{C*})=\left[\lambda\left(1-\frac{p_1^C-p_2^C+1}{1-\beta}\right)+(1-\lambda)(1-p_1^C)\right]p_1^C+\pi_2^{C*}\left(p_2^{C*}\right)$$

通过利用逆向归纳法,求解得到博弈模型的均衡解。

8.3.3　混合策略

在混合策略下,电商平台在第一阶段同时推荐一张短期优惠券和一张长期优惠券,策略型消费者和短视型消费者可以在每个阶段兑换一张特定的优惠券,事件的决策顺序如图 8.5 所示。平台首先在预知第二阶段期望价格的前提下,决策第一阶段的销售价格 p_1^H 最大化总利润。然后,平台决定第二阶段的销售价格 p_2^H 以最大化

第二阶段的利润。最后，消费者在不同阶段根据期望销售价格做出购买决策。

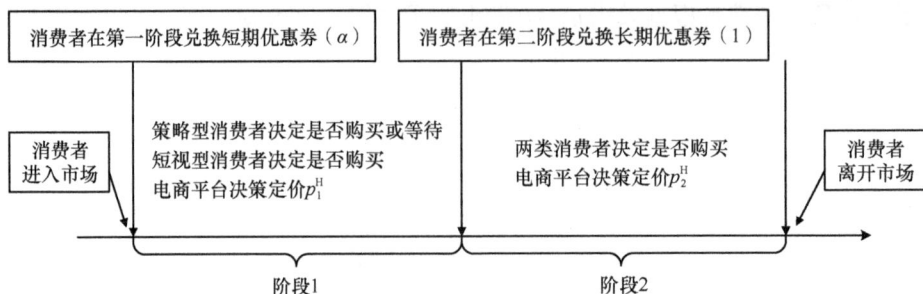

图 8.5　混合策略下事件的决策顺序

第一阶段策略型消费者和短视型消费者的效用为 $u_{1i}^{H} = \theta - p_1^{H} + \alpha$，$i = \mathrm{S, M}$。第二阶段效用为 $u_{2i}^{H} = \beta\theta - p_2^{H} + 1$，$i = \mathrm{S, M}$。若当前阶段效用大于第二阶段效用 $u_{1S}^{H} > \max\{u_{2S}^{H}, 0\}$，则策略型消费者将在第一阶段购买产品；否则，策略型消费者将等待下一阶段购买。然而，当 $u_{1M}^{H} > 0$ 时，短视型消费者购买产品。在第二阶段，只要满足 $u_{2i}^{H} > 0$，两类消费者就会购买产品。因此进一步可得混合策略下消费者市场细分，如图 8.6 所示。

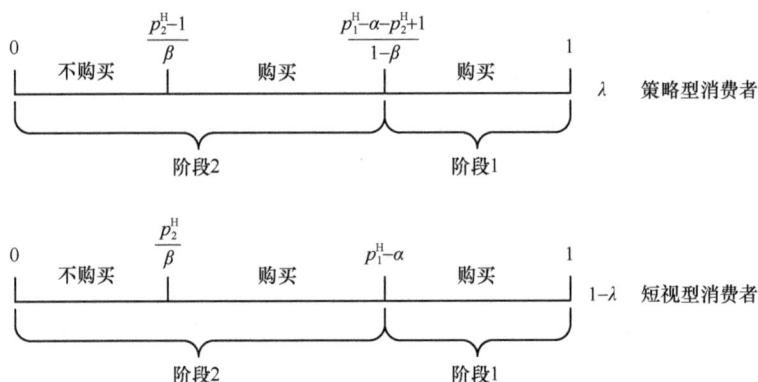

图 8.6　混合策略下消费者市场细分

命题 8.3　在混合策略下，策略型消费者将选择等待至第二阶段购买产品，这是因为电商平台通过推荐优惠券向消费者提供了较低支付费用的购买选择。

根据第二阶段策略型消费者的存在条件，可得 $\left(p_2^{H} - 1\right)\big/\beta < \left(p_1^{H} - \alpha - p_2^{H} + 1\right)\big/(1 - \beta)$，即 $\left(p_2^{H} - 1\right)\big/\left(p_1^{H} - \alpha\right) < \beta < 1$，进一步可得 $\Delta p_2^{H} = p_2^{H} - 1 < \Delta p_1^{H} = p_1^{H} - \alpha$，其中 Δp_i^{H} $(i = 1, 2)$ 表示策略型消费者在第一阶段和第二阶段的实际支付费用。无论这两个阶段的销售价格如何变化，策略型消费者等待购买产品的动机只取决于他们为产品支付的实际费用。

注：若 $\alpha > 1 - \theta + \beta\theta + p_1 - p_2$，消费者选择在第一阶段使用短期优惠券。这表

明当优惠券在第一阶段提供的折扣力度较大时，平台将获得先发优势。对消费者而言，较大的折扣意味着较少的支付，这促使策略型消费者在第一阶段购买产品。

进一步，混合策略下电商平台在第二阶段的利润和总利润为

$$\pi_2^{\mathrm{H}}\left(p_2^{\mathrm{H}}\right)=\left[\lambda\left(\frac{p_1^{\mathrm{H}}-\alpha-p_2^{\mathrm{H}}+1}{1-\beta}-\frac{p_2^{\mathrm{H}}-1}{\beta}\right)+\left(1-\lambda\right)\left(p_1^{\mathrm{H}}-\alpha-\frac{p_2^{\mathrm{H}}-1}{\beta}\right)\right]p_2^{\mathrm{H}}$$

$$\pi^{\mathrm{H}}\left(p_1^{\mathrm{H}},p_2^{\mathrm{H*}}\right)=\left[\lambda\left(1-\frac{p_1^{\mathrm{H}}-\alpha-p_2^{\mathrm{H}}+1}{1-\beta}\right)\left(p_2^{\mathrm{H*}}\right)+\left(1-\lambda\right)\left(1-p_1^{\mathrm{H}}+\alpha\right)\right]p_1^{\mathrm{H}}+\pi_2^{\mathrm{H*}}$$

显然，利用逆向归纳法求解博弈模型的均衡解，可得第一阶段和第二阶段的最优销售价格。

8.4　推荐策略分析

本节主要研究电商平台在两个阶段的推荐策略，并比较即时、跨期和混合策略下的最优利润来刻画消费者的决策和平台的优惠券推荐策略选择。由于平台同时推荐两张优惠券的利润函数较为复杂，首先比较了平台在第一阶段仅推荐一张优惠券时（即时策略和跨期策略）的最优策略。然后，通过数值分析了较复杂的混合策略。命题 8.4 和命题 8.5 提出了当平台在第一阶段推荐单张优惠券时的最优策略。

命题 8.4　电商平台关于单张优惠券推荐的策略选择取决于优惠券的折扣，即若 $\alpha_1 6\alpha<1$，则即时策略优于跨期策略；否则，跨期策略优于即时策略。

证明　基于即时策略和跨期策略下平台的最优利润，由 $\pi^{\mathrm{I*}}-\pi^{\mathrm{C*}}=0$ 可得 $\alpha=\alpha_1$。令

$$f\left(\alpha\right)=\pi^{\mathrm{I*}}-\pi^{\mathrm{C*}}=\frac{\left(\left(\lambda-2\right)\beta+2\right)^2\alpha^2+\left(4\left(\lambda-1\right)\beta^3+8\left(2-\lambda\right)\beta^2+4\left(\lambda-5\right)\beta+8\right)\alpha}{4\left(1-\beta\right)\left(4+\left(1-\lambda\right)\beta^2+\left(2\lambda-5\right)\beta\right)}$$

由于 $\partial^2 f\left(\alpha\right)/\partial\alpha^2=\left(\left(\lambda-2\right)\beta+2\right)^2>0$，函数 $f\left(\alpha\right)$ 是一个凸函数。可得

$$f\left(0\right)=\frac{4\left(\beta-1\right)\left(1-\beta+\lambda\beta\right)-\beta\lambda^2}{4\beta\left(1-\beta\right)\left(4+\left(1-\lambda\right)\beta^2+\left(2\lambda-5\right)\beta\right)}$$

其中 $0<\beta<1$，$0<\lambda<1$，$4\left(\beta-1\right)\left(1-\beta+\lambda\beta\right)-\beta\lambda^2<0$，$4\left(\beta-1\right)\left(4+\left(1-\lambda\right)\beta^2+\left(2\lambda-5\right)\beta\right)>0$，因此 $f\left(0\right)<0$。类似地，令

$$f\left(1\right)=\frac{\left(\left(\lambda-2\right)\beta+2\right)^2+\left(4\left(\lambda-1\right)\beta^3+8\left(2-\lambda\right)\beta^2+4\left(\lambda-5\right)\beta+8\right)}{4\left(1-\beta\right)\left(4+\left(1-\lambda\right)\beta^2+\left(2\lambda-5\right)\beta\right)}$$

$$+\frac{4(\beta-1)(1-\beta+\lambda\beta)-\beta\lambda^2}{4\beta(1-\beta)\big(4+(1-\lambda)\beta^2+(2\lambda-5)\beta\big)}$$

可得

$$f(1)=\frac{4\big(\beta(1-\lambda)(4-\beta^3+4\lambda)+1\big)+(6-\lambda)(4-2\beta+\lambda\beta)\beta^2}{4\beta(1-\beta)\big(4+(1-\lambda)\beta^2+(2\lambda-5)\beta\big)}$$

其中 $0<\beta<1$，$0<\lambda<1$，$4\big(\beta(1-\lambda)(4-\beta^3+4\lambda)+1\big)>0$，$(6-\lambda)(4-2\beta+\lambda\beta)\beta^2$ >0，$4\beta(1-\beta)\big(4+(1-\lambda)\beta^2+(2\lambda-5)\beta\big)>0$，因此 $f(1)>0$。根据连续函数零点存在定理，$f(0)\cdot f(1)<0$，存在 $0<\alpha_1<1$ 使得 $f(\alpha_1)=0$。易得如果 $\alpha_1\leqslant\alpha<1$，$\pi^{\mathrm{I}*}>\pi^{\mathrm{C}*}$；否则，$\pi^{\mathrm{I}*}<\pi^{\mathrm{C}*}$。命题得证。

第一阶段的优惠券折扣表示为 α，该参数是外生的且由电商平台确定。命题8.4 表明当第一阶段的优惠券折扣足够高时，通过即时策略推荐一张优惠券将对电商平台有利，这是很直观的结论。然而，如果第一阶段的优惠券折扣足够低，电商平台的最优选择是跨期策略。

根据命题 8.1 可知，若平台采取即时策略，第二阶段的销售价格会降低，优惠券折扣对策略型消费者的影响较小。因此优惠券主要影响短视型消费者的购买行为。当第一阶段优惠券折扣 α 增加时，短视型消费者会被折扣力度较大的优惠券所吸引并购买产品，从而使平台在第一阶段的销售额增加。在第二阶段，由于销售价格下降的价格优势，策略型消费者和短视型消费者都能够在第二阶段继续购买产品，从而保持最优的市场需求。总之，平台的总利润将会增加。在跨期策略下，命题 8.2 表明策略型消费者等待购买产品的动机是第二阶段的优惠券折扣，因为第二阶段的优惠券折扣总是高于第一阶段。同时，在跨期策略下，平台的最优总利润不会随优惠券折扣的增加而变化，这对平台的目标消费者选择有着重要的管理启示，即第一阶段的目标消费者群体是短视型消费者，第二阶段的目标消费者群体是整个消费市场。

命题 8.5　对于愿意在第一阶段购买产品的消费者来说，无论第一阶段的优惠券折扣力度如何，即时策略总是优于跨期策略。对于愿意在第二阶段购买产品的消费者来说，当 $\alpha_2\leqslant\alpha<1$ 时，跨期策略比即时策略更有利。

证明　基于表 8.1 中即时策略和跨期策略下第一阶段的最优销售价格，可得

$$u_{1i}^{\mathrm{I}}-u_{1i}^{\mathrm{C}}=p_1^{\mathrm{C}*}-p_1^{\mathrm{I}*}+\alpha=\frac{(3-\lambda)(1-\beta)-(1-\beta)(\alpha\beta\lambda-\alpha\beta+2\alpha+2)}{4+(1-\lambda)\beta^2+\beta(2\lambda-5)}+\alpha$$

整理得到

$$u_{1i}^{\mathrm{I}}-u_{1i}^{\mathrm{C}}=\frac{(1-\lambda)(1-\beta)+(2-2\beta+\beta\lambda)\alpha}{4+(1-\lambda)\beta^2+\beta(2\lambda-5)}$$

其中 $0<\beta<1$，$0<\lambda<1$，因此 $u_{1i}^{\mathrm{I}}>u_{1i}^{\mathrm{C}}$。类似地，令

$$u_{2i}^{\mathrm{I}} - u_{2i}^{\mathrm{C}} = p_2^{\mathrm{C*}} - p_2^{\mathrm{I*}} - 1 = \frac{\beta\left(p_1^{\mathrm{C*}} + p_1^{\mathrm{I*}}\right) - 1 - \alpha\beta}{2} > 0$$

可得

$$\alpha < \frac{10\beta + 2\lambda\beta^2 - 6\beta^2 - 3\lambda\beta - 4}{\beta(2 - 2\beta + \lambda\beta)} = \alpha_2 = 1 - \frac{4(1-\beta)^2 + \lambda\beta(3-\beta)}{\beta(2 - 2\beta + \lambda\beta)}$$

因此，当 $\alpha_2 \leqslant \alpha < 1$ 时，$u_{2i}^{\mathrm{I}} < u_{2i}^{\mathrm{C}}$；当 $0 < \alpha < \alpha_2$ 时，$u_{2i}^{\mathrm{I}} > u_{2i}^{\mathrm{C}}$。命题得证。

命题 8.5 给出了当平台提供单一优惠券时，第一阶段的优惠券折扣力度对消费者购买决策的影响。结果表明，电商平台通过分析消费者的购物行为偏好，可以采用更准确的网络优惠券推荐策略。同时，平台可以增加网络优惠券折扣活动来满足不同阶段消费者的购物需求。

命题 8.4 和命题 8.5 提出了电商平台推荐单一网络优惠券的最优策略选择及其相关条件。此外，以下命题将解释何种优惠券推荐策略可能导致更高的销售价格。

命题 8.6　即时策略和跨期策略下最优销售价格满足以下结论。

（1）第一阶段销售价格：若 $(1-\lambda)/(2 - \beta + \beta\lambda)6\alpha < 1$，则 $p_1^{\mathrm{I*}} > p_1^{\mathrm{C*}}$；否则，$p_1^{\mathrm{I*}} < p_1^{\mathrm{C*}}$。

（2）第二阶段销售价格：$p_2^{\mathrm{I*}} \leqslant p_2^{\mathrm{C*}}$。

证明　由 $p_1^{\mathrm{I*}} - p_1^{\mathrm{C*}} > 0$ 可得 $\alpha > (1-\lambda)/(2 - \beta + \beta\lambda)$；类似地，由 $p_2^{\mathrm{I*}} - p_2^{\mathrm{C*}} > 0$ 可得 $\alpha > \left(4 - 4\beta^2 + \beta\lambda\right)/\beta(2 - 2\beta + \beta\lambda)$，而 $\left(4 - 4\beta^2 + \beta\lambda\right) - \beta(2 - 2\beta + \beta\lambda) > 0$，因此当 $0 < \alpha < 1$ 时，得到 $p_2^{\mathrm{I*}} - p_2^{\mathrm{C*}} \leqslant 0$。命题得证。

命题 8.6（1）提出了在平台推荐单一网络优惠券条件下的定价方案。如果第一阶段的优惠券折扣力度大于一定的阈值，即时策略下第一阶段的最优销售价格高于跨期策略下的最优销售价格；否则，跨期策略下第一阶段的最优销售价格更高。从直观上看，即时策略与跨期策略相比，平台在优惠券折扣力度方面没有优势，这意味着当第一阶段的优惠券折扣力度相对较大时，即时策略下应该在第一阶段制定较高的销售价格。如果第一阶段的优惠券折扣力度相对较低，那么在即时策略下，电商平台会降低第一阶段的销售价格，以尽可能多地占据市场份额。

与即时策略相比，跨期策略在优惠券折扣力度方面始终占据优势，这使得平台在采取跨期策略时，第二阶段销售价格的制定将更加灵活。命题 8.6（2）表明即时策略下第二阶段的最优销售价格总是低于跨期策略下第二阶段的最优销售价格。这意味着电商平台在第一阶段的优惠券折扣力度对两种推荐策略的第二阶段最优销售价格没有影响，这一结果与现实中平台在第二阶段提高销售价格后经常会推荐更大折扣力度的优惠券一致。

考虑电商平台在第一阶段推荐两张优惠券，消费者可以在每个阶段兑换一张

优惠券。命题 8.7 将分析在混合策略下如何制定两个阶段的销售价格。

命题 8.7　在混合策略下，当 $\lambda_1 = \left(2\beta^3 - \beta^2 - 3\beta + 2\right)\big/\left(4 + \beta^2\right) \leqslant \lambda < 1$ 时，若 $0 < \alpha \leqslant \alpha_2 = \left(-2\beta^3 + (\lambda+1)\beta^2 + 3\beta + 4\lambda - 2\right)\big/2(\beta\lambda - 2\beta + 2)(2 + \beta)$，则 $p_1^{H*} > p_2^{H*}$；若 $\left(-2\beta^3 + (\lambda+1)\beta^2 + 3\beta + 4\lambda - 2\right)\big/2(\beta\lambda - 2\beta + 2)(2 + \beta) \leqslant \alpha < 1$，则 $p_1^{H*} > p_2^{H*}$。当 $0 < \lambda \leqslant \left(2\beta^3 - \beta^2 - 3\beta + 2\right)\big/\left(4 + \beta^2\right)$ 时，$p_1^{H*} > p_2^{H*}$。

证明　由 $p_2^{H*} - p_1^{H*} > 0$ 可得

$$\alpha \leqslant \frac{-2\beta^3 + (1+\lambda)\beta^2 + 3\beta + 4\lambda - 2}{2(2+\beta)(2 - 2\beta + \beta\lambda)}$$

易知 $2(2+\beta)(2 - 2\beta + \beta\lambda) > 0$，设 $-2\beta^3 + (1+\lambda)\beta^2 + 3\beta + 4\lambda - 2 > 0$ 可得 $\lambda > \left(2\beta^3 - \beta^2 - 3\beta - 2\right)\big/\left(4 + \beta^2\right)$，由 $0 < \alpha < 1$ 可得证。类似地，当 $\lambda < \left(2\beta^3 - \beta^2 - 3\beta + 2\right)\big/\left(4 + \beta^2\right)$ 时，$p_2^{H*} - p_1^{H*} \leqslant 0$ 恒成立。命题得证。

策略型消费者的市场规模是电商平台在混合策略下定价的先决条件。命题 8.7 表明当策略型消费者占比相对较大时，第一阶段的不同优惠券折扣力度会导致第二阶段的销售价格上升或下降。有趣的是，相对较低的优惠券折扣力度使得平台在第二阶段提高销售价格。这说明如果第一阶段的优惠券折扣力度低于一定阈值，那么第二阶段的降价会让更多的策略型消费者选择等待至第二阶段购买产品。如果第一阶段的优惠券折扣力度相对较大，那么第二阶段的涨价会促使短视型消费者和策略型消费者在当前阶段购买产品。然而，当策略型消费者占比足够小时，平台在第二阶段降低产品销售价格。这是因为短视型消费者在市场中所占的比例较高，所以平台应利用短视型消费者缺乏长远眼光的特点，在第一阶段制定较高价格销售产品，采用较大的第二阶段优惠券折扣力度吸引策略型消费者等待至第二阶段购买，从而实现利润最大化的目标。

接下来探讨在考虑单张优惠券或两张优惠券时电商平台的推荐策略选择，如观察 8.1 和图 8.7 所示。不损失一般性，参数取值为 $\alpha = 0.5$，$\beta \in (0,1)$ 和 $\lambda \in [0,1]$。

观察 8.1　电商平台的最优推荐策略总结如下。

（1）当消费者耐心程度极低时，平台的最优推荐策略是即时策略。

（2）当消费者耐心程度适中且策略型消费者占比相对较高时，平台的最优推荐策略是跨期策略。

（3）当消费者耐心程度较高时，平台的最优推荐策略是混合策略。

观察 8.1 表明不同条件下电商平台不同的优惠券推荐策略方案。可以直观地看出，与跨期策略相比，平台在采用即时策略时，对市场中一部分策略型消费者的要求较低。这意味着如果市场中有很多策略型消费者，平台可以采用跨期策略获得比即时策略更多的利润。相比之下，短视型消费者更有可能在第一阶段兑换短期优惠券来购买产品。当消费者耐心程度极低时，即时策略是平台的最优推荐决策。当消费者耐心程度进一步增高时，消费者在第一阶段和第二阶段购买产品的效用逐渐趋于一致。同时，无论在第一阶段使用短期优惠券，还是在第二阶段使用长期优惠券，都无法使平台的收益最大化。因此，混合策略是平台最优的优惠券推荐策略。

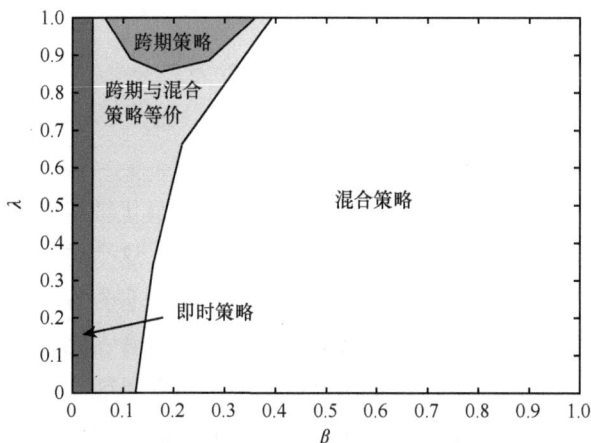

图 8.7　电商平台推荐策略的偏好

　　进一步，由图 8.7 中平台的推荐策略偏好可知，随着消费者耐心程度的增高，策略型消费者等待购买产品的可能性也会增加。无论跨期策略还是混合策略，短视型消费者对产品的时效性要求都降低了，第二阶段的优惠券折扣力度更大。在这种情况下，第二阶段的潜在消费者需求正在扩大，因此在一个合理的范围内，跨期策略与混合策略是等价的。

　　当电商平台推荐单张优惠券时，命题 8.8 进一步探讨销售价格关于参数 α 和 λ 的单调性。

　　命题 8.8　即时策略和跨期策略下销售价格关于 α 和 λ 的单调性刻画如下。

　　（1）随着 α 增加，p_1^{I*} 增加和 p_2^{I*} 减少，而 p_1^{C*} 和 p_2^{C*} 都没有变化。

　　（2）随着 λ 增加，p_1^{I*}，p_2^{I*}，p_1^{C*} 和 p_2^{C*} 均减少。

　　证明　基于即时策略和跨期策略下最优的销售价格，可知：

$$\frac{\partial p_1^{I*}}{\partial \alpha} = \frac{(1-\beta)(2-\beta+\beta\lambda)}{4+(1-\lambda)\beta^2+(2\lambda-5)\beta}$$

其中，$0<\beta<1$ 和 $0<\lambda<1$。由 $(1-\beta)(2-\beta+\beta\lambda)>0$ 和 $4+(1-\lambda)\beta^2+(2\lambda-5)\beta>0$，可得 $\partial p_1^{I*}/\partial \alpha>0$ 与 $\partial p_2^{I*}/\partial \alpha=\left(-\beta/2(1-\beta)\right)\left(\partial p_1^{I*}/\partial \alpha\right)<0$。类似地可得

$$\frac{\partial p_1^{I*}}{\partial \lambda} = \frac{-\beta(1-\beta)(4-2\beta+\alpha\beta)}{\left(4+(1-\lambda)\beta^2+(2\lambda-5)\beta\right)^2}$$

其中，$0<\beta<1$ 和 $0<\lambda<1$ 。由 $-\beta(1-\beta)(4-2\beta+\alpha\beta)<0$ 和 $\left(4+(1-\lambda)\beta^2+(2\lambda-5)\beta\right)^2>0$ ，可得 $\partial p_1^{I*}/\partial\lambda<0$ ，$\partial p_2^{I*}/\partial\lambda=(\beta/2)\left(\partial p_1^{I*}/\partial\lambda\right)<0$ ；$\partial p_1^{C*}/\partial\alpha=\partial p_2^{C*}/\partial\alpha=0$ 。同理：

$$\frac{\partial p_1^{C*}}{\partial\lambda}=\frac{(1-\beta)\left(2\beta^2-\beta-4\right)}{\left(4+(1-\lambda)\beta^2+(2\lambda-5)\beta\right)^2}$$

其中，$0<\beta<1$ 和 $0<\lambda<1$ 。由 $(1-\beta)\left(2\beta^2-\beta-4\right)=(1-\beta)\left(2\left(\beta^2-2\right)-\beta\right)<0$ ，$\left(4+(1-\lambda)\beta^2+(2\lambda-5)\beta\right)^2>0$ ，得 $\partial p_1^{C*}/\partial\lambda<0$ ，$\partial p_2^{C*}/\partial\lambda=(\beta/2)\left(\partial p_1^{C*}/\partial\lambda\right)<0$ 。命题得证。

命题 8.8（1）表明在即时策略下，第一阶段的最优销售价格随第一阶段优惠券折扣力度递增，而第二阶段的最优销售价格递减，这个结果是直观的。有趣的是，由命题 8.8（2）可知，无论平台采用何种单张优惠券策略，这两个阶段的销售价格都会随策略型消费者占比递减。当策略型消费者占比增加时，实际上平台不应该制定较高的销售价格，这是因为策略型消费者可能会在等待购买产品过程中流失。换句话说，平台追求的目标是在最短的时间内销售尽可能多的产品。

当电商平台在第一阶段推荐两张优惠券时，命题 8.9 分析了参数 α，λ 和 β 对最优销售价格的影响。

命题 8.9　混合策略下销售价格关于 α，λ 和 β 的单调性刻画如下。

（1）随着 α 增加，p_1^{H*} 增加，p_2^{H*} 减少。

（2）随着 λ 增加，p_1^{H*} 和 p_2^{H*} 都减少。

（3）当 $0<\lambda\leqslant\beta^2/2+7/4-\sqrt{4\beta^4-4\beta^2+64\beta+17}/4$ 时，p_1^{H*} 随 β 的增加而增加，否则 p_1^{H*} 随 β 的增加而减小；当 $\lambda^*\leqslant\lambda<1$ 且 $0<\alpha\leqslant\left((8-4\lambda)\beta^3+\left(\lambda^2-5\lambda-6\right)\beta^2+(4\lambda-12)\beta+10-4\lambda\right)/2(\beta\lambda-2\beta+2)^2$ 时，p_2^{H*} 随 β 递增，否则 p_2^{H*} 随 β 递减；当 $0<\lambda<\lambda^*$ 时，p_2^{H*} 总是随 β 递增，其中：

$$\lambda^*=\left(3\beta^2-4\beta^3-4\beta-4+\sqrt{16\beta^6+8\beta^5-15\beta^4+24\beta^3+32\beta+16}\right)/2\beta^2$$

证明　类似于命题 8.8 的证明，$\partial p_1^{H*}/\partial\alpha=1/2>0$ ，$\partial p_2^{H*}/\partial\alpha=-\beta/4<0$ ，$\partial p_1^{H*}/\partial\alpha=\left(-(1-\beta)\left(4+3\beta+2\beta^2\right)\right)/4(2+(\lambda-2)\beta)^2<0$ ，$\partial p_2^{H*}/\partial\lambda<0$ 。设

$$\frac{\partial p_1^{H*}}{\partial\beta}=\frac{2\lambda^2-\left(2\beta^2+7\right)\lambda+4\beta^2-8\beta+4}{4(2+(\lambda-2)\beta)}=0$$

此方程的分子大于 0，得 $\lambda<\beta^2/2+7/4-\sqrt{4\beta^4-4\beta^2+64\beta+17}/4<1$ ，从而有 $\partial p_1^{H*}/\partial\beta>0$ 。进一步，由 $\dfrac{\partial p_2^{H*}}{\partial\beta}>0$ 可得

$$\alpha < \frac{(8-4\lambda)\beta^3 + (\lambda^2 - 5\lambda - 6)\beta^2 + (4\lambda - 12)\beta - 4\lambda + 10}{2(2+(\lambda - 2)\beta)^2}$$

因为 $\alpha \in (0,1)$，令 $f(\lambda) = -\beta^2\lambda^2 + (-4\beta^3 + 3\beta^2 - 4\beta - 4)\lambda + 8\beta^3 - 14\beta^2 + 4\beta + 2 < 0$。
$f(\lambda)$ 是 λ 的凸函数，$f(0) = 8\beta^3 - 14\beta^2 + 4\beta + 2 > 0$，$f(1) = 4\beta^3 - 12\beta^2 - 2 < 0$，
因此有 $f(\lambda^*) = 0$ 和 $\lambda^* < \lambda < 1$，其中：

$$\lambda^* = \frac{3\beta^2 - 4\beta^3 - 4\beta - 4 + \sqrt{16\beta^6 + 8\beta^5 - 15\beta^4 + 24\beta^3 + 32\beta + 16}}{2\beta^2}$$

当 $\lambda^* < \lambda < 1$ 时，如果

$$\alpha < \frac{(8-4\lambda)\beta^3 + (\lambda^2 - 5\lambda - 6)\beta^2}{2(2+(\lambda - 2)\beta)^2} + \frac{(2\lambda - 6)\beta - 6\lambda + 5}{(2+(\lambda - 2)\beta)^2}$$

有 $\partial p_2^{\mathrm{H}*}/\partial\beta > 0$，否则，$\partial p_2^{\mathrm{H}*}/\partial\beta < 0$；当 $0 < \lambda < \lambda^*$ 时，$\partial p_2^{\mathrm{H}*}/\partial\beta > 0$。命题得证。

命题 8.9（1）表明混合策略下两个阶段销售价格的单调性与即时策略下相同。这意味着，如果电商平台在第一阶段向消费者推荐两张优惠券，第一阶段的销售价格会上升，而第二阶段的销售价格则会下降，可以通过现实电商平台的"饥饿营销"策略解释这一结论。例如，在销售阶段开始时，京东平台 iPhone 旗舰店向消费者推荐优惠券，并制定更高的价格销售新一代 iPhone，从而在市场上造成了"限量销售"的局面。当第二阶段销售开始时，平台进一步采用"饥饿营销"策略，通过更高的优惠券折扣，以更低的价格扩大销售利润。此外，命题 8.9（2）表明混合策略下第一阶段和第二阶段的最优销售价格随策略型消费者占比递减。对于平台来说，市场中策略型消费者占比的增加反过来又会影响其定价。命题 8.9（3）表明当策略型消费者占比小于某个阈值时，第一阶段的最优销售价格随消费者耐心程度递增。相反，如果市场中有足够多的策略型消费者，而且第一阶段的优惠券折扣力度相对较小，那么随着消费者耐心程度的增加，第二阶段的最优销售价格也会增加，这一结论与命题 8.6 一致。

8.5　问题的数值分析

本节进一步探究即时策略、跨期策略和混合策略下相关参数对平台最优利润和总需求的影响，首先通过两个数值算例来分析 λ 和 β 对利润的影响。算例 1 的参数取值为 $\alpha = 0.5$，$\alpha = 0.8$ 和 $\lambda \in [0,1]$。不失一般性，通过增加两个参数的取值（$\alpha = 0.1$ 和 $\alpha = 0.9$），揭示电商平台采用三种推荐策略时利润的变化规律，如图 8.8 所示。算例 2 的参数取值为 $\alpha = 0.5$，$\lambda = 0.6$，β 由 0 增加到 1。同样，当平台采用即时策略时，增加两个参数的取值（$\alpha = 0.1$ 和 $\alpha = 0.9$）来揭示平台利润的变化规律，如图 8.9 所示。

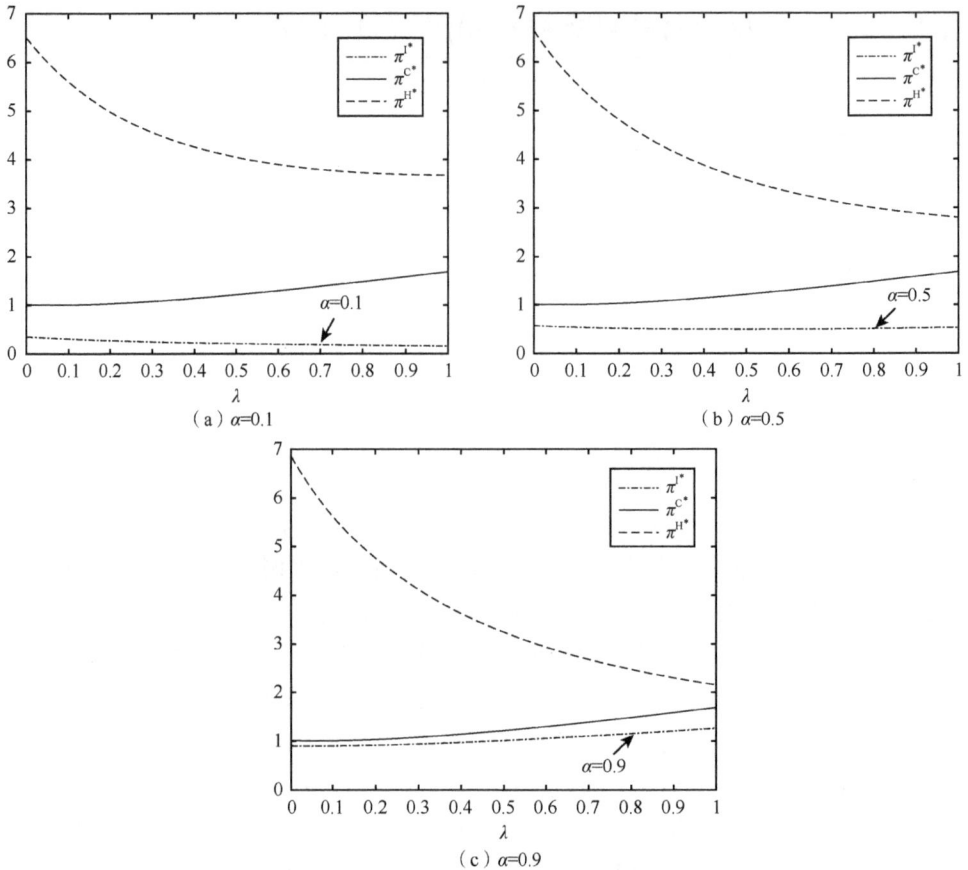

图 8.8　策略型消费者占比对平台最优利润的影响

由图 8.8 可知，即时策略下平台利润的变化趋势在很大程度上受第一阶段优惠券折扣力度的影响。当第一阶段的优惠券折扣力度足够高时，平台的利润随策略型消费者占比递增，如图 8.8（c）所示。否则，平台利润会减少或保持不变。然而，在跨期策略和混合策略下，平台利润与策略型消费者占比的变化有相反的趋势。此外，图 8.8 表明当市场中消费者耐心程度适中时，无论策略型消费者占比如何变化，平台采取混合策略都是最优的。随着第一阶段的优惠券折扣逐渐接近第二阶段的优惠券折扣力度，平台选择即时策略和跨期策略之间的差距缩小。可以观察到电商平台的理想市场分布：当同时推荐两张优惠券（一张短期优惠券和一张长期优惠券）时，策略型消费者占比应尽可能小。

有趣的是，由图 8.9 可见在即时策略下，随着第一阶段优惠券折扣力度的增加，消费者对等待购买产品的耐心程度降低。图 8.9 显示随着优惠券折扣力度的增加，平台利润 π^{I*} 曲线的拐点逐渐向左移动，这表明消费者更不愿意等到第二阶段再购买产品。相反，当平台采取混合策略时，平台利润 π^{H*} 曲线的拐点向右移动，直到混合策略占主导地位。同时，无论第一阶段的优惠券折扣力度如何变化，平台的利润在跨期和混合策略下都会随消费者耐心程度先减后增。

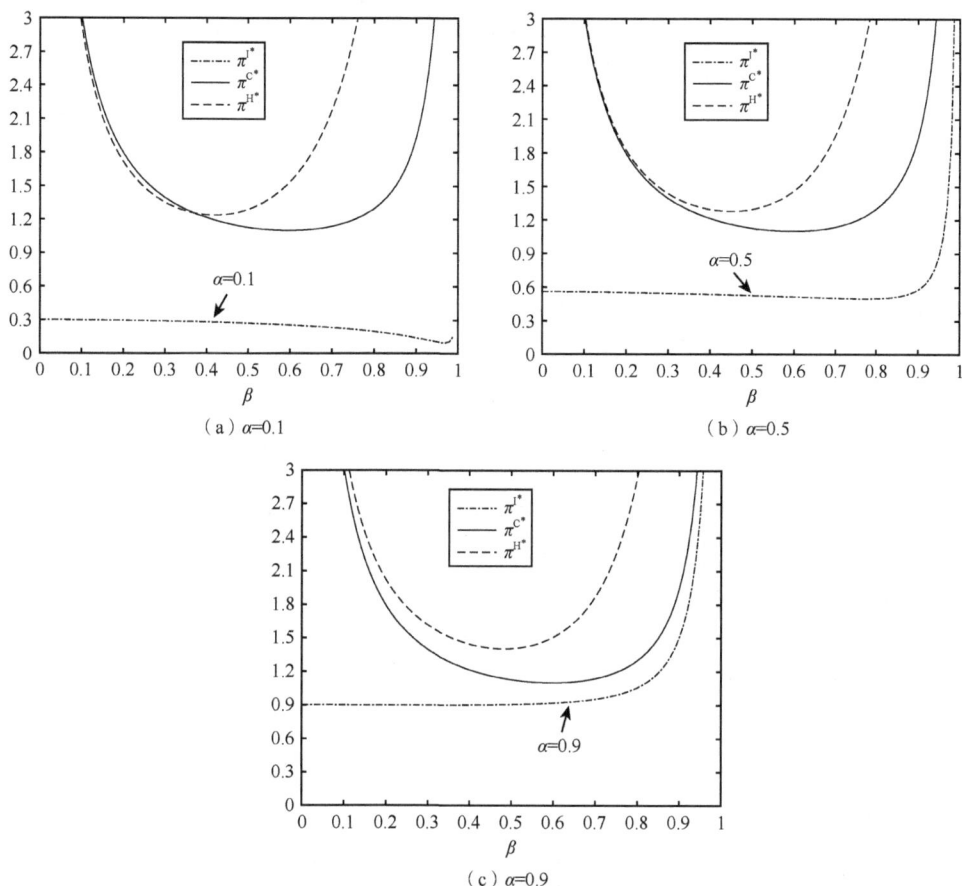

（a）$\alpha=0.1$　　　　　　　　（b）$\alpha=0.5$

（c）$\alpha=0.9$

图 8.9　消费者耐心程度对平台最优利润的影响

接下来，考虑平台推荐单张优惠券或两张优惠券时，第一阶段的优惠券折扣力度对平台推荐策略偏好的影响，如图 8.10 所示。不失一般性，参数取值为 $\beta=0.3$，$\lambda=0.6$ 和 $\alpha\in[0,1]$。

图 8.10 表明在一定的市场环境下，平台可以通过控制第一阶段优惠券的不同折扣力度，采取最优的优惠券推荐策略。由图 8.10 可以观察到，当消费者耐心程度足够低时，无论第一阶段的优惠券折扣力度如何，电商平台都不应该采取即时策略。第一阶段的优惠券折扣力度决定了平台关于跨期策略与混合策略的选择。当优惠券折扣力度相对较大时，混合策略可以为平台带来最大的利润；否则，平台应该选择跨期策略。原因是在跨期策略下，平台在第二阶段只提供一张折扣力度更大的优惠券 $(\alpha=1)$，在混合策略下，平台分别向消费者推荐两张可以在两个阶段使用的优惠券。随着第一阶段折扣力度增加，第一阶段的消费者需求增加，总利润增加。

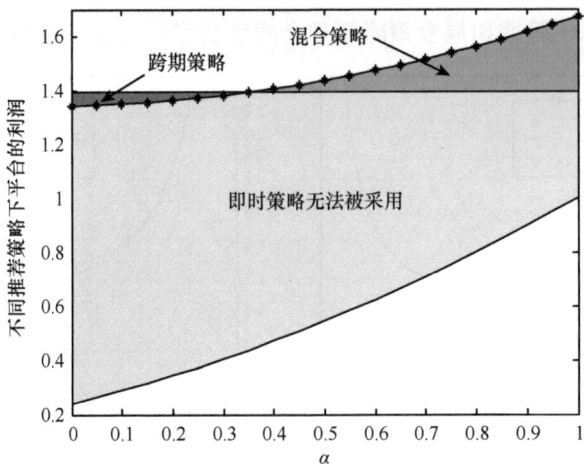

图 8.10 优惠券折扣力度对平台推荐策略偏好的影响

此外，进一步揭示三种优惠券推荐策略下策略型消费者占比对平台总需求的影响，图 8.11 给出了相关参数的数值分析。

在图 8.11 中，将即时策略、跨期策略与混合策略进行对比，观察到平台总需求的变化趋势相反。随着策略型消费者占比的增加，即时策略下平台的总需求比跨期与混合策略更低，这是因为策略行为使消费者对产品的判断趋于理性，而平台在第一阶段推荐优惠券不利于消费者立即购买。此外，当策略型消费者占比相对较大时，平台采取混合策略对总需求的影响更大，此时第一阶段的优惠券折扣力度也相对较大。

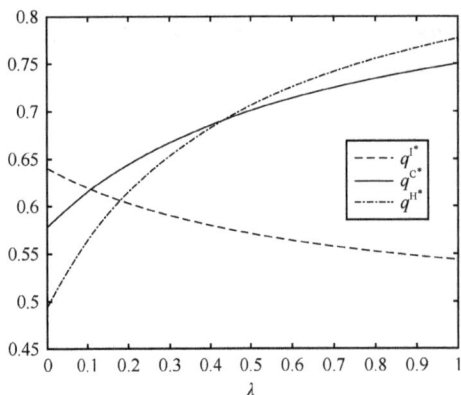

（a）$\alpha=0.1$

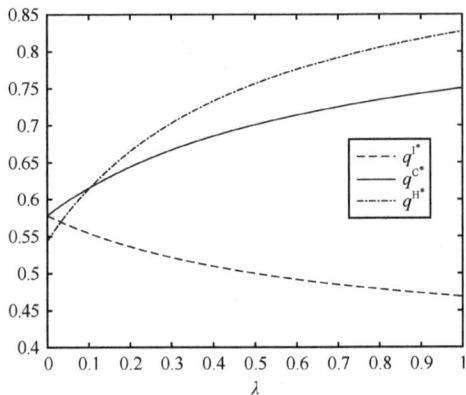

（b）$\alpha=0.5$

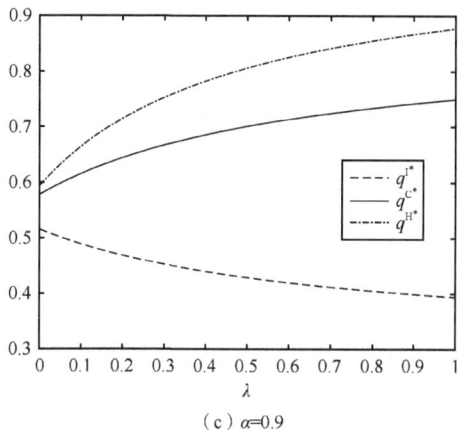

（c）$\alpha=0.9$

图 8.11　策略型消费者占比对平台总需求的影响

8.6　本 章 小 结

互联网零售模式的蓬勃发展，使得电商平台的营销方式不断改进和升级，网络优惠券逐渐成为众多电商平台吸引消费者的首选营销策略。此外，随着各种网络优惠券的出现，消费者的网购行为也发生了变化，消费者使用优惠券直接购买或策略性延迟购买产品正变得越来越普遍。

本章建立了两阶段模型，研究考虑策略型消费者的平台折扣定价与优惠券推荐策略。考虑了三种不同的优惠券推荐策略：即时策略、跨期策略和混合策略。通过求解均衡并进行比较，得到电商平台的最优折扣定价与推荐策略选择。主要研究结果为：首先，当消费者耐心程度和策略型消费者占比在合理区间内时，混合策略与跨期策略可以相互替代。若第一阶段的优惠券折扣力度相对较大，则平台应优先选择即时策略，跨期策略是次优选择。其次，同时推荐两张优惠券（一张短期优惠券和一张长期优惠券）并不总是比每次只推荐一张优惠券更好（一张短期优惠券或一张长期优惠券）。此外还研究了策略型消费者占比和消费者耐心程度对平台推荐策略选择的影响作用。最后，策略型消费者的存在将迫使平台降低两个阶段的产品销售价格。

第9章 渠道竞争下直播平台推荐模式选择与服务策略

直播平台的出现使得平台供应链成员间的关系日益复杂，各成员为扩大市场份额或实现利润最大化不断改善其博弈与合作关系。因此，本章探究渠道竞争下的推荐模式选择与服务策略的问题。考虑直播平台两种销售模式：独家推荐销售和非独家推荐销售。通过建立 Stackelberg 博弈模型，使用消费者效用分析对模型进行最优化求解，进而分析直播平台推荐成本系数、佣金率与推荐费用对品牌商品售价、直播推荐水平及利润的影响。研究结论表明，直播平台在推荐成本系数较低时应选择非独家推荐模式，在推荐成本系数较高时应选择独家推荐模式。当推荐成本系数较低且推荐费用不是很低时，直播平台和电商平台上的品牌商可以同时在非独家推荐模式下实现利润的最大化。此时直播平台采取非独家推荐模式能够使二者实现共赢。随着推荐成本系数的增加，两种模式下的品牌商品的售价和直播平台的最优推荐水平均会降低，随着直播平台佣金率的增加，直播平台的最优推荐水平和商品售价均会增加。

9.1 研究背景与问题提出

随着电子商务的发展和创新，直播销售成为电商消费市场的新趋势。根据网经社《2022 年(上)中国直播电商市场数据报告》，2017~2022 年国内直播电商交易规模处于持续增长状态，其中 2018 年直播电商市场交易规模增速高达 589.46%，2019 年和 2020 年的市场交易规模增速分别为 227.7%和 136.61%，同时预计 2022 年电商直播渗透率（直播销售额/总销售额）将提高至 24.1%。直播平台利用其直播推荐功能有效提高网络用户对商品的需求，从而实现巨大的商业价值回报。在国内，以抖音、快手为首的直播平台利用直播推荐将电商市场推向新的高度。在国外，Likeit、谷歌 Shoploop 等平台也开始使用直播销售商品。可见，直播销售已成为电商的"标配"。

直播平台的加入使得平台供应链成员间的博弈关系日益复杂，在直播平台的参与下，平台供应链中的各成员为扩大市场份额或实现利润最大化不断改善其博弈与合作关系（孟陆等，2020），而直播平台的推荐销售模式也呈现出多样化的特点。根据直播平台与品牌商关于推荐销售模式的选择与合作，直播平台常用的推荐销售模式有两种：一种是独家推荐销售，即直播平台仅为自有品牌商提供推荐服务,如抖音仅推荐抖音小店的商品,而不支持淘宝、京东等电商平台的商品进入直播间购物车;另一种是非独家推荐销售,即直播平台不仅为自有品牌商提供推荐服务,还为其他电商平台的品牌商推荐销售商品,如快手同时开通了第三方电商和快手小店两个直播销售渠道。

在两种推荐销售模式中,推荐水平是一个重要因素。一方面,主播的影响力以及所具有的粉丝数量会形成较高的推荐水平,如明星以及网络红人推荐的商品会使消费者对商品形成更高的可信感,从而提高消费者的购买需求。另一方面,主播对商品推荐的努力程度不同,也会产生不同的推荐水平,进而影响商品销量。基于此,本章将这两方面影响因素统称为平台的推荐水平(周驰等,2023c)。由于平台的推荐水平与推荐销售模式密切相关,各个直播平台的推荐销售模式又不尽相同,故直播平台选择推荐销售模式的动机成为值得研究的问题:直播平台应选择何种推荐销售模式,才能实现利润的最大化;品牌商选择以何种推荐销售模式与直播平台进行合作;直播平台在不同推荐销售模式下的定价与推荐水平受到哪些因素的影响。这些问题成为本章要研究的重点。9.2 节对问题进行描述。9.3 节构建了渠道竞争下直播平台独家推荐模式,分析了平台佣金率、推荐成本系数对产品价格、推荐水平和利润的影响。9.4 节构建了渠道竞争下直播平台非独家推荐模式,分析了平台佣金率、推荐成本系数和推荐费用对产品价格、推荐水平和利润的影响。9.5 节利用数值算例探讨了直播平台的推荐销售模式选择策略和相关参数的灵敏度分析。9.6 节对本章进行总结。

9.2　研究问题描述

考虑电子商务市场中由两个品牌商、一个直播平台和一个电商平台组成的平台供应链。两个品牌商(记为品牌商 M 和品牌商 N)分别在直播平台和电商平台上通过代理销售渠道销售同质商品,并且拥有各自的消费市场。直播平台仅能通过直播推荐的形式销售商品,电商平台不通过直播推荐销售商品。因此直播平台在销售品牌商 M 的商品时形成直播市场,并决策是否为电商平台上的品牌商 N 直播推荐销售其商品,以此产生推荐市场。基于此,分别考虑渠道竞争下独家推荐与非独家推荐两种推荐销售模式(以下简称独家推荐模式和非独家推荐模式),如图 9.1 所示,独家推荐模式为直播平台仅为品牌商 M 直播推荐销售其商品,而非独家推荐模式为直播平台不仅为品牌商 M 直播推荐销售商品,也为品牌商 N 直播推荐其商品。

假设直播市场与电商市场各自归一化其市场规模(Li et al.,2020b)。品牌商 M 和 N 分别在各自平台上以价格 p_i $(i=\mathrm{m,n})$ 销售商品,并向平台交付一定比例的佣金 φ_i $(i=\mathrm{m,n}$ 且 $0<\varphi_i<1)$。假设消费者是异质的,对商品的估值均为 v,且 v 服

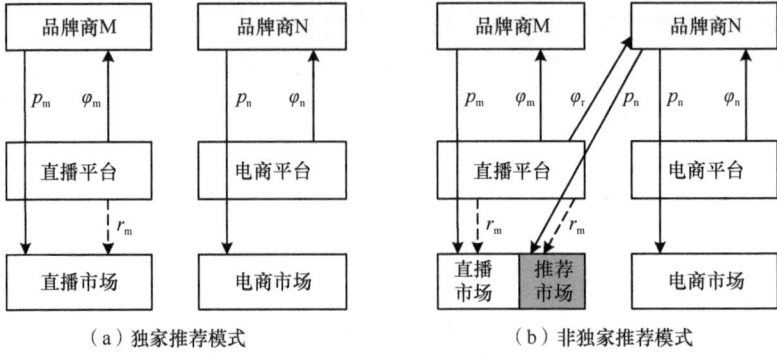

（a）独家推荐模式　　　　　　　　　　（b）非独家推荐模式

图 9.1　渠道竞争下直播平台的推荐销售模式

从在[0,1]之间的均匀分布（Zhou et al.，2020a）。当直播推荐销售商品时，直播平台以推荐水平 $r_i(i=\mathrm{m,n})$ 向消费者推荐商品，并会产生推荐成本 $kr_i^2/2$，其中 $0<k<1$ 为推荐成本系数（夏西强和朱庆华，2020）。当直播平台采用非独家推荐模式时，直播市场中的一部分消费者会购买品牌商 N 的商品，形成推荐市场，设其商品的估值为 $\theta v(0<\theta<1)$（Shi et al.，2020），其中 θ 为推荐市场中消费者对电商平台品牌商品的信任程度，此时品牌商 N 销售每单位商品要向直播平台交付推荐费用 φ_r。现实当中有佣金与推荐费用同时存在的情况，如抖音平台等直播平台上存在平台技术服务费用和商家推荐保证金（等同推荐费用），根据商品种类的保证金不同，为简化计算，将保证金设为固定值。此外，考虑到消费者在直播平台上观看直播后实际购买商品的可能性，引入系数 $\beta(0<\beta<1)$ 表示在直播平台上消费者的实际购买率，以此区别直播平台和电商平台的实际消费者需求差异。

假设佣金率 φ_m 和 φ_n，以及推荐费用 φ_r 为外生变量。同时，假设在信息对称情况下，商品的边际生产成本为零（He et al.，2019）。品牌商和两个平台都是理性的，都以自身利润最大化为目标，市场的需求受到销售价格和推荐水平的影响（Zhang et al.，2021a）。为了区别直播平台的两种推荐销售模式，分别采用上角标 E 和 ER 表示渠道竞争下的独家推荐模式和非独家推荐模式的均衡解。采用下角标 m，n，e，d 分别表示品牌商 M、品牌商 N、直播平台和电商平台。

9.3　渠道竞争下直播平台独家推荐模式

当直播平台采取独家推荐模式时，即直播平台仅为品牌商 M 直播推荐时，两品牌商和直播平台之间存在 Stackelberg 博弈，具体博弈顺序为：首先直播平台决定商品的推荐水平 r_m，然后品牌商 M 根据平台制定的推荐水平决策商品的销售价格 p_m，同时品牌商 N 在电商平台上决策销售价格 p_n。依据雷军环等（2012）的相关研究，设定 U_m 为消费者在直播平台上购买品牌商 M 的商品的效用，U_n 为消费者在电商平台上购买品牌商 N 的商品的效用。消费者在直播市场和电商市场中的效用函数如下：

$$U_m = v - p_m + r_m \tag{9.1}$$

$$U_n = v - p_n \tag{9.2}$$

根据消费者效用理论，若 $U_m>0$，则消费者会在直播平台上购买推荐的商品。若 $U_n>0$，则消费者会在直播平台上购买推荐的商品。通过式（9.1）和式（9.2）可得消费者在各平台上的需求如下：

$$D_m = \int_{p_m-r_m}^{1} 1 \cdot dv = 1 - p_m + r_m \tag{9.3}$$

$$D_n = \int_{p_n}^{1} 1 \cdot dv = 1 - p_n \tag{9.4}$$

进一步，两个品牌商、直播平台及电商平台的利润函数分别为

$$\pi_m = (1 - \varphi_m) p_m D_m \beta \tag{9.5}$$

$$\pi_n = (1 - \varphi_n) p_n D_n \tag{9.6}$$

$$\pi_e = \varphi_m p_m \beta D_m - \frac{1}{2} k r_m^2 \tag{9.7}$$

$$\pi_d = \varphi_n p_n D_n \tag{9.8}$$

为保证均衡解的存在，假设 $k > \varphi_m \beta / 2$。根据逆向归纳法，得到如下引理。

引理 9.1 渠道竞争下，直播平台采用独家推荐模式时，品牌商 M 和品牌商 N 的最优售价为 $p_m^E = k/(2k - \varphi_m \beta)$ 和 $p_n^E = 1/2$，直播平台的最优推荐水平为 $r_m^E = (\varphi_m \beta)/(2k - \varphi_m \beta)$。

证明 由于 $\partial \pi_m^2 / \partial p_m^2 = -2\beta(1 - \varphi_m) < 0$，$\partial \pi_n^2 / \partial p_n^2 = -2\beta(1 - \varphi_n) < 0$，故品牌商 M 的利润是关于 p_m 的凹函数，品牌商 N 的利润是关于 p_n 的凹函数，均有最大值。对品牌商 M 的利润求关于 p_m 的一阶偏导，对品牌商 N 的利润求关于 p_n 的一阶偏导，可得 $\partial \pi_m / \partial p_m = \beta(1 - \varphi_m)(1 - 2p_m + r_m)$ 和 $\partial \pi_n / \partial p_n = \beta(1 - \varphi_n)(1 - 2p_n)$。

令上述一阶偏导数分别为零，可得 $p_m(r_m) = (1 + r_m)/2$，$p_n = 1/2$。将 $p_m(r_m)$ 代入式（9.3）中，求直播平台的利润函数关于 r_m 的二阶偏导，由于 $\partial^2 \pi_e / \partial r_m^2 = (\varphi_m \beta)/2 - k < 0$，则直播平台的利润函数是关于 r_m 的凹函数，有最大值，则令 $\partial \pi_e / \partial r_m = 0$，可得 $r_m = (\varphi_m \beta)/(2k - \varphi_m \beta)$，代入 $p_m(r_m)$ 中可得 $p_m = k/(2k - \varphi_m \beta)$。引理得证。

通过考虑直播平台的佣金率和推荐成本系数对品牌商最优售价与直播平台最优推荐水平的影响，可得如下结论。

命题 9.1 在模式 E 中，当直播平台的佣金率和推荐成本系数等参数改变时，可得：$\partial p_m^E / \partial k < 0$，$\partial r_m^E / \partial k < 0$，$\partial p_m^E / \partial \varphi_m < 0$，$\partial r_m^E / \partial \varphi_m > 0$，$\partial p_m^E / \partial \beta > 0$，$\partial r_m^E / \partial \beta > 0$。

证明 对引理 9.1 的最优均衡结果关于 k, φ_m, β 求一阶偏导数，可得

$$\frac{\partial p_{\mathrm{m}}^{\mathrm{E}}}{\partial k}=\frac{-\varphi_{\mathrm{m}}\beta}{(2k-\varphi_{\mathrm{m}}\beta)^2},\quad \frac{\partial r_{\mathrm{m}}^{\mathrm{E}}}{\partial k}=\frac{-2\varphi_{\mathrm{m}}\beta}{(2k-\varphi_{\mathrm{m}}\beta)^2},\quad \frac{\partial p_{\mathrm{m}}^{\mathrm{E}}}{\partial \varphi_{\mathrm{m}}}=\frac{k\beta}{(2k-\varphi_{\mathrm{m}}\beta)^2}$$

$$\frac{\partial r_{\mathrm{m}}^{\mathrm{E}}}{\partial \varphi_{\mathrm{m}}}=\frac{2k\beta}{(2k-\varphi_{\mathrm{m}}\beta)^2},\quad \frac{\partial p_{\mathrm{m}}^{\mathrm{E}}}{\partial \beta}=\frac{k\varphi_{\mathrm{m}}}{(2k-\varphi_{\mathrm{m}}\beta)^2},\quad \frac{\partial r_{\mathrm{m}}^{\mathrm{E}}}{\partial \beta}=\frac{2k\varphi_{\mathrm{m}}}{(2k-\varphi_{\mathrm{m}}\beta)^2}$$

根据假设 $k>\varphi_{\mathrm{m}}\beta/2$，命题得证。

由引理 9.1 和命题 9.1 可知，在渠道竞争下的独家推荐模式中，直播平台和电商平台为两个相互独立的平行市场，直播平台的推荐成本系数和佣金率不会影响品牌商 N 的商品最优售价。随着直播平台的推荐成本系数的增加，品牌商 M 的商品售价递减，直播平台的推荐水平递减，然而两者均随直播平台的佣金率递增。这是因为当推荐成本系数增加时，平台的推荐成本会增加，若维持相同推荐水平，推荐成本会上升。因此直播平台为保证利润最大化需要适当降低推荐水平。但通过直播平台对商品的直播推荐销售，品牌商可以以更低的商品售价吸引更多的消费者，从而提高市场份额。相应地，直播平台提高平台的佣金率，消费者提高实际购买品牌商品的可能性，有利于直播平台对商品的推荐水平，此时品牌商可以制定更高的商品售价而获利。

以下考虑不同参数对品牌商和平台利润变化的影响。

命题 9.2　在模式 E 中，通过分析推荐成本系数、平台的佣金率等参数对两个品牌商、直播平台和电商平台最优利润的影响，可得如下结论。

（1）$\partial\pi_{\mathrm{m}}^{\mathrm{E}}/\partial k<0$，$\partial\pi_{\mathrm{e}}^{\mathrm{E}}/\partial k<0$，$\partial\pi_{\mathrm{n}}^{\mathrm{E}}/\partial k=0$，$\partial\pi_{\mathrm{d}}^{\mathrm{E}}/\partial k=0$。

（2）当 $k\in(0,\beta(2-\varphi_{\mathrm{m}})/2)$ 时，$\partial\pi_{\mathrm{m}}^{\mathrm{E}}/\partial\varphi_{\mathrm{m}}>0$，否则 $\partial\pi_{\mathrm{m}}^{\mathrm{E}}/\partial\varphi_{\mathrm{m}}<0$。此外，$\partial\pi_{\mathrm{e}}^{\mathrm{E}}/\partial\varphi_{\mathrm{m}}>0$，$\partial\pi_{\mathrm{n}}^{\mathrm{E}}/\partial\varphi_{\mathrm{n}}<0$，$\partial\pi_{\mathrm{d}}^{\mathrm{E}}/\partial\varphi_{\mathrm{n}}>0$。

（3）$\partial\pi_{\mathrm{m}}^{\mathrm{E}}/\partial\beta>0$，$\partial\pi_{\mathrm{e}}^{\mathrm{E}}/\partial\beta>0$。

证明　将引理 9.1 得到的均衡结果代入式（9.4）～式（9.7）中，得到该模式下供应链各方的最优利润，对最优利润求关于推荐成本系数以及佣金率等参数的一阶偏导数，得到：

$$\frac{\partial\pi_{\mathrm{m}}^{\mathrm{E}}}{\partial k}=\frac{-2k\varphi_{\mathrm{m}}(1-\varphi_{\mathrm{m}})\beta^2}{(2k-\varphi_{\mathrm{m}}\beta)^3},\quad \frac{\partial\pi_{\mathrm{e}}^{\mathrm{E}}}{\partial k}=\frac{-\varphi_{\mathrm{m}}^2\beta^2}{2(2k-\varphi_{\mathrm{m}}\beta)^2},\quad \frac{\partial\pi_{\mathrm{m}}^{\mathrm{E}}}{\partial\varphi_{\mathrm{m}}}=\frac{k^2\beta(2\beta-\varphi_{\mathrm{m}}\beta-2k)}{(2k-\varphi_{\mathrm{m}}\beta)^3}$$

$$\frac{\partial\pi_{\mathrm{e}}^{\mathrm{E}}}{\partial\varphi_{\mathrm{m}}}=\frac{k^2\beta}{(2k-\varphi_{\mathrm{m}}\beta)^2},\quad \frac{\partial\pi_{\mathrm{n}}^{\mathrm{E}}}{\partial\varphi_{\mathrm{n}}}=-\frac{1}{4},\quad \frac{\partial\pi_{\mathrm{d}}^{\mathrm{E}}}{\partial\varphi_{\mathrm{n}}}=\frac{1}{4},\quad \frac{\partial\pi_{\mathrm{m}}^{\mathrm{E}}}{\partial\beta}=\frac{k^2(1-\varphi_{\mathrm{m}})(2k+\varphi_{\mathrm{m}}\beta)}{(2k-\varphi_{\mathrm{m}}\beta)^3}$$

$$\frac{\partial\pi_{\mathrm{e}}^{\mathrm{E}}}{\partial\beta}=\frac{k^2(1-\varphi_{\mathrm{m}})(2k+\varphi_{\mathrm{m}}\beta)}{(2k-\varphi_{\mathrm{m}}\beta)^3}$$

通过计算，命题得证。

由命题 9.2 可知，直播平台的推荐成本系数的增加会降低品牌商 M 和直播平台的利润，品牌商 N 和电商平台的利润不受影响。根据命题 9.1，推荐成本系数的增加促使品牌商 M 降低了商品售价，这可能会使更多的消费者购买品牌商 M 的商品。然而，直播平台降低的推荐水平对商品的销量存在负面影响。同时，增加的推荐成本系数产生的更高的推荐成本也损害了直播平台的利润。在这种模式下，推荐成本系数的增加对品牌商 M 和直播平台的利润是不利的。当直播平台的推荐成本系数较低时，直播平台佣金率的增加能够使品牌商 M 的利润增加，同时在该条件下也能够使直播平台的利润增加。此时直播市场出现平台供应链的总利润增长的现象，故直播市场会吸引更多的品牌商进入市场。这也表明在中国，如抖音这样的直播平台，在推荐销售商品之初，平台的推荐成本较低，众多品牌商会选择直播平台推荐销售商品以提高利润。相比于直播市场，品牌商 N 的利润总是随电商平台的佣金率的增加而递减，因此对电商平台来说，提高佣金率总是有益的，对品牌商 N 却是不利的。此外，直播市场中消费者的实际购买率的增大意味着消费者更愿意购买直播平台推荐销售的商品，这不仅能够使消费者需求增加，还能够促使品牌商提高商品的价格、直播平台提高推荐水平，故对直播平台和品牌商的利润一定是有利的。

9.4　渠道竞争下直播平台非独家推荐模式

当直播平台采取非独家推荐模式时，直播平台为品牌商 M 和品牌商 N 都进行直播推荐。在直播平台上，存在一部分消费者会购买品牌商 M 的商品，而另一部分消费者会购买品牌商 N 的商品。该模式的具体博弈顺序为：直播平台先设定商品的推荐水平，此后品牌商 M、品牌商 N 同时决策商品的售价。此时，考虑到直播平台上的消费者对电商平台品牌商商品的信任程度，设定直播市场的消费者购买品牌商 M 商品的效用为 U_{m1}，而购买品牌商 N 商品的效用为 U_{m2}，电商市场的消费者效用仍为 U_n。此时，消费者效用表示为

$$U_{m1} = v - p_m + r_m \tag{9.9}$$
$$U_{m2} = \theta v - p_n + r_m \tag{9.10}$$
$$U_n = v - p_n \tag{9.11}$$

根据上述效用函数，若 $U_{m1} > \max\{0, U_{m2}\}$，则消费者只在直播平台上购买品牌商 M 的商品，若 $U_{m2} > \max\{0, U_{m1}\}$，则消费者只在直播平台上购买品牌商 N 的商品。消费者在电商平台上购买品牌商 N 的商品需满足 $U_n > 0$。通过计算，在满足 $(p_n - r_m)/(p_m - r_m) < \theta < 1 - p_m + p_n$ 的条件下，可保证直播平台上同时存在两种需求。此外，当 $U_n > 0$ 时，电商平台上的消费者会购买品牌商 N 的商品。两个平台的需求函数表述如下：

$$D_{m1} = \int_{\frac{p_m - p_n}{1-\theta}}^{1-\theta} 1 \cdot dv = 1 - \theta - \frac{p_m - p_n}{1 - \theta} \tag{9.12}$$

$$D_{m2} = \int_{\frac{p_n - r_m}{\theta}}^{\frac{p_m - p_n}{1-\theta}} 1 \cdot dv = \frac{p_m - p_n}{1 - \theta} - \frac{p_n - r_m}{\theta} \tag{9.13}$$

$$D_n = \int_{p_n}^{1} 1 \cdot dv = 1 - p_n \tag{9.14}$$

根据需求函数，两个品牌商以及直播平台和电商平台的利润函数可表示为

$$\pi_m = (1 - \varphi_m) p_m D_{m1} \beta \tag{9.15}$$

$$\pi_n = (1 - \varphi_n) p_n D_n + (p_n - \varphi_r) D_{m2} \beta \tag{9.16}$$

$$\pi_e = \varphi_m p_m D_{m1} \beta + \varphi_r D_{m2} \beta - \frac{1}{2} k r_m^2 \tag{9.17}$$

$$\pi_d = \varphi_n p_n D_n \tag{9.18}$$

假设 $k > \left(2\varphi_m \beta^3 (1-\theta)\right) \big/ A^2$，根据逆向归纳法和一阶条件，可得如下引理。

引理 9.2　渠道竞争条件下，直播平台采用非独家推荐模式时，品牌商 M 和品牌商 N 的最优售价分别为

$$p_m^{ER} = \frac{A(1-\theta) + B}{2A} + \frac{\varphi_m \theta \beta^3 (1-\theta)(A(1-\theta) + B) + \varphi_r \beta^2 A(1-\theta)(A + \beta\theta - 2\beta)}{k\theta A^3 - 2A\varphi_m \theta(1-\theta)\beta^3}$$

$$p_n^{ER} = \frac{B}{A} + \frac{2\varphi_m \theta \beta^3 (1-\theta)(A(1-\theta) + B) + 2\varphi_r \beta^2 A(1-\theta)(A + \beta\theta - 2\beta)}{k\theta A^3 - 2A\varphi_m \theta(1-\theta)\beta^3}$$

直播平台的最优推荐水平为

$$r_m^{ER} = \frac{\varphi_m \theta \beta^2 (A(1-\theta) + B) + \varphi_r \beta A(A + \beta\theta - 2\beta)}{k\theta A^2 - 2\varphi_m \theta(1-\theta)\beta^3}$$

其中，$A = 4\theta(1-\theta)(1-\varphi_n) + (4-\theta)\beta$，$B = 2\theta(1-\theta)(1-\varphi_n) + (1-\theta)\beta\theta + 2\beta\varphi_r$。

证明　将式（9.12）～式（9.14）代入式（9.15）和式（9.16）中，对品牌商 M 和品牌商 N 的利润函数分别关于 p_m 和 p_n 求二阶偏导数，从而可得 $\partial^2 \pi_m / \partial p_m^2 = \left(-2\beta(1-\varphi_m)\right) / (1-\theta) < 0$，$\partial^2 \pi_n / \partial p_n^2 = -2\beta(1-\varphi_m) - (2\beta) / (\theta(1-\theta)) < 0$，故两个利润函数是关于销售价格的凹函数，均有最大值。求品牌商 M 的利润关于 p_m 的一阶偏导、品牌商 N 的利润关于 p_n 的一阶偏导，可得

$$\frac{\partial \pi_m}{\partial p_m} = \frac{\beta(1-\varphi_m)(1 - 2p_m + p_n - \theta)}{\theta(1-\theta)}$$

$$\frac{\partial \pi_n}{\partial p_n} = \frac{\beta r_m (1-\theta) - 2p_n \left(\beta + \theta(1-\theta)(1-\varphi_n)\right) + \theta(1 + p_m\beta - \theta - \varphi_n + \theta\varphi_n) + \beta\varphi_r}{\theta(1-\theta)}$$

联立 $\partial \pi_m / \partial p_m = 0$ 和 $\partial \pi_n / \partial p_n = 0$，结合条件可得 p_m 和 p_n 关于 r_m 的解，将其代回式（9.17）中，对直播平台的利润求 r_m 的二阶导数，由假设可得 $\partial^2 \pi_m / \partial r_m^2 =$

$\left(2\varphi_{\mathrm{m}}\beta^3\left(1-\theta\right)\right)\big/A^2-k<0$。

则根据一阶条件得

$$r_{\mathrm{m}}=\frac{\varphi_{\mathrm{m}}\theta\beta^2\left(A\left(1-\theta\right)+B\right)+\varphi_{\mathrm{r}}\beta A\left(A+\beta\theta-2\beta\right)}{k\theta A^2-2\varphi_{\mathrm{m}}\theta\left(1-\theta\right)\beta^3}$$

代回 p_{m} 和 p_{n} 关于 r_{m} 的解可得上述引理结果。

以下分析不同参数对该模式下的品牌商最优售价与平台最优推荐水平的影响，可得如下命题。

命题 9.3　在模式 ER 中，当推荐成本系数、平台佣金率和推荐费用等参数改变时，得到：

（1）$\partial p_{\mathrm{m}}^{\mathrm{ER}}\big/\partial k<0$，$\partial p_{\mathrm{n}}^{\mathrm{ER}}\big/\partial k<0$，$\partial r_{\mathrm{m}}^{\mathrm{ER}}\big/\partial k<0$。

（2）$\partial p_{\mathrm{m}}^{\mathrm{ER}}\big/\partial\varphi_{\mathrm{m}}>0$，$\partial p_{\mathrm{n}}^{\mathrm{ER}}\big/\partial\varphi_{\mathrm{m}}>0$，$\partial r_{\mathrm{m}}^{\mathrm{ER}}\big/\partial\varphi_{\mathrm{m}}>0$；$\partial p_{\mathrm{m}}^{\mathrm{ER}}\big/\partial\varphi_{\mathrm{r}}>0$，$\partial p_{\mathrm{n}}^{\mathrm{ER}}\big/\partial\varphi_{\mathrm{r}}>0$，$\partial r_{\mathrm{m}}^{\mathrm{ER}}\big/\partial\varphi_{\mathrm{r}}>0$；当 $\varphi_{\mathrm{r}}\in\left(\left(\varphi_{\mathrm{m}}\theta(3-2\theta)\right)\big/(4-2\theta),1\right)$ 时，$\partial r_{\mathrm{m}}^{\mathrm{ER}}\big/\partial\varphi_{\mathrm{n}}>0$。

（3）$\partial r_{\mathrm{m}}^{\mathrm{ER}}\big/\partial\beta>0$。

证明　对引理 9.2 的最优均衡结果求 k，φ_{m}，φ_{n}，φ_{r}，β 的一阶偏导数，得到：

$$\frac{\partial p_{\mathrm{m}}^{\mathrm{ER}}}{\partial k}=-\frac{1}{E^2}\left(A\varphi_{\mathrm{m}}\left(1-\theta\right)\theta^2\beta^3\left(A\left(1-\theta\right)+B\right)+\theta\varphi_{\mathrm{r}}A^2\beta^3\left(1-\theta\right)\left(A+\beta\theta-2\beta\right)\right)$$

$$\frac{\partial p_{\mathrm{n}}^{\mathrm{ER}}}{\partial k}=-\frac{2}{E^2}\left(A\varphi_{\mathrm{m}}\left(1-\theta\right)\theta^2\beta^3\left(A\left(1-\theta\right)+B\right)+\theta\varphi_{\mathrm{r}}A^2\beta^3\left(1-\theta\right)\left(A+\beta\theta-2\beta\right)\right)$$

$$\partial p_2^{\mathrm{I}*}\big/\partial\lambda=(\beta/2)\left(\partial p_1^{\mathrm{I}*}\big/\partial\lambda\right)<0$$

$$\frac{\partial p_{\mathrm{m}}^{\mathrm{ER}}}{\partial\varphi_{\mathrm{m}}}=\frac{1}{E^2}\left(Ak\theta^2\beta^3\left(A\left(1-\theta\right)+B\right)+2\theta\varphi_{\mathrm{r}}\left(1-\theta\right)^2\beta^5\left(A+\beta\theta-2\beta\right)\right)$$

$$\frac{\partial p_{\mathrm{n}}^{\mathrm{ER}}}{\partial\varphi_{\mathrm{m}}}=\frac{2}{E^2}\left(Ak\theta^2\beta^3\left(A\left(1-\theta\right)+B\right)+2\theta\varphi_{\mathrm{r}}\left(1-\theta\right)^2\beta^5\left(A+\beta\theta-2\beta\right)\right)$$

$$\frac{\partial r_{\mathrm{m}}^{\mathrm{ER}}}{\partial\varphi_{\mathrm{m}}}=\frac{1}{E^2}\left(k\theta^2\beta^3A^2\left(A\left(1-\theta\right)+B\right)+2A\varphi_{\mathrm{r}}\theta\left(1-\theta\right)\left(A+\beta\theta-2\beta\right)\beta^4\right)$$

$$\frac{\partial p_{\mathrm{m}}^{\mathrm{ER}}}{\partial\varphi_{\mathrm{r}}}=\frac{1}{AE}\left(\beta E+2\varphi_{\mathrm{m}}\theta\left(1-\theta\right)\beta^4+A\left(1-\theta\right)\left(A+\beta\theta-2\beta\right)\beta^2\right)$$

$$\frac{\partial p_{\mathrm{n}}^{\mathrm{ER}}}{\partial\varphi_{\mathrm{r}}}=\frac{2}{AE}\left(\beta E+2\varphi_{\mathrm{m}}\theta\left(1-\theta\right)\beta^4+A\left(1-\theta\right)\left(A+\beta\theta-2\beta\right)\beta^2\right)$$

$$\frac{\partial r_{\mathrm{m}}^{\mathrm{ER}}}{\partial\varphi_{\mathrm{r}}}=\frac{1}{E}\left(2\varphi_{\mathrm{m}}\theta\beta^3+A\beta\left(A+\beta\theta-2\beta\right)\right)$$

$$\frac{\partial r_{\mathrm{m}}^{\mathrm{ER}}}{\partial\varphi_{\mathrm{n}}}=\frac{1}{E}\left(2\varphi_{\mathrm{m}}\left(1-\theta\right)\left(2\theta-3\right)\theta^2\beta^2+4\varphi_{\mathrm{r}}\theta\left(1-\theta\right)\left(2-\theta\right)\beta^2\right)+\frac{8kA\left(1-\theta\right)\theta^2}{E^2}$$

$$\cdot\left(\varphi_{\mathrm{m}}\theta\beta^2\left(A(1-\theta)+B\right)+A\varphi_{\mathrm{r}}\beta(A+\beta\theta-2\beta)\right)$$

$$\frac{\partial r_{\mathrm{m}}^{\mathrm{ER}}}{\partial\beta}=\frac{1}{E}\left(2\varphi_{\mathrm{m}}\theta\beta\left(A(1-\theta)+B\right)+\varphi_{\mathrm{m}}\theta\beta^2\left((1-\theta)(4-\theta)+(2-\theta)\varphi_{\mathrm{r}}\right)+\varphi_{\mathrm{r}}\left(A+\beta\theta\right.\right.$$

$$\left.-2\beta)(A+4\beta-2\beta\theta)+A\beta\varphi_{\mathrm{r}}(2-\theta)\right)-\frac{1}{E^2}\left(\varphi_{\mathrm{m}}\theta\beta^2\left(A(1-\theta)+B\right)+A\varphi_{\mathrm{r}}\beta\right.$$

$$\left.(A+\beta\theta-2\beta)\right)\left(4Ak\theta(2-\theta)-6\varphi_{\mathrm{m}}\theta(1-\theta)\beta^2\right)$$

其中，$E=k\theta\left(4\theta(1-\theta)(1-\varphi_{\mathrm{n}})+(4-\theta)\beta\right)^2-2\varphi_{\mathrm{m}}\theta(1-\theta)\beta^3$，通过计算，命题得证。

由命题 9.3 可知，直播平台的推荐成本系数增加时，无论在直播市场还是电商市场，品牌商都会降低商品售价以吸引消费者，同时直播平台会相应降低推荐水平。与命题 9.1 结论相似，高推荐成本提高了直播平台的运营成本，使得直播平台有动机降低推荐水平。品牌商 M 和品牌商 N 会在直播市场和推荐市场以更低的价格销售商品，以提高产品的需求，从而保持利润最大化。但随着直播平台佣金率的增加，为保持利润最大化，品牌商 M 会提高商品的销售价格。在其他条件不变的情况下，由于品牌商 M 的商品售价升高，直播市场中一部分消费者会购买品牌商 N 的商品，则品牌商 N 有动机提高商品售价以获得更多的利润。这时，直播平台的推荐水平也会因佣金收入的增加而增加，直播平台可以将商品交付给推荐达人或明星推荐，或者增加商品的广告宣传，进而提高商品的曝光度与点击率。同时，直播平台提高推荐费用也会使商品售价和平台推荐水平出现相同的变化规律。可见，佣金率和推荐费用在直播市场和推荐市场当中能够起到相同的调节作用。

值得注意的是，直播平台的推荐水平还会受到电商平台佣金率的影响，即当推荐费用高于一定阈值时，直播平台的推荐水平会随着电商平台佣金率的增加而提高。对品牌商 N 而言，当电商平台佣金率增加时，其在电商平台销售商品的利润会降低。虽然直播平台的推荐费用较高，但是可以提高商品的推荐水平，在一定程度上提高了商品的需求量，从而提高了电商平台上的品牌商选择直播平台进行非独家推荐销售的动机。此外，通过分析发现，直播平台的推荐水平受益于消费者的购买率。直播平台的推荐水平也正向影响了消费者的购买率。品牌商 M 与直播平台需要选择并销售热门产品进行推荐，从而提高消费者与产品的匹配度。

以下进一步分析不同参数对该模式下的品牌商与平台最优利润的影响。

命题 9.4　在模式 ER 中，通过分析推荐成本系数、平台的佣金率以及推荐费用对两个品牌商、直播平台和电商平台最优利润的影响，可得如下结论。

（1）$\partial\pi_{\mathrm{m}}^{\mathrm{ER}}/\partial k<0$；当 $\varphi_{\mathrm{r}}\in\left(0,\left(1+(1-\theta)^2\right)\big/(4-2\theta)\right)$ 时，$\partial\pi_{\mathrm{d}}^{\mathrm{ER}}/\partial k<0$，否则 $\partial\pi_{\mathrm{d}}^{\mathrm{ER}}/\partial k>0$。

（2）$\partial\pi_{\mathrm{m}}^{\mathrm{ER}}/\partial\varphi_{\mathrm{m}}<0$，$\partial\pi_{\mathrm{e}}^{\mathrm{ER}}/\partial\varphi_{\mathrm{m}}>0$，$\partial\pi_{\mathrm{m}}^{\mathrm{ER}}/\partial\varphi_{\mathrm{r}}>0$。

证明　将引理 9.2 当中的最优均衡结果代入式（9.15）~式（9.18）中，求 k，φ_{m}，φ_{r} 的一阶偏导数，得到：

$$\frac{\partial\pi_{\mathrm{m}}^{\mathrm{ER}}}{\partial k}=\beta(1-\varphi_{\mathrm{m}})\left(D_{\mathrm{m1}}^{\mathrm{ER}}+\frac{p_{\mathrm{m}}^{\mathrm{ER}}}{1-\theta}\right)\frac{\partial p_{\mathrm{m}}^{\mathrm{ER}}}{\partial k}$$

$$\frac{\partial\pi_{\mathrm{d}}^{\mathrm{ER}}}{\partial k}=\frac{-2\varphi_{\mathrm{n}}\theta(1-\theta)\beta^2 A^3}{AE^4}\Big(\varphi_{\mathrm{m}}\theta\beta\big(A(1-\theta)+B\big)+\varphi_{\mathrm{r}}A(A+\beta\theta-2\beta)\big)\big(E(A-2B)$$
$$-4A\varphi_{\mathrm{m}}\theta(1-\theta)\beta^3\big(A(1-\theta)+B\big)-4\varphi_{\mathrm{r}}(A-\theta)(A+\beta\theta-2\beta)A^2\beta^2\Big)$$

$$\frac{\partial\pi_{\mathrm{m}}^{\mathrm{ER}}}{\partial\varphi_{\mathrm{m}}}=-\beta p_{\mathrm{m}}^{\mathrm{ER}}D_{\mathrm{m1}}^{\mathrm{ER}}+\beta(1-\varphi_{\mathrm{m}})\left(1+\frac{p_{\mathrm{n}}^{\mathrm{ER}}}{1-\theta}-\frac{2}{1-\theta}p_{\mathrm{m}}^{\mathrm{ER}}\right)\frac{\partial p_{\mathrm{m}}^{\mathrm{ER}}}{\partial\varphi_{\mathrm{m}}}$$

$$\frac{\partial\pi_{\mathrm{e}}^{\mathrm{ER}}}{\partial\varphi_{\mathrm{m}}}=\beta p_{\mathrm{m}}^{\mathrm{ER}}D_{\mathrm{m1}}^{\mathrm{ER}}+\beta\varphi_{\mathrm{m}}D_{\mathrm{m1}}^{\mathrm{ER}}\frac{\partial p_{\mathrm{m}}^{\mathrm{ER}}}{\partial\varphi_{\mathrm{m}}}+\beta\varphi_{\mathrm{m}}p_{\mathrm{m}}^{\mathrm{ER}}\frac{\partial D_{\mathrm{m1}}^{\mathrm{ER}}}{\partial\varphi_{\mathrm{m}}}+\beta\varphi_{\mathrm{r}}\frac{\partial D_{\mathrm{m2}}^{\mathrm{ER}}}{\partial\varphi_{\mathrm{m}}}-kr_{\mathrm{m}}^{\mathrm{ER}}\frac{\partial r_{\mathrm{m}}^{\mathrm{ER}}}{\partial\varphi_{\mathrm{m}}}$$

$$\frac{\partial\pi_{\mathrm{m}}^{\mathrm{ER}}}{\partial\varphi_{\mathrm{r}}}=\beta(1-\varphi_{\mathrm{m}})\left(D_{\mathrm{m1}}^{\mathrm{ER}}\frac{\partial p_{\mathrm{m}}^{\mathrm{ER}}}{\partial\varphi_{\mathrm{r}}}+p_{\mathrm{m}}^{\mathrm{ER}}\frac{\partial D_{\mathrm{m1}}^{\mathrm{ER}}}{\partial\varphi_{\mathrm{r}}}\right)$$

通过判断，命题得证。

由命题 9.4 可知，推荐成本系数的增加会降低品牌商 M 的利润，这说明，想要以降低商品售价来实行薄利多销的策略并不适用于品牌商 M。这是因为推荐成本系数的增加也会使推荐水平降低，进而对品牌商 M 的利润有更大的负面影响。此外，一个反直觉的结论是直播平台推荐成本系数的增加并不总是对电商平台有利。分析表明，当推荐费用低于某一阈值时，品牌商 N 在直播平台上销售商品的单位利润提高，此时推荐成本系数的增加仍会吸引品牌商 N 进入直播平台进行推荐销售，那么电商平台的利润将随着推荐成本系数的增加而降低。反之，当推荐费用较大时，品牌商 N 进入直播平台销售商品的单位利润降低，同时推荐成本系数的增加还会降低品牌商 N 的商品的价格，那么品牌商 N 的销售重心将不会转移到直播平台上。甚至当推荐成本系数足够高时，品牌商 N 不会选择直播平台进行非独家推荐销售。

分析还发现，直播平台的佣金率和推荐费用会影响直播平台和品牌商 M 的利润。当直播平台佣金率增加时，直播平台能够获得更多的利润，品牌商 M 的利润会随着佣金率的增加而降低。但直播平台增加推荐费用时，品牌商 M 的利润会增加。这时，直播平台的佣金率和推荐费用对品牌商 M 的利润起到了相反的作用。直播平台可以通过改变佣金率和推荐费用对平台内的品牌商进行保护，防止市场内的消费者流失到电商平台。

9.5　问题的数值分析

本节首先分析在渠道竞争下，直播平台关于推荐销售模式的最优选择策略，其次分析两种模式下平台佣金率以及推荐费用对品牌商最优售价、直播平台最优推荐水平及利润的影响。通过多组数据验证发现结论不失一般性，同时得到相关管理启示。

9.5.1　渠道竞争下直播平台的推荐销售模式选择策略

由于推荐成本系数、直播平台佣金率以及推荐费用能够直接影响直播平台的利润，故假设 $\varphi_m = 0.15$，$\varphi_n = 0.2$，$\varphi_r = 0.3$，$\theta = 0.5$，$\beta = 0.6$。在 $k > \max\left\{(\varphi_m\beta)/2, \left(2\varphi_m\beta^3(1-\theta)\right)/A^2\right\}$ 条件下，分别探讨推荐成本系数和佣金率、推荐成本系数和推荐费用对直播平台的最优模式选择的影响。在此基础之上，分析品牌商 N 与直播平台合作的条件，进而得到直播平台在采取不同模式时与品牌商 N 达成的双赢区域。具体如图 9.2 和图 9.3 所示。

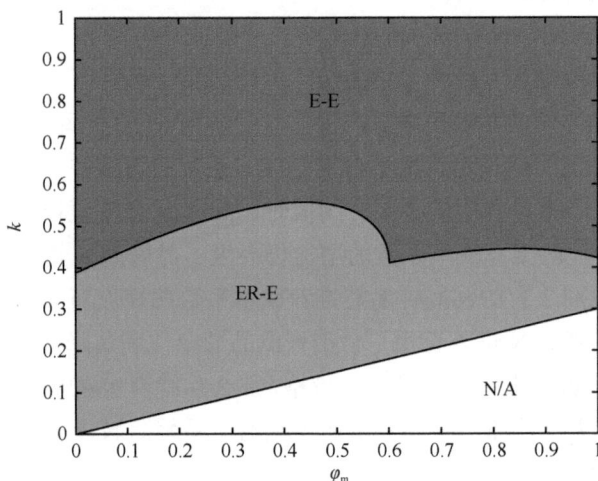

图 9.2　k 和 φ_m 对直播平台、品牌商 N 的模式选择的影响

由图 9.2 可知，推荐成本系数的变化对直播平台模式选择的影响更大，直播平台的佣金率不会对直播平台的选择造成影响。当推荐成本系数较低时，直播平台应当选择非独家推荐模式。随着推荐成本系数的增加，直播平台的最优模式选择将从非独家推荐模式转变为独家推荐模式。这说明，只有直播平台不需要花费更多的精力和更多的成本来推荐产品（推荐的成本系数较低），直播平台才应当选择非独家推荐模式。否则，独家推荐模式是直播平台的最佳选择。对于品牌商 N

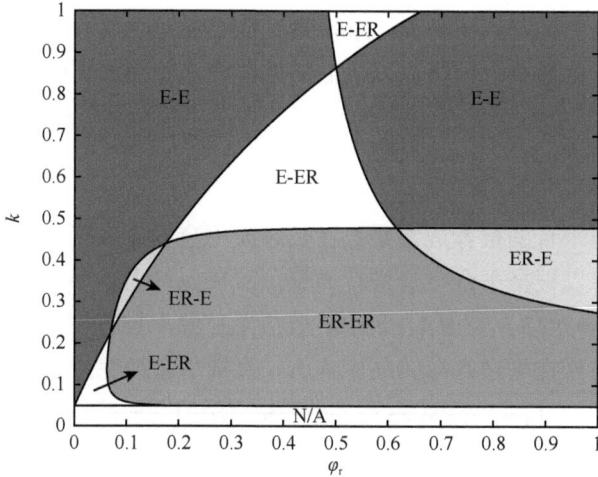

图 9.3　k 和 φ_r 对直播平台、品牌商 N 的模式选择的影响

而言，推荐成本系数的增加不会使其选择非独家推荐模式，即品牌商 N 总是会选择留在电商平台上销售商品，此时，直播平台无法与品牌商 N 达成合作，直播平台与品牌商 N 的合作共赢区域为独家推荐模式。在这种情况下，独家推荐模式不仅可以帮助直播平台专注于自己的推荐销售渠道，让更多的消费者留在直播平台上，还可以防止直播平台上的消费者流失，品牌商则可以最大化各自的利润。因此，在只有推荐成本系数和佣金变化时，直播平台需要根据不同情况选择不同的销售模式，这为直播平台在推荐成本系数和佣金率的变化条件下提供了可行的管理启示。

由图 9.3 可知，当推荐成本系数较低且推荐费用较低，或者在推荐成本系数较高时，直播平台应当选择独家推荐模式，否则，直播平台的最优选择模式应当为非独家推荐模式。对于品牌商 N 而言，在考虑推荐成本系数和推荐费用的影响下，独家推荐模式并不总是最优的选择：只有在推荐成本系数较高和推荐费用不是很低的情况下，或者在推荐成本系数较高且推荐费用也高的情况下，品牌商 N 才应选择独家推荐模式。这时，品牌商 N 和直播平台的最优策略选择均为独家推荐模式。由上述命题可知，较低的推荐成本系数会使推荐水平处于较高水平，若采用非独家推荐模式，较低的推荐费用会使得直播平台无利可图。当推荐成本系数很高且推荐费用也高时，即使直播平台采用非独家推荐模式，品牌商 N 也不会与直播平台合作推荐销售商品。因此，在该条件下，品牌商 N 和直播平台在独家推荐模式中才能够实现利润最大化。

此外，通过分析发现，在推荐成本系数较低但推荐费用不是很低时，出现了品牌商选择非独家推荐模式策略的情况。在该条件下，品牌商 N 和直播平台可以达成非独家推荐模式的合作，从而实现双赢。通过命题 9.4 知，推荐费用的增加能够使直播平台的推荐水平增加，品牌商 N 与直播平台合作可以扩大品牌商品的知名度和需求，直播平台则可以以较低的推荐成本获得最优的利润。

9.5.2　灵敏度分析

考虑到直播平台的推荐成本系数在长时间不会发生改变，但直播平台和电商平台的佣金率可以根据平台自身进行调整，故在保持上述参数设定的数值不变的条件下，设定 $k = 0.35$。图 9.4～图 9.7 分析了在独家推荐模式和非独家推荐模式下平台佣金率对直播平台商品的最优售价、直播平台最优推荐水平的影响。

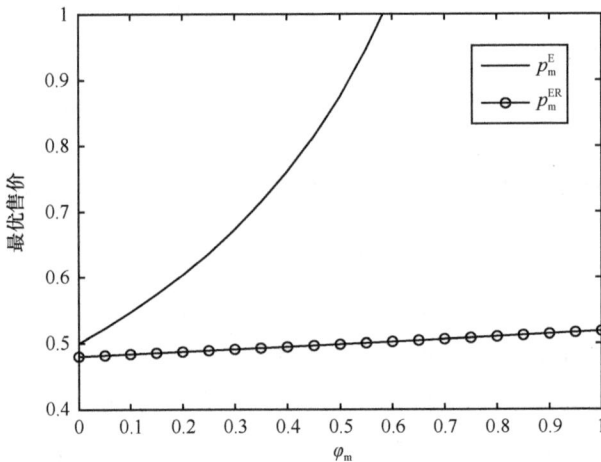

图 9.4　φ_m 对直播平台商品的最优售价的影响

由图 9.4 可知，直播平台的品牌商品售价均随直播平台佣金率递增。这是因为无论何种模式，品牌商 M 在直播市场的佣金成本增加，为了实现利润最大化，品牌商 M 都会相应提高商品售价，这与上述命题分析结果一致。同时，非独家推荐模式下直播平台的品牌商品售价总是低于独家推荐模式下的商品售价。由此可以认为，在独家推荐模式下，直播市场易形成市场壁垒，此时直播平台的品牌商可以根据平台的佣金率制订使自身利润最大化的商品售价。然而这对消费者与直播平台都是不利的，品牌商制订过高的商品售价，可能会导致商品销量降低，直播平台的市场份额减少。

由图 9.5 可知，电商平台的佣金率不直接影响独家推荐模式下品牌商 M 的商品售价，非独家推荐模式下品牌商 M 的商品售价随着电商平台佣金率的增加而缓慢降低，但总体处于比较稳定的状态。可见，电商平台的佣金率对直播平台的品牌商品售价影响较小。同时，独家推荐模式下的商品售价始终高于非独家推荐模式下的商品售价。这是由于在非独家推荐模式下，品牌商商品之间存在一定的竞争，由此会降低商品的价格。综合上述分析可得，非独家推荐模式能够稳定商品的市场价格，并防止某一平台在市场中形成垄断，这种模式对消费者有利。

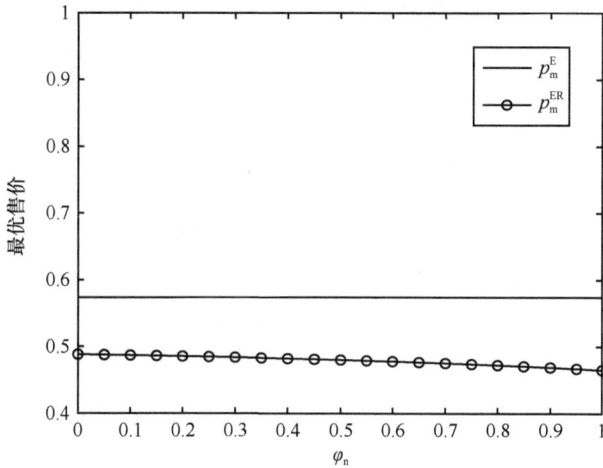

图 9.5　φ_n 对直播平台商品的最优售价的影响

由图 9.6 可知，随着直播平台佣金率的增加，两种模式下直播平台的最优推荐水平均会增加。但当直播平台佣金率较低时，非独家推荐模式下直播平台的推荐水平更高，反之，独家推荐模式下直播平台的推荐水平更高，且增加的速度更快。这意味着若想要提高商品的推荐水平，直播平台在其佣金率较低时应当选择非独家推荐模式，反之应当选择独家推荐模式，因为高的推荐水平能够提高商品的销售量。这一结论与实际相符，如抖音直播平台在开通抖音小店之初，为了吸引更多的品牌商和消费者，选择了非独家推荐模式，为苏宁、淘宝等电商平台上的品牌商品直播推荐销售。但随着其市场份额逐渐增大，在 2020 年第四季度，抖

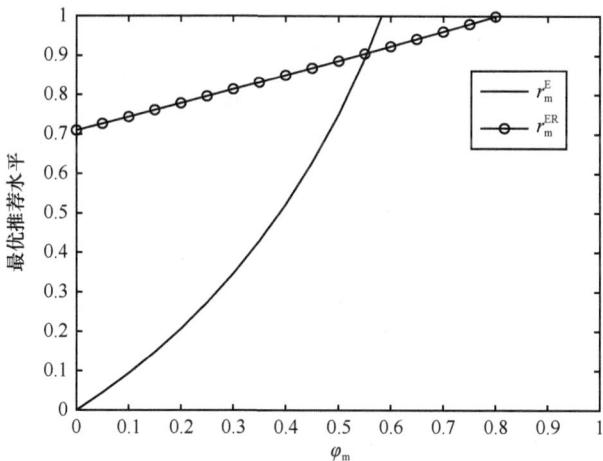

图 9.6　φ_m 对直播平台最优推荐水平的影响

音平台宣布实行独家推荐模式，即仅直播推荐抖音小店的商品，这更有利于提高平台的推荐水平，进而提高平台的市场份额。

由图 9.7 可知，若保持直播平台佣金率不变，而改变电商平台的佣金率，则直播平台的最优推荐水平在非独家推荐模式下仅受到轻微的负面影响，在独家推荐模式下则不受影响。非独家推荐模式下的直播平台的最优推荐水平总是远远高于独家推荐模式下的最优推荐水平。这说明直播平台在非独家推荐模式下可以保持较高的推荐水平，从而提高电商平台品牌商与直播平台合作的动机。结合图 9.4 和图 9.5 可得，在非独家推荐模式下，直播平台较高的推荐水平可以吸引更多的消费者购买到价格更低的品牌商品。

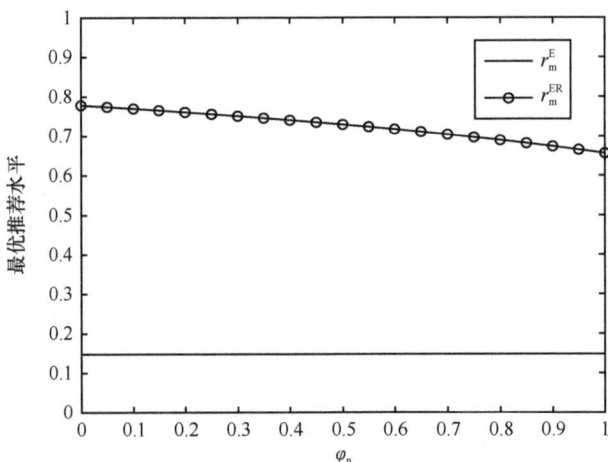

图 9.7　φ_n 对直播平台最优推荐水平的影响

为进一步分析直播平台的最优利润变化规律，图 9.8 描述了推荐成本系数、平台的佣金率以及直播平台推荐费用的变化对直播平台最优利润的影响。

由图 9.8（a）可知，当推荐成本系数较低时，非独家推荐模式下直播平台的利润最大。由上述命题可知，推荐成本系数较低时，直播平台可以提供较高的推荐水平。高的推荐水平可以提高商品的需求，进而给直播平台带来更多的利润。非独家推荐模式下，直播平台因其推荐电商平台的品牌商品而获得更多的推荐费用。因此，直播平台应当选择非独家推荐模式。随着推荐成本系数的增加，直播平台的推荐水平降低，品牌商品的价格降低。为保持平台利润最大化，直播平台应选择独家推荐模式。直播平台在模式选择时需要关注推荐成本系数，因为推荐成本系数的高低会影响直播平台从非独家推荐模式转为独家推荐模式。

由图 9.8（b）可知，直播平台佣金率的增加能够提高直播平台的利润，因此在两种模式下直播平台的利润均随佣金率递增。当直播平台的佣金率较低时，品

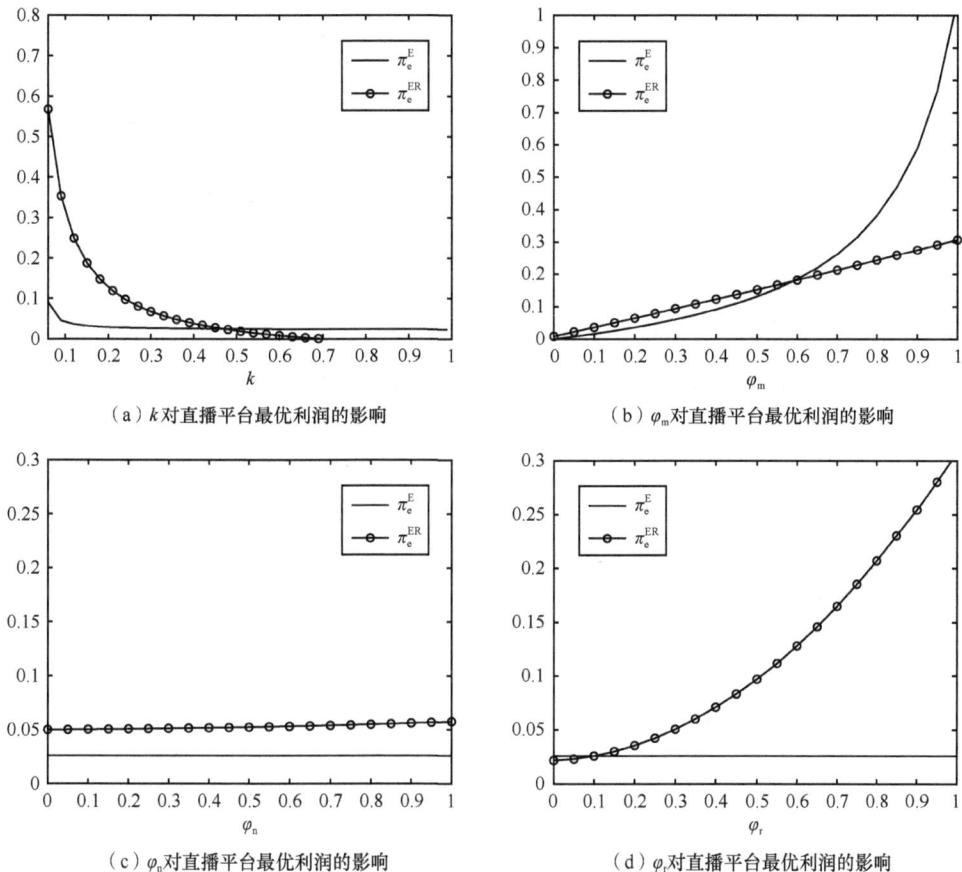

（a）k 对直播平台最优利润的影响　　　　（b）φ_m 对直播平台最优利润的影响

（c）φ_n 对直播平台最优利润的影响　　　　（d）φ_r 对直播平台最优利润的影响

图 9.8　不同参数对直播平台最优利润的影响

牌商在直播平台上的佣金成本较低，图 9.4 表明品牌商 M 在非独家推荐模式下能够制订更低的商品售价，从而增加商品的销售量，同时在非独家推荐模式下，较低的佣金成本也能使品牌商 N 在直播平台销售更多的商品，此时相较独家推荐模式，直播平台能够获得更多的推荐费用，因此直播平台在该条件下应选择非独家推荐模式。随着直播平台佣金率的提高，品牌商在直播平台的佣金成本增加，为实现利润的最大化，品牌商会提高商品售价，但由于在直播市场中消费者对直播平台的品牌商品黏性更高，此时独家推荐模式是直播平台的最优选择。

由图 9.8（c）可知，独家推荐模式下直播平台的利润不受电商平台佣金率的影响。随着电商平台佣金率的增加，在非独家推荐模式下，品牌商 N 在电商平台的佣金成本增加，为了提高销售利润，品牌商 N 会选择与直播平台合作为其直播推荐销售商品，此时直播平台不仅能够收取佣金盈利，还能向品牌商 N 收取一定的商品推荐费用，因此直播平台的利润随电商平台佣金率递增。根据命题 9.3 可知，电商平台佣金率的增加会提高直播平台的推荐水平，增加其推荐成本，故非独家推荐模式下直播平台利润的增加较为缓慢，但总是高于独家推荐模式下的利润。结合图9.7，高推荐水平有利于直播平台的利润，直播平台在非独家推荐模式下的利润不会受到电商平台佣金率较大的影响。

由图9.8（d）可知，独家推荐模式下直播平台的利润同样不受直播平台推荐费用的影响。在非独家推荐模式下，当直播平台的推荐费用较低时，品牌商N在直播平台销售商品的成本较低，商品的售价也较低，消费者对同质商品的需求量增加，因此非独家推荐模式下直播平台的利润随推荐费用递增。当直播平台的推荐费用持续增加时，品牌商N的成本增大，根据命题9.3可知品牌商M和品牌商N的商品售价都会随直播平台的推荐费用递增，平台的推荐水平也会递增。较高的推荐水平能够使品牌商愿意支付较高的推荐费用，从而提高商品需求和市场竞争力。直播平台此时能够获得更大的利润，故其利润会随着推荐费用的增加而增加。但当直播平台的推荐费用过高时，需要考虑品牌商N的利润变动是否能够维持其与直播平台的合作意愿。直播平台在非独家推荐模式中应合理设置平台的推荐费用，以保持与电商平台品牌商的合作。

9.6　本章小结

本章考虑在渠道竞争条件下直播平台的两种推荐销售模式：独家推荐模式和非独家推荐模式，探讨在不同条件下直播平台的最优销售模式与推荐策略的选择问题。经过分析，结论如下。

（1）若只考虑推荐成本系数和直播平台佣金率的变化，直播平台在推荐成本系数较低时应选择非独家推荐模式，在推荐成本系数较高时应选择独家推荐模式。此时电商平台上的品牌商没有动机与直播平台实现合作，直播平台在独家推荐模式下可以实现利润的最大化。若只考虑推荐成本系数和直播平台的推荐费用的变化，直播平台的选择策略不变，但电商平台上的品牌商有动机与直播平台实现合作，即当推荐成本系数较低且推荐费用不是很低时，直播平台和电商平台上的品牌商可以同时在非独家推荐模式下实现利润的最大化。此时直播平台采取非独家推荐模式能够使二者实现共赢。

（2）随着推荐成本系数的增加，两种模式下的品牌商品的售价和直播平台的最优推荐水平均会降低，因此，直播平台和其平台上的品牌商的利润均会随着推荐成本系数的增加而降低。分析结果得到一个反直觉的结论是，在非独家推荐模式下，推荐成本系数的增加并不总会使得电商平台的利润增加，在一定条件下，电商平台的利润会随着推荐成本系数的增加而降低。

（3）随着直播平台佣金率的增加，直播平台的最优推荐水平和商品售价均会增加。同时，直播平台的最优推荐水平也会受到电商平台佣金率的影响，但主要受到直播平台佣金率的影响：在直播平台的佣金率较低时，非独家推荐模式下直播平台的最优推荐水平总是高于独家推荐模式。此外，在非独家推荐模式下，推荐费用对商品售价和最优推荐水平的影响与直播平台佣金率起到的作用相似，但在影响直播平台中的品牌商的利润方面则起到相反的作用。

（4）本章得到的管理启示有：直播平台需要根据推荐成本系数和佣金率以及推荐费用的情况选择最利于自身的销售模式。当直播平台的推荐成本较低时，可以通过设置合适的推荐费用为电商平台上的品牌商推荐销售商品，以此提高市场势力、吸引消费者在直播平台购买商品，同时加大入驻平台的优惠力度，吸引品牌商入驻直播平台销售商品，既能实现利润最大化，还可保证电商平台上的品牌商与直播平台实现双赢。当直播平台的推荐成本逐渐上升时，直播平台可以适当提高佣金或推荐费用阻止电商平台上的品牌商进入直播平台，从而只为平台自有品牌商进行独家推荐，这时也可以实现直播平台的利润最大化。

第 10 章　直播竞争下直播平台推荐模式选择与服务策略

电商平台上的许多品牌商开始使用直播展示并推荐销售商品，直播平台也通过平台直播推出其电商功能。本章考虑两个平台存在直播竞争时，平台的销售模式选择问题。通过建立直播竞争下的独家推荐销售模式和非独家推荐销售模式的 Stackelberg 博弈模型，探讨存在直播竞争条件下直播平台的最优模式选择与推荐策略，并分析不同因素对平台最优模式选择与推荐策略的影响。研究结论表明，若考虑推荐成本系数和直播平台佣金率的变化，只有在推荐成本系数和直播平台佣金率均较小时，直播平台应当选择非独家推荐模式为最优模式，否则直播平台应当选择独家推荐模式作为最优模式。若考虑推荐成本系数和推荐费用的变化，只有在推荐成本系数较小，而直播平台推荐费用较大时，直播平台应当选择非独家推荐模式，否则应当选择独家推荐模式。当推荐成本系数较大时，非独家推荐模式下的直播平台最优推荐水平高于独家推荐模式下的直播平台最优推荐水平。推荐成本系数的增加能够促使独家推荐模式下的商品售价和平台推荐水平的降低，从而降低对应平台的利润，但能够使非独家推荐模式下的直播平台的最优推荐水平增加。

10.1　研究背景与问题提出

近年来，随着电子信息技术的发展，平台经济已经成熟并深刻影响着供应链结构。直播作为一项新兴技术，在过去几年中经历了越来越快速和强劲的增长。中国的很多电商平台，如京东、淘宝，已经开始将这项原本应用于游戏和新闻的技术商业化。电商平台上的许多品牌商开始使用直播展示并推荐销售他们的商品。由于直播具有观看性与实时的互动性，越来越多的消费者愿意通过直播渠道购买商品。毕马威和阿里巴巴研究院的研究数据显示，2021 年双十一期间，淘宝 GMV 超过 5000 亿元，其中直播电商 GMV 为 1318.6 亿元，同比增长 80.9%。电商平台上的直播渠道就像一个加速器，能够为电商平台带来新的流量，从而保持高质量发展。《新中国电子商务报告（2021）》称，直播电子商务已成为中国电子商务的新赛道。

2018 年，抖音、快手等直播和短视频平台（以下简称为"直播平台"）开始通过平台直播推出自己的电商功能。Facebook 直播和 YouTube 直播也开始出现在市场上（Liu et al.，2021a）。对于直播平台而言，其独特之处在于总有活跃的用户观看直播或视频。据统计，2022 年 3 月，抖音平台上的月活跃用户达 9 亿多人，且一直保持增长态势。巨大的潜在需求促使直播平台利用推荐销售逐步探索出与电商平台不同的销售模式。在面对电商平台的直播竞争时，直播平台的推荐销售模式可以分为两种：一种是独家推荐模式，即仅为自有平台的品牌商品推荐销售。在推荐销售的过程中，平台为商品在直播中做出的推荐努力程度（以下简称为"推荐水平"）是影响直播平台上的消费者进行购买的一个重要因素。推荐水平越高，消费者的购买动机就越强，进而商品的需求量就越高。另一种是非独家推荐模式，即直播平台在推荐销售自有品牌商品的基础上，还为电商平台的品牌商品推荐销售。例如，在抖音直播平台的直播销售初期，平台允许为淘宝、苏宁等电商平台推荐和销售商品。

　　然而，2020 年 10 月，抖音表示，淘宝、京东等第三方来源的产品将不再被允许进入其平台的购物车。因此研究直播竞争下平台的推荐模式选择策略具有现实意义。对于直播平台来说，在面对电商平台直播竞争时，应该如何选择推荐销售模式；在选择不同的销售模式时，直播平台如何制定最优的推荐策略；在直播竞争条件下，直播平台是否能够与电商平台之间达成合作；这些将成为本章研究的重点。10.2 节对问题进行描述和基本假设。10.3 节构建直播竞争下平台独家推荐模式，分析了平台的推荐成本系数、佣金率对产品价格、平台推荐水平和利润的影响。10.4 节构建直播竞争下平台非独家推荐模式，分析了平台的推荐成本系数、佣金率和推荐费用对产品价格、平台推荐水平和利润的影响。10.5 节通过数值模拟探讨推荐成本系数、平台的佣金率以及推荐费用对直播平台的销售模式选择的影响，并讨论了研究问题的两个扩展。10.6 节是本章小结。

10.2　问题描述与基本假设

　　考虑如图 10.1 所示的由两个品牌商（记为 M、N）以及直播平台、电商平台组成的二级供应链，两个品牌商在两个平台上各自销售同质商品。电商平台始终以推荐水平 r_n 为品牌商 N 直播销售商品，而直播平台可以选择是否为电商平台上的品牌商推荐销售商品。若不推荐销售，则为独家推荐模式，直播平台仅为品牌商 N 独家推荐销售商品。若推荐销售，则为非独家推荐模式，直播平台同时在平台上以相同推荐水平 r_m 推荐销售品牌商 M 和品牌商 N 的商品，直播平台上出现直播市场和推荐市场。此时，品牌商 N 需要向直播平台缴纳一定的推荐费用 φ_r，直播平台和电商平台分别向各自平台的品牌商收取佣金率 φ_m 和 φ_n。

　　根据消费者效用模型，假设消费者对同质商品的效用估值为 v，且 v 均匀分布在 [0,1] 上（Chen and Guo，2022），直播平台上的消费者对电商平台上商品的接受度为 $\theta \in (0,1)$（Geng et al.，2018），则直播市场、推荐市场、电商市场中的消费者

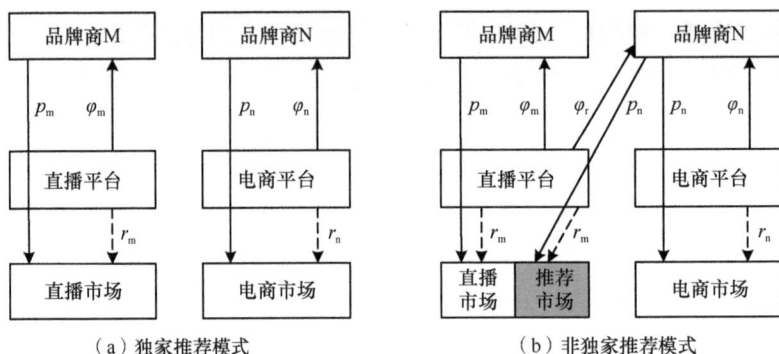

（a）独家推荐模式　　　　　　　　　　（b）非独家推荐模式

图 10.1　直播竞争下直播平台的推荐销售模式

对商品的估值分别为 v，θv，v。由于直播平台和电商平台均对商品进行直播销售，故消费者的需求还受到平台推荐水平的影响，两个平台分别产生推荐成本 $(kr_i^2)/2$，$i=\mathrm{m,n}$（Song et al.，2017b）。其中，k 为平台的推荐成本系数，r_i 为平台的推荐水平（Bae et al.，2022）。此外，为了区别直播平台和电商平台上的消费者，引入消费者实际购买系数 β 表示直播平台上的消费者实际购买商品的可能性。分别采用上角标 R 和 RR 表示直播竞争下的独家推荐模式和非独家推荐模式的均衡解。采用下角标 m，n，e，d 分别表示品牌商 M、品牌商 N、直播平台和电商平台。表 10.1 总结了模型的相关参数。

表 10.1　直播竞争条件下平台推荐销售模型相关参数

参数	含义
v	消费者对同质商品的估值
p_i	品牌商 $i(i=\mathrm{m,n})$ 对商品的定价
r_i	平台对品牌商 $i(i=\mathrm{m,n})$ 设定的商品推荐水平
φ_i	平台对品牌商 $i(i=\mathrm{m,n})$ 设定的商品佣金率
φ_r	直播平台向品牌商 N 收取的推荐费用
θ	直播平台上的消费者对品牌商 N 的商品接受程度
k	推荐成本系数
β	消费者实际购买率

10.3　直播竞争下平台独家推荐模式

在直播平台不为电商平台的品牌商推荐销售商品时，直播平台和电商平台均只为自有品牌商直播推荐商品，此时两个平台拥有对品牌商品设定推荐水平的优势。直播平台和电商平台首先同时确定对各自品牌商品的推荐水平 $r_i(i=\mathrm{m,n})$，品牌商依据商品的推荐水平确定商品的销售价格。品牌商与平台之间均形成以平台为主导的 Stackelberg 博弈关系。

假设直播市场和电商市场的消费者效用为 U_m 和 U_n，可得

$$U_m = v - p_m + r_m \tag{10.1}$$

$$U_n = v - p_n + r_n \tag{10.2}$$

依据消费者效用理论和消费者行为理论，若消费者是理性的，则当 $U_m>0$，$U_n>0$ 时，消费者才会在直播平台和电商平台上购买品牌商品。通过计算，可得直播平台和电商平台的需求函数为

$$D_m = \int_{p_m-r_m}^{1} 1 \cdot dv = 1 - p_m + r_m \tag{10.3}$$

$$D_n = \int_{p_n-r_n}^{1} 1 \cdot dv = 1 - p_n + r_n \tag{10.4}$$

分别建立品牌商 M、品牌商 N 以及直播平台和电商平台的利润函数，可得

$$\pi_m = (1-\varphi_m) p_m D_m \beta \tag{10.5}$$

$$\pi_n = (1-\varphi_n) p_n D_n \tag{10.6}$$

$$\pi_e = \varphi_m p_m D_m \beta - \frac{1}{2} k r_m^2 \tag{10.7}$$

$$\pi_d = \varphi_n p_n D_n - \frac{1}{2} k r_n^2 \tag{10.8}$$

利用逆向归纳法，求解该模式下品牌商的最优售价以及直播平台、电商平台的最优推荐水平，为保证均衡解为存在且均为正值，假设 $k > \max\{(\varphi_m\beta)/2, \varphi_n/2\}$，通过计算得出如下结论。

引理 10.1　在渠道竞争下，当直播平台采用独家推荐模式时，品牌商 M 和品牌商 N 的最优售价分别为 $p_m^R = k/(2k-\varphi_m\beta)$，$p_n^R = k/(2k-\varphi_n)$，直播平台和电商平台的最优推荐水平分别为 $r_m^R = (\varphi_m\beta)/(2k-\varphi_m\beta)$，$r_n^R = \varphi_n/(2k-\varphi_n)$。

证明　将式（10.3）、式（10.4）代入式（10.5）～式（10.8），对品牌商 M 求价格 p_m 的二阶偏导数，由于 $\partial^2 \pi_m / \partial p_m^2 = -2\beta(1-\varphi_m)<0$，故 π_m 是关于 p_m 的凹函数，有最大值。对品牌商 M 的利润函数 π_m 关于销售价格 p_m 求一阶偏导数，可得

$$\frac{\partial \pi_m}{\partial p_m} = \beta(1-\varphi_m)(1-2p_m+r_m)$$

令此一阶偏导数为零，可得 $p_m(r_m)=(1+r_m)/2$，将其代入直播平台的利润函数，针对直播平台的利润函数求 r_m 的二阶偏导数，由于 $\partial^2 \pi_e / \partial r_m^2 = -k + (\varphi_m\beta)/2<0$，$\pi_e$ 是关于 r_m 的凹函数，同样有最大值。故令其一阶导数为零，即 $\partial \pi_e / \partial r_m = -k r_m + (\varphi_m\beta(1+r_m))/2 = 0$，可得 $r_m = (\varphi_m\beta)/(2k-\varphi_m\beta)$。代入 $p_m(r_m)=(1+r_m)/2$ 中可得 $p_m = k/(2k-\varphi_m\beta)$。同理，可求得电商平台的最优推荐水平和品牌商 N 的最优定价。引理得证。

考虑该模式下平台的推荐成本系数、平台的佣金率对品牌商的最优售价与平台的最优推荐水平的影响，可得出如下结论。

命题 10.1　在模式 R 中，当推荐成本系数以及平台的佣金率变化时，可得到如下结论：$\partial p_i^R/\partial k<0$，$\partial r_i^R/\partial k<0$；$\partial p_i^R/\partial \varphi_i>0$，$\partial r_i^R/\partial \varphi_i>0$；$\partial p_m^R/\partial \beta>0$，$\partial r_m^R/\partial \beta>0$，其中 $i=\text{m,n}$。

证明　对引理 10.1 当中的最优均衡结果关于 k，φ_m，β 求一阶偏导数，得到：

$$\partial p_m^R/\partial k=-\varphi_m\beta/(2k-\varphi_m\beta)^2，\quad \partial p_n^R/\partial k=-\varphi_n/(2k-\varphi_n)^2$$

$$\partial r_m^R/\partial k=-2\varphi_m\beta/(2k-\varphi_m\beta)^2，\quad \partial r_n^R/\partial k=-2\varphi_n/(2k-\varphi_n)^2$$

$$\partial p_m^R/\partial \varphi_m=k\beta/(2k-\varphi_m\beta)^2，\quad \partial r_m^R/\partial \varphi_m=2k\beta/(2k-\varphi_m\beta)^2，$$

$$\partial p_n^R/\partial \varphi_n=k/(2k-\varphi_n)^2 \quad \partial r_n^R/\partial \varphi_n=2k/(2k-\varphi_n)^2，\quad \partial p_m^R/\partial \beta=k\varphi_m/(2k-\varphi_m\beta)^2$$

$$\partial r_m^R/\partial \beta=2k\varphi_m/(2k-\varphi_m\beta)^2$$

通过假设 $k>\max\{\varphi_m\beta/2,\varphi_n/2\}$，可判断对应正负关系。命题得证。

命题 10.1 表明，在直播竞争条件下，若直播平台采取独家推荐模式，则直播平台和电商平台构成的供应链结构相似。无论哪一个平台上的品牌商，其最优售价均随推荐成本系数的增加而减少。无论直播平台还是电商平台，其最优的推荐水平均随推荐成本系数的增加而降低。但随着两个平台各自的佣金率的增加，品牌商品的最优售价和平台的最优推荐水平会增加。可见，平台在采用直播推荐销售商品时，推荐成本的增加会降低平台的最优推荐水平和商品的价格，但平台佣金率的增加可以改善这一现象。平台可以在推荐成本增加的同时改变佣金率的大小，从而改善平台对商品的最优推荐水平。此外，直播平台中消费者的实际购买率的增加可以提高品牌商 M 的最优售价和直播平台的最优推荐水平，直播平台应当采取一定的推广和宣传提高直播平台中消费者的实际转化率。

以下考虑模型中的不同参数对供应链各方成员利润的影响，可得如下结论。

命题 10.2　在模式 R 中，通过分析推荐成本系数、两个平台的佣金率以及推荐费用等参数对两个品牌商的利润以及两个平台的利润的影响，可得如下结论。

（1）$\partial \pi_m^R/\partial k<0$，$\partial \pi_e^R/\partial k<0$，$\partial \pi_n^R/\partial k<0$，$\partial \pi_d^R/\partial k<0$。

（2）$\partial \pi_e^R/\partial \varphi_m>0$，$\partial \pi_d^R/\partial \varphi_n>0$；当 $k\in(0,\beta(2-\varphi_m)/2)$ 时，$\partial \pi_m^E/\partial \varphi_m>0$，否则 $\partial \pi_m^E/\partial \varphi_m<0$；当 $k\in[0,(2-\varphi_n)/2]$ 时，$\partial \pi_n^E/\partial \varphi_n\geq0$，否则 $\partial \pi_n^E/\partial \varphi_n<0$。

（3）$\partial \pi_m^E/\partial \beta>0$，$\partial \pi_e^E/\partial \beta>0$。

证明　将引理 10.1 当中的最优均衡结果代入式（10.5）～式（10.8）中，对品牌商和平台的利润分别求推荐成本系数、平台的佣金率以及消费者的实际购买率的一阶偏导数，可得

$$\frac{\partial \pi_m^R}{\partial k}=\frac{-2k\varphi_m\beta(1-\varphi_m)}{(2k-\varphi_m\beta)^3}，\quad \frac{\partial \pi_n^R}{\partial k}=\frac{-2k\varphi_n(1-\varphi_n)}{(2k-\varphi_n)^3}，\quad \frac{\partial \pi_e^R}{\partial k}=\frac{-2k\varphi_m^2\beta^2}{4(2k-\varphi_m\beta)^2}$$

$$\frac{\partial \pi_d^R}{\partial k}=\frac{-2k\varphi_n^2}{4(2k-\varphi_n)^2}，\quad \frac{\partial \pi_m^R}{\partial \varphi_m}=\frac{k^2\beta\big(2(\beta-k)-\beta\varphi_m\big)}{(2k-\varphi_m\beta)^3}，\quad \frac{\partial \pi_n^R}{\partial \varphi_n}=\frac{k^2\big(2(1-k)-\varphi_n\big)}{(2k-\varphi_n)^3}$$

$$\frac{\partial \pi_{\mathrm{e}}^{\mathrm{R}}}{\partial \varphi_{\mathrm{m}}} = \frac{\beta k^2}{(2k - \varphi_{\mathrm{m}}\beta)^2} \ , \quad \frac{\partial \pi_{\mathrm{d}}^{\mathrm{R}}}{\partial \varphi_{\mathrm{n}}} = \frac{4k^2}{4(2k - \varphi_{\mathrm{n}})^2} \ , \quad \frac{\partial \pi_{\mathrm{m}}^{\mathrm{R}}}{\partial \beta} = \frac{k^2(1 - \varphi_{\mathrm{m}})(2k + \varphi_{\mathrm{m}}\beta)}{(2k - \varphi_{\mathrm{m}}\beta)^3}$$

$$\frac{\partial \pi_{\mathrm{e}}^{\mathrm{R}}}{\partial \beta} = \frac{\varphi_{\mathrm{m}} k^2}{(2k - \varphi_{\mathrm{m}}\beta)^2}$$

依据假设 $k > \max\{\varphi_{\mathrm{m}}\beta/2, \varphi_{\mathrm{n}}/2\}$ 判断导数的正负值，命题得证。

命题 10.2 表明，在有直播竞争的独家推荐模式下，无论直播平台还是电商平台，只要推荐成本系数增加，不断上升的推荐成本均会降低品牌商和平台的利润。这是由于推荐成本系数越高，品牌商的最优售价和平台的最优推荐水平均会降低，从而使品牌商和平台的单位利润降低，这阻止了供应链成员中每个人的利润增长。结合命题 10.1，若两个平台提高各自的佣金率，则可以提高商品的最优售价和平台的最优推荐水平，直播平台和电商平台的利润则可以随着平台佣金率的增加而增加。当推荐成本系数较小时，两个品牌商的利润也将随着平台佣金率的增加而增加。此外，消费者的实际购买率能够正向影响直播市场的实际需求，故当消费者的实际购买率增加时，直播平台和品牌商 M 的利润增加。

10.4　直播竞争下平台非独家推荐模式

在直播平台为电商平台的品牌商推荐销售商品时，直播平台上的消费者可以选择购买品牌商 M 或者品牌商 N 的商品。直播平台以同一推荐水平为两种品牌商推荐销售商品，电商平台则以另一种推荐水平为品牌商 N 推荐销售商品。此时，两个平台同时确定各自平台的推荐水平，两个品牌商再依据不同的推荐水平确定各自商品的销售价格。

令消费者在直播市场和推荐市场的效用表示为 $U_{\mathrm{m1}}, U_{\mathrm{m2}}$，消费者在电商市场上的效用表示为 U_{n}，则消费者效用表示为

$$U_{\mathrm{m1}} = v - p_{\mathrm{m}} + r_{\mathrm{m}} \tag{10.9}$$

$$U_{\mathrm{m2}} = \theta v - p_{\mathrm{n}} + r_{\mathrm{m}} \tag{10.10}$$

$$U_{\mathrm{n}} = v - p_{\mathrm{n}} + r_{\mathrm{n}} \tag{10.11}$$

依据 Bae 等(2022)的研究可知，令 $U_{\mathrm{m1}} = U_{\mathrm{m2}}$，求得无差异点为 $(p_{\mathrm{m}} - p_{\mathrm{n}})/(1 - \theta)$，若直播市场的消费者效用大于推荐市场的效用，则在直播平台上的消费者购买品牌商 M 的商品，若直播市场的消费者效用小于推荐市场的效用，则在直播平台上的消费者购买品牌商 N 的商品。通过计算，在满足条件 $(p_{\mathrm{n}} - r_{\mathrm{m}})/(p_{\mathrm{m}} - r_{\mathrm{m}}) < \theta <$ $1 - p_{\mathrm{m}} + p_{\mathrm{n}}$ 时，可保证直播市场和电商市场的需求均为正值。电商市场的消费者在效用大于零时购买品牌商 N 的商品。因此，三个市场对应的消费者需求函数表示为

$$D_{\mathrm{m1}} = \int_{\frac{p_{\mathrm{m}} - p_{\mathrm{n}}}{1 - \theta}}^{1} 1 \cdot \mathrm{d}v = 1 - \frac{p_{\mathrm{m}} - p_{\mathrm{n}}}{1 - \theta} \tag{10.12}$$

$$D_{m2} = \int_{\frac{p_n - r_m}{\theta}}^{\frac{p_m - p_n}{1-\theta}} 1 \cdot dv = \frac{p_m - p_n}{1-\theta} - \frac{p_n - r_m}{\theta} \tag{10.13}$$

$$D_n = \int_{p_n - r_n}^{1} 1 \cdot dv = 1 - p_n + r_n \tag{10.14}$$

根据以上需求函数，可构建品牌商和平台的对应利润函数为

$$\pi_m = (1 - \varphi_m) p_m D_{m1} \beta \tag{10.15}$$

$$\pi_n = (1 - \varphi_n) p_n D_n + (p_n - \varphi_r) D_{m2} \beta \tag{10.16}$$

$$\pi_e = \varphi_m p_m D_{m1} \beta + \varphi_r D_{m2} \beta - \frac{1}{2} k r_m^2 \tag{10.17}$$

$$\pi_d = \varphi_n p_n D_n - \frac{1}{2} k r_n^2 \tag{10.18}$$

利用逆向归纳法求解上述 Stackelberg 模型，假设 $k > (2\varphi_n C(A-C))/A^2$，可得如下引理，其中，$A = 4\theta(1-\theta)(1-\varphi_n) + (4-\theta)\beta$。

引理 10.2　在有直播竞争下，当直播平台采用非独家推荐模式时，品牌商 M 和品牌商 N 的最优售价，以及直播平台和电商平台的最优推荐水平分别为

$$p_m^{RR} = \frac{BE + (AE + 2\beta G)(1-\theta)}{2AE} + \frac{CEF + 2CG\varphi_n(1-\varphi)(4-\theta)\beta^2}{2AE(kA^2 - 2\varphi_n C(A-C))}$$

$$+ \frac{\theta(1-\theta)\varphi_m CEF\beta^2 + 2\theta\varphi_m\varphi_n CG(4-\theta)(1-\theta)^2\beta^4}{AE^2(kA^2 - 2\varphi_n C(A-C))}$$

$$p_n^{RR} = \frac{2\beta G(1-\theta)}{AE} + \frac{EF^2 + 2GF\varphi_n(1-\theta)(4-\theta)\beta^2}{AE(kA^2 - 2\varphi_n C(A-C))}$$

$$+ \frac{2\theta(1-\theta)\varphi_m CEF\beta^2 + 4\theta\varphi_m\varphi_n CG(4-\theta)(1-\theta)^2\beta^4}{AE^2(kA^2 - 2\varphi_n C(A-C))} + \frac{B}{A}$$

$$r_m^{RR} = \frac{G(KA^2 - 2\varphi_n C(A-C)) + \theta\beta\varphi_m CF}{E(kA^2 - 2\varphi_n C(A-C))} + \frac{2\theta\varphi_m\varphi_n CG(1-\theta)(4-\theta)\beta^3}{E^2(kA^2 - 2\varphi_n C(A-C))}$$

$$r_n^{RR} = \frac{EF + 2G\varphi_n(1-\theta)(4-\theta)\beta^2}{E(kA^2 - 2\varphi_n C(A-C))}$$

其中，$B = 2\theta(1-\theta)(1-\varphi_n) + (1-\theta)\beta\theta + 2\beta\varphi_r$，$C = 2\theta(1-\theta)(1-\varphi_n)$，$E = k\theta(2C + (4-\theta)\beta)^2 - 2\varphi_m\theta(1-\theta)\beta^3$，$F = \varphi_n\beta C(4-3\theta-4\varphi_r+2\theta^2) + \varphi_n(2C+(4-\theta)\beta)(C+(1-\theta)\beta\theta+2\beta\varphi_r)$，$G = \varphi_m\theta\beta^2(A(1-\theta)+B) + 2\varphi_r\beta(C+\beta)(2C+(4-\theta)\beta)$。

证明　将式（10.12）～式（10.14）代入式（10.15）～式（10.18）中，对品牌商 M 和品牌商 N 分别求一阶偏导数和二阶偏导数，得到：

$$\frac{\partial \pi_m}{\partial p_m} = \frac{\beta(1-\varphi_m)(1-2p_m+p_n-\theta)}{1-\theta}$$

$$\frac{\partial \pi_{\mathrm{n}}}{\partial p_{\mathrm{n}}} = (1-\varphi_{\mathrm{n}})(1+r_{\mathrm{n}}) + \beta\varphi_{\mathrm{r}}\left(\frac{1}{1-\theta}+\frac{1}{\theta}\right) + \beta\left(\frac{p_{\mathrm{m}}}{1-\theta}+\frac{r_{\mathrm{m}}}{\theta}\right)$$

$$\frac{\partial^2 \pi_{\mathrm{m}}}{\partial p_{\mathrm{m}}^2} = \frac{2\beta(1-\varphi_{\mathrm{m}})}{1-\theta}$$

$$\frac{\partial^2 \pi_{\mathrm{n}}}{\partial p_{\mathrm{n}}^2} = -2(1-\varphi_{\mathrm{n}}) - 2\beta\left(\frac{1}{1-\theta}+\frac{1}{\theta}\right)$$

由于 $\partial^2\pi_{\mathrm{m}}/\partial p_{\mathrm{m}}^2 < 0$ 和 $\partial^2\pi_{\mathrm{n}}/\partial p_{\mathrm{n}}^2 < 0$，品牌商 M 和品牌商 N 的利润函数分别是关于商品售价的凹函数，因此均有最大值。将一阶导函数联立求得关于商品推荐水平的价格函数：

$$p_{\mathrm{m}}(r_{\mathrm{m}}, r_{\mathrm{n}}) = \frac{1}{A}\left((1-\theta)\left(\beta(2+r_{\mathrm{m}}) + \theta(1-\varphi_{\mathrm{n}})(3+r_{\mathrm{n}}-2\theta)\right) + \beta\varphi_{\mathrm{r}}\right)$$

$$p_{\mathrm{n}}(r_{\mathrm{m}}, r_{\mathrm{n}}) = \frac{(1-\theta)}{A}\left(2\beta r_{\mathrm{m}} + \theta\left(\beta + 2(1+r_{\mathrm{n}})(1-\varphi_{\mathrm{n}})\right)\right) + \frac{\beta\varphi_{\mathrm{r}}}{A}$$

将上述价格代入式（10.17）和式（10.18）中，分别求直播平台和电商平台关于各自平台的推荐水平的一阶和二阶导函数，根据 $\partial^2\pi_{\mathrm{e}}/\partial r_{\mathrm{n}}^2 < 0$，$\partial^2\pi_{\mathrm{d}}/\partial r_{\mathrm{n}}^2 < 0$ 知平台的利润函数是关于各自推荐水平的凹函数，故根据一阶条件联立得到两平台的推荐水平，进一步将推荐函数代入关于商品推荐水平的价格函数中，引理得证。

以下考虑不同参数对该模式下的两个平台的最优推荐水平的影响，可得如下结论。

命题 10.3　在模式 RR 中，当推荐成本系数、平台的佣金率以及推荐费用变化时，可得

（1）$\partial r_{\mathrm{m}}^{\mathrm{RR}}/\partial k > 0$，$\partial r_{\mathrm{n}}^{\mathrm{RR}}/\partial k < 0$。

（2）$\partial r_{\mathrm{m}}^{\mathrm{RR}}/\partial\varphi_{\mathrm{m}} > 0$，$\partial r_{\mathrm{n}}^{\mathrm{RR}}/\partial\varphi_{\mathrm{m}} > 0$，$\partial r_{\mathrm{m}}^{\mathrm{RR}}/\partial\varphi_{\mathrm{n}} < 0$，当 $\varphi_{\mathrm{n}} < \varphi_{\mathrm{n}1}$ 时，$\partial r_{\mathrm{n}}^{\mathrm{RR}}/\partial\varphi_{\mathrm{n}} > 0$，否则 $\partial r_{\mathrm{n}}^{\mathrm{RR}}/\partial\varphi_{\mathrm{n}} < 0$。

（3）$\partial r_{\mathrm{m}}^{\mathrm{RR}}/\partial\varphi_{\mathrm{r}} > 0$，$\partial r_{\mathrm{n}}^{\mathrm{RR}}/\partial\varphi_{\mathrm{r}} > 0$。

证明　对引理 10.2 的均衡解求关于推荐成本系数、平台的佣金率以及推荐费用的一阶偏导数。依据模型假设，可判断函数的正负关系。此外，由于平台的推荐水平关于电商平台的佣金率的一阶导函数结果较为复杂，证明中不再列出，但通过介值定理，可以判断存在一点 $\varphi_{\mathrm{n}1}$ 使一阶导函数为零，从而命题得证。

由命题 10.3 可知，电商平台上的最优推荐水平随着推荐成本系数的增加而降低，即电商平台在直播时产生的推荐成本抑制了其增加推荐水平的动机，这与前面的命题一致。但是，在直播竞争条件下，直播平台的非独家推荐模式使得直播平台的最优推荐水平随着推荐成本系数的增加而增加，这与模式 R 得到的分析结果相反。由此可以认为，直播竞争的存在有利于直播平台提高需求转化率，同时吸引电商平台的品牌商进入直播平台，从而提高直播平台的单位利润。

分析还发现，直播平台和电商平台的最优推荐水平均随着直播平台的佣金率的增加而增加，而直播平台的最优推荐水平会随着电商平台的佣金率的增加而降低，电商平台的最优推荐水平会随着电商平台的佣金率的增加而降低。在直播竞争下，直播平台和电商平台提高各自的佣金率会导致平台的最优推荐水平出现不同的变化。当直播平台的佣金率增加时，电商平台的佣金率必须增加才可以制约直播平台的最优推荐水平的增加，这时两个平台的最优推荐水平可以保持在一个较稳定的状态。这就解释了为什么在竞争条件下，平台的佣金率会同时增加。此外，推荐费用的增加能够促使直播平台提高对商品的最优推荐水平，由于直播竞争的存在，电商平台也会提高对商品的最优推荐水平。

由于 RR 模式中供应链各个成员的利润具有一定的复杂性，故不同因素对于该模式中相关利润的影响在 10.5 节进行分析。以下分析在直播竞争条件下的独家推荐模式和非独家推荐模式关于平台的最优推荐水平和商品的最优销售价格之间的关系。

命题 10.4　比较分析 R 模式和 RR 模式，可得以下结论。

（1）当 $k > k_1$ 时，$r_m^{RR} > r_m^R$，否则 $r_m^{RR} < r_m^R$；$r_n^{RR} < r_n^R$。

（2）当 $\varphi_r > \varphi_{r1}$ 时，$p_m^{RR} > p_m^R$，否则 $p_m^{RR} < p_m^R$。

（3）当 $\varphi_r > \varphi_{r2}$ 时，$p_n^{RR} > p_n^R$，否则 $p_n^{RR} < p_n^R$。

证明　令 $f_1 = r_m^{RR} - r_m^R$，$f_2 = r_n^{RR} - r_n^R$，$f_3 = p_m^{RR} - p_m^R$，$f_4 = p_n^{RR} - p_n^R$。由于函数具有单调性，通过介值定理可得存在一点 k_1，φ_{r1}，φ_{r2}，使得 $f_1 = 0$，$f_3 = 0$，$f_4 = 0$，故可判断以上三个函数在不同区间范围的正负关系。此外通过判断可得 $f_2 < 0$，因此命题得证。

命题 10.4 表明，只有当推荐成本系数较高时，直播平台在非独家推荐模式下的推荐水平优于独家推荐模式下的推荐水平，否则直播平台在独家推荐模式下的推荐水平更优，但是电商平台在非独家推荐模式下的推荐水平总是低于独家推荐模式下的推荐水平。可见，在推荐成本系数较低时，直播平台选择独家推荐模式能够使得两个平台均实现更高的商品推荐成本。但若推荐成本系数较高时，直播平台选择非独家推荐模式能够使其获得平台的竞争优势。直播平台可以依据推荐成本系数的大小选择不同的模式，从而使自身处于竞争优势之中。

另外，分析发现推荐费用能够改变两种模式下的品牌商品的价格。结合命题 10.3，推荐费用的增加能够提高平台对商品的推荐水平，较高的推荐费用能够促使品牌商 M 和品牌商 N 提高商品的价格，此时品牌商 M 和品牌商 N 的商品售价均在非独家推荐模式下较高。反之，较低的推荐水平促使品牌商降低价格以提高商品的需求量，这时相较于独家推荐模式和非独家推荐模式，品牌商品的销售价格均在独家推荐模式下较高。直播平台若能够使推荐成本系数和推荐费用维持在一个相对较高的水平上，则可以较高的推荐水平吸引更多的品牌商进入平台，品牌商可以以更高的销售价格销售商品。直播平台可以提高市场竞争力，获得更大的市场支配力。

10.5　问题的数值算例与拓展分析

10.5.1　数值算例

为进一步分析在直播竞争条件下推荐成本系数、直播平台佣金率以及推荐费用对直播平台的销售模式选择的影响，以下通过四个方面进行数值模拟，通过分析得到相关的管理启示。

1. 直播平台的最优模式选择区域

通过选择推荐成本系数和直播平台佣金率、推荐成本系数和推荐费用两组不同的影响因素，设定参数 $\varphi_m = 0.15$，$\varphi_n = 0.2$，$\varphi_r = 0.3$，$\theta = 0.5$（Qin et al., 2021），得到图 10.2 和图 10.3 所示的直播平台模式选择策略，通过验证多组数据发现结论具有一般性。考虑到直播平台需要与电商平台上的品牌商合作才能实现非独家推荐模式，图中还表示出了直播平台与品牌商 N 合作时能够实现双赢的区域。

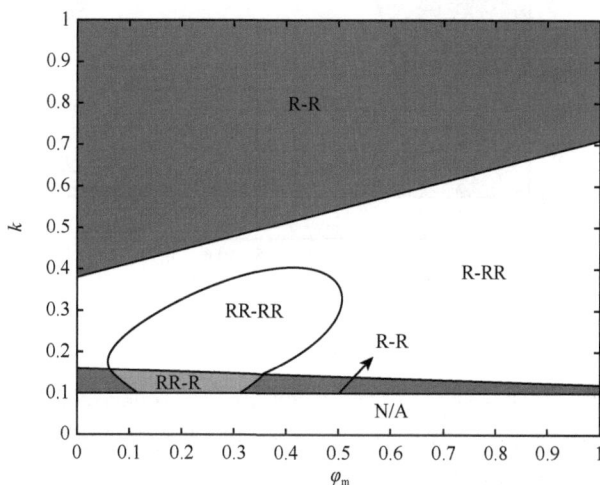

图 10.2　k 和 φ_m 对直播平台、品牌商 N 模式选择的影响

由图 10.2 可知，在直播竞争条件下，若同时改变推荐成本系数和直播平台佣金率，只有在推荐成本系数和直播平台佣金率都不高时直播平台才会选择非独家推荐模式，否则直播平台应当选择独家推荐模式。结合上述命题的分析，非独家推荐模式下推荐成本系数和直播平台佣金率的增加均可以提高直播平台的推荐水平，且电商平台在该模式下的推荐水平总是低于独家推荐模式下的推荐水平。此时，电商平

台在直播竞争中占优,其采取非独家推荐模式能够促使品牌商 N 进入直播平台与其
合作，图中 RR-RR 区域为二者在非独家推荐模式下实现双赢的区域。

当推荐成本系数过高或者过低时，直播平台佣金率继续增加，虽然直播平
台的推荐水平会增加，但考虑到直播平台为品牌商 N 推荐商品时会产生高额的
成本，同时还会使直播平台上的消费者流失到电商平台中。此时直播平台选择
独家推荐模式的利润才能高于非独家推荐模式的利润。对于品牌商 N，随着推
荐成本系数的增大，其最优的模式选择从独家推荐模式转向非独家推荐模式；
在推荐成本系数过高时，独家推荐模式仍是其最优的选择。直播平台和品牌商 N
在推荐成本系数较高和较低时可以实现合作。因此，从管理角度而言，在直播
竞争条件下，若直播平台可以采取相应措施来改变推荐成本系数和直播平台佣
金率，则可以影响品牌商 N 选择最优模式，从而以其想要运营的模式与其合作
或者不合作。

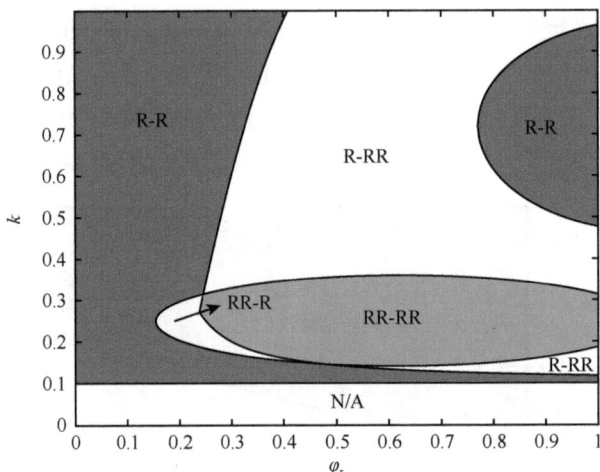

图 10.3　k 和 φ_r 对直播平台、品牌商 N 模式选择的影响

图 10.3 表明，若在直播竞争条件下同时改变推荐成本系数和推荐费用，当推
荐成本系数较低而推荐费用较高时，直播平台应当选择非独家推荐模式。可见较
高的推荐费用可以显著提高直播平台在推荐市场中的利润，同时也可以提高直播
平台对商品的推荐水平，从而提高商品的需求量，而较低的推荐成本系数也可相
应降低直播平台的推荐成本。直播平台在此条件下的非独家推荐模式中获得比独
家推荐模式中更高的利润，这时能够与品牌商 N 实现合作。由图可知，其他条件
下，直播平台的最优选择是独家推荐模式，即当推荐费用较低或推荐成本系数较
低时直播平台和品牌商 N 均应选择独家推荐模式。根据命题 10.3，较低的推荐费
用或较低的推荐成本系数会使直播平台在非独家推荐模式中的推荐水平降低，从
而降低品牌商 N 与直播平台合作推荐销售商品的意愿，直播平台的利润也会相应

受损。这时，直播平台采取独家推荐销售、品牌商 N 不进入直播平台可以实现各自利润的最大化。此外，当推荐费用和推荐成本系数均较高时，高额的推荐成本和推荐费用对直播平台和品牌商 N 均是不利的，故该条件下二者也应选择独家推荐模式。

2. 平台佣金率对直播市场中商品最优售价的影响

根据 Zennyo（2020）的研究，设定 $k=0.35$，$\varphi_{\mathrm{r}}=0.3$，$\theta=0.5$，$\beta=0.6$，得到如图 10.4 和图 10.5 所示的两个平台的佣金率的变化对直播市场中商品最优售价的影响规律。

由图 10.4 可知，在直播竞争下，直播平台佣金率的增加能够促使品牌商 M 的商品的最优价格递增，这进一步证明了上述命题中的结论。同时，从图中可以发现，独家推荐模式下的品牌商 M 的商品最优售价总高于非独家推荐模式下的商品最优售价。这是因为在直播竞争下，直播平台采取独家推荐模式时，电商平台上的品牌商在直播平台上形成推荐市场，除了平台之间的推荐竞争，商品之间的竞争导致品牌商之间出现价格战，故竞争使得非独家推荐模式下的商品最优售价降低。

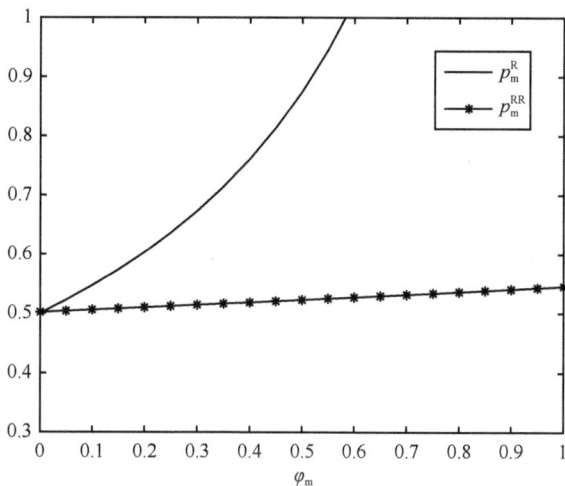

图 10.4　φ_{m} 对直播平台商品最优售价的影响

由图 10.5 可知，电商平台佣金率的变化仅对非独家推荐模式下的商品售价产生影响，即随着电商平台佣金率的增加，非独家推荐模式下的商品最优售价出现先增加后降低的趋势，但即使品牌商 M 的最优售价增加，也未能超过独家推荐模式下的最优售价。由此可以推导出直播竞争条件下总是会使品牌商 M 的最优售价在非独家推荐模式下低于独家推荐模式，但电商平台佣金率对品牌商 M 的售价关系不会产生决定性影响。

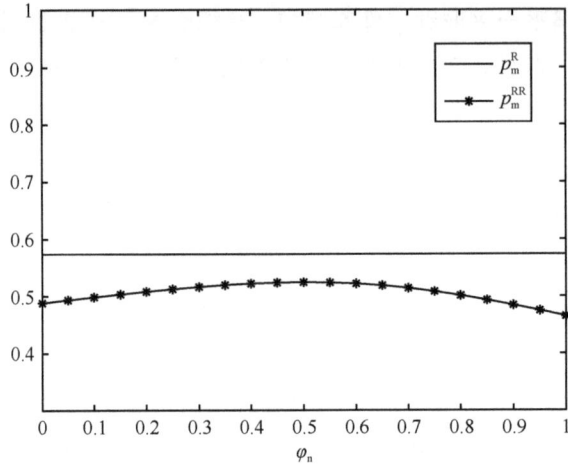

图 10.5　φ_n 对直播平台商品最优售价的影响

3. 平台佣金率对直播平台最优推荐水平的影响

保持上述参数设置不变,得到如图 10.6 和图 10.7 所示的平台佣金率对直播平台最优推荐水平的影响规律。

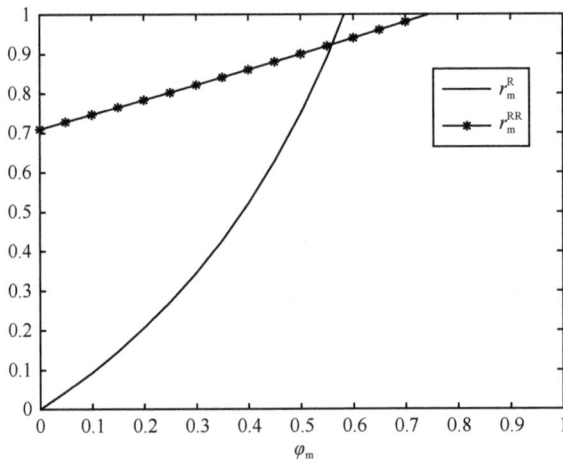

图 10.6　φ_m 对直播平台最优推荐水平的影响

由图 10.6 可知,直播平台佣金率的变化能够影响平台最优推荐水平。直播平台佣金率增加时,独家推荐模式和非独家推荐模式下的直播平台的最优推荐水平能够相应增加,这与命题 10.2 和命题 10.3 的分析一致。当直播平台佣金率较低时,直播平台的最优推荐水平在非独家推荐模式下更高。这可以理解为直播平台在非独家推荐模式下拥有比独家推荐模式更多的推荐销售渠道,提高平台的推荐水平可以提高商品需求。同时,在非独家推荐模式下,直播平台上的推荐市场可以进一步为直播平台增加推荐费用。在直播平台佣金率较低时,只有提高直播平台的推荐水平，才能使直播平台获得利润。随着直播平台佣金率的增加，直播平台在独家推荐模式下的最优推荐水平超过非独家推荐模式下的最优推荐水平，且最优推荐水平的增加量远远大于单位佣金率的增加量。这表明，直播平台佣金率的增加能够显著提高独家推荐模式下直播平台的最优推荐水平。在直播平台佣金率较高时，直播平台选择独家推荐模式能够保持自身平台更高的推荐水平。

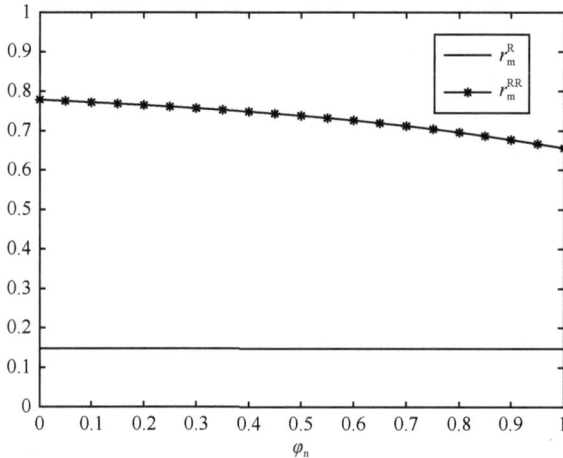

图 10.7　φ_n 对直播平台最优推荐水平的影响

由图 10.7 可知，在直播竞争条件下，非独家推荐模式下的直播平台的最优推荐水平随着电商平台的佣金率的增加而降低，命题 10.3 成立，但独家推荐模式下的最优推荐水平不变。若保持相关参数不变，则直播平台在非独家推荐模式下的最优推荐水平远高于独家推荐模式下的最优推荐水平。这表明，电商平台的佣金率的变化不会改变直播平台在直播竞争条件下保持更高的推荐水平，直播平台应在面对电商平台改变佣金率时选择非独家推荐模式并保持。

4. 不同因素对直播平台利润的影响

依据上述参数的设置，得到如图 10.8 所示的推荐成本系数、直播平台佣金率以及推荐费用对直播平台利润的影响规律。

由图 10.8（a）可知，当推荐成本系数较低时，直播平台在独家推荐模式下的利润更优。依据命题 10.1 和命题 10.4，推荐成本系数的降低能够使直播平台的最优推荐水平增加，且高于非独家推荐模式下的最优推荐水平。高推荐水平可以为品牌商 M 提供更高的商品需求，从而为直播平台带来更多的利润。同时，较低的推荐成本系数可以相应提高品牌商 M 的销售价格，因此，直播平台在独家推荐模式的利润明显高于非独家推荐模式。但是，随着推荐成本系数的增加，直播平台在非独家推荐模式下能实现更优的利润。这是因为随着推荐成本系数的增加，独家推荐模式下的最优推荐水平会降低,非独家推荐模式下的最优推荐水平会增加。同时,命题 10.4 也表明,非独家推荐模式下的最优推荐水平在推荐成本系数较大时更高,直播平台在此条件下应将独家推荐模式转为非独家推荐模式。需要注意的是,当推荐成本系数过高时,直播平台在非独家推荐模式下的利润将会迅速下降,甚至低于独家推荐模式或者无法实现盈利,直播平台需要关注推荐成本与收益之间的作用关系,因为这将直接影响直播平台在选择模式方面的利润。

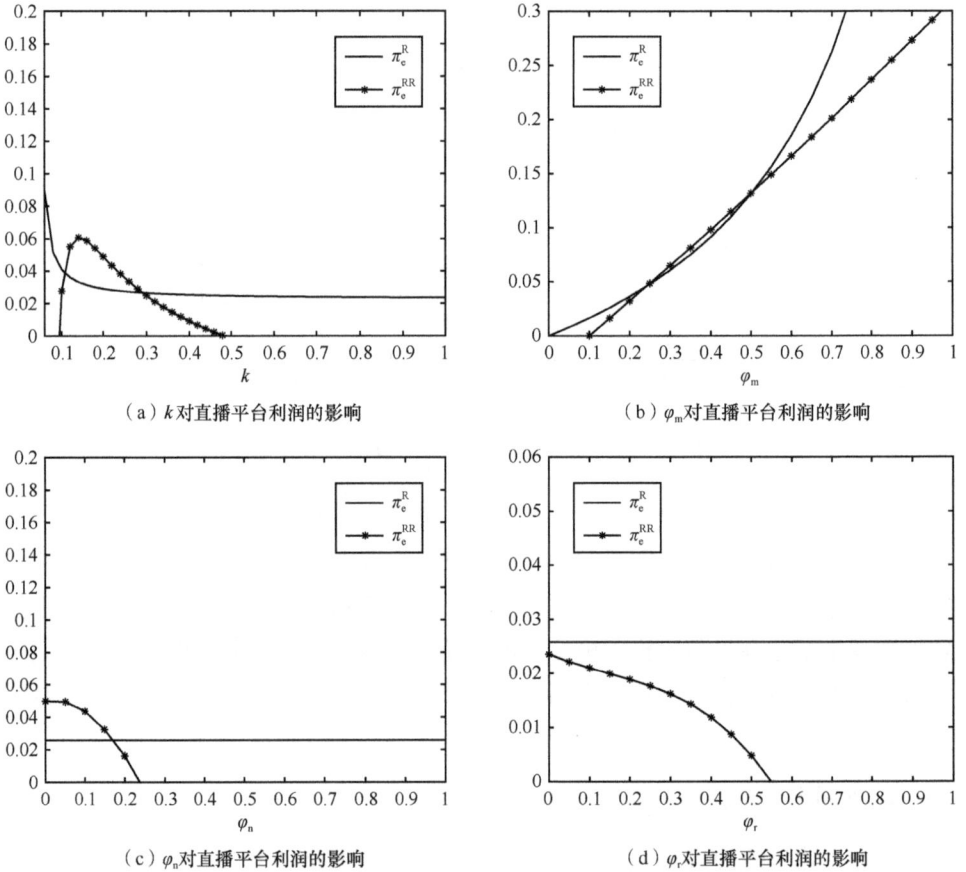

（a）k 对直播平台利润的影响　　　　（b）φ_m 对直播平台利润的影响

（c）φ_n 对直播平台利润的影响　　　　（d）φ_r 对直播平台利润的影响

图 10.8　不同参数对直播竞争下的直播平台利润的影响

由图 10.8（b）可知,当直播平台佣金率变化时,直播平台的最优利润从独家推荐模式转向非独家推荐模式再转回独家推荐模式。这表明,当直播平台佣金率较低时,在独家推荐模式下,品牌商 M 可以以高于非独家推荐模式下的商品售价销售商品,品牌商 M 的单位利润增加,且直播平台可以制定相对较低的推荐水平,同时平台的推荐成本也较低,故直播平台的利润高于非独家推荐模式下的利润。如果进一步提高直播平台佣金率,非独家推荐模式下,直播平台可同时收取推荐费和更高的佣金来提高平台的利润。然而,当直播平台佣金率较高时,独家推荐模式下的品牌商 M 的商品售价远高于非独家推荐模式，且直播平台的推荐水平在独家推荐模式下也高于非独家推荐模式，此时，独家推荐模式是直播平台最优的选择。实际中，抖音直播平台在 2020 年 8 月开始实行独家推荐策略，这也证明了本章的分析结论。

由图 10.8（c）和（d）可知，在大多数情况下，独家推荐模式对直播平台更有利。在直播竞争下，当电商平台佣金率增加时，独家推荐模式中的品牌商 M 的商品售价更高，而直播平台推荐水平更低，会导致直播市场的商品需求量降低。命题 10.4 表明，电商平台的推荐水平会随着电商平台佣金率的增加出现增加的趋势，推荐市场中的商品需求量也会因此而降低，此时直播平台在直播竞争中处于劣势，从而使得直播平台在非独家推荐模式下的利润低于独家推荐模式。此外，推荐费用的增加会提高品牌商 N 进入直播平台的进入壁垒，过高的推荐费用会使品牌商的商品销售价格增加，品牌商 N 在推荐市场中获利困难，故直播平台获得的利润会降低。因此，直播平台可以通过关注电商平台佣金率的变化实时调整模式，但不应提高推荐费用，以免降低平台的利润。

10.5.2　拓展分析

本节从两个方面扩展上述独家推荐模式和非独家推荐模式。首先，考虑品牌商 M 和品牌商 N 具有首先决策商品售价的权力，直播平台和电商平台依据各自商品的售价决定商品的最优推荐水平。其次，考虑非独家推荐模式下直播平台为不同商品提供不同的推荐水平，以此验证和补充基本模型中的结论。

1. 品牌商作为 Stackelberg 领导者

在基本模型中，品牌商与平台之间均形成以平台为主导的 Stackelberg 博弈关系。但随着网络环境的发展，品牌商很容易在供应链中成为具有先发优势的先动者，即成为 Stackelberg 的领导者。我们开发了品牌商 M 和品牌商 N 在直播平台之前决定产品价格和零售平台决定推荐级别的四个模型。与基础模型中研究的问题相同，本节仍然关注独家推荐模式和非独家推荐模式下的最优商品售价和平台的最优推荐水平问题。保持与基本模型中的需求函数和各成员利润函数相同，使用逆向归纳法，求解以品牌商为主导的 Stackelberg 模型，得到独家推荐模式和非独家推荐模式下的最优均衡解。为与基本模型中各模式的均衡解区分，使用"R*""RR*"代表本节所得的均衡解，如引理 10.3 所示。

引理 10.3　若品牌商首先决策商品售价，之后平台决策商品的推荐水平，则在有直播竞争下：

（1）独家推荐模式中的商品最优售价和平台的最优推荐水平分别为

$$p_m^{R*} = \frac{k}{2(k-\varphi_m\beta)}, \quad p_n^{R*} = \frac{k}{2(k-\varphi_n)}, \quad r_m^{R*} = \frac{\varphi_m\beta}{2(k-\varphi_m\beta)}, \quad r_n^{R*} = \frac{\varphi_n}{2(k-\varphi_n)}$$

（2）非独家推荐模式中的商品最优售价和平台的最优推荐水平分别为

$$p_m^{RR*} = \frac{\theta(1-\theta)(2k\beta + k\theta(3-2\theta)(1-\varphi_n) - 2\varphi_n C)}{\theta(k\beta(4-\theta) + 2C(k-\varphi_n))} + \frac{\beta\varphi_r(\beta + k\theta - \beta\theta)}{\theta(k\beta(4-\theta) + 2C(k-\varphi_n))}$$

$$p_n^{RR*} = \frac{k\theta^2(1-\theta)(2+\beta-2\varphi_n)}{\theta(k\beta(4-\theta) + 2C(k-\varphi_n))} + \frac{2\beta\varphi_r(\beta + k\theta - \beta\theta)}{\theta(k\beta(4-\theta) + 2C(k-\varphi_n))}, \quad r_m^{RR*} = \frac{\beta\varphi_r}{k\theta}$$

$$r_n^{RR*} = \frac{\varphi_n k\theta^2(1-\theta)(2+\beta-2\varphi_n)}{k\theta(k\beta(4-\theta) + 2C(k-\varphi_n))} + \frac{2\beta\varphi_n\varphi_r(\beta + k\theta - \beta\theta)}{k\theta(k\beta(4-\theta) + 2C(k-\varphi_n))}$$

证明　将独家推荐模式下的需求函数代入式（10.5）～式（10.8）中，对直播平台和电商平台的利润函数分别求各自推荐水平 r_m，r_n 的二阶偏导数，可得 $\partial^2\pi_e/\partial r_m^2 < 0$，$\partial^2\pi_d/\partial r_n^2 < 0$，故两个平台分别是关于 r_m，r_n 的凹函数，存在最大值。令 $\partial\pi_e/\partial r_m = 0$，$\partial\pi_d/\partial r_n = 0$ 求 r_m 和 r_n 的反应函数，将反应函数代入品牌商 M 和品牌商 N 的利润函数中，令品牌商的利润的一阶偏导数为零，可求得独家推荐模式下的商品最优售价和平台各自的最优推荐水平。同理，若满足下列条件：

$$\frac{4\theta(1-\theta)(1-\varphi_n)}{\beta(4-\theta) + 4\theta(1-\theta)(1-\varphi_n)} < k < 1$$

可求得非独家推荐模式下的最优均衡解。通过求解两种模式下各均衡解对推荐成本系数、直播平台佣金率等参数的一阶导数，发现所得结果与基本模型一致。但将最优均衡解代入各成员利润函数中，求推荐成本系数、直播平台佣金率等参数对直播平台利润函数的影响，可得

$$\frac{\partial\pi_e^{E*}}{\partial k} = \frac{\varphi_m^2\beta^2(3\varphi_m\beta - k)}{8(k-\varphi_m\beta)^3}$$

$$\frac{\partial\pi_e^{E*}}{\partial\varphi_m} = \frac{k^2\beta(k-2\varphi_m\beta)}{4(k-\varphi_m\beta)^3}$$

$$\frac{\partial\pi_e^{E*}}{\partial\beta} = \frac{k^2\varphi_m(k-2\varphi_m\beta)}{4(k-\varphi_m\beta)^3}$$

分析可得当 $\beta\varphi_m < k < 3\beta\varphi_m$ 时，$\partial\pi_e^{E*}/\partial k > 0$，否则 $\partial\pi_e^{E*}/\partial k < 0$；当 $\beta\varphi_m < k < 2\beta\varphi_m$ 时，$\partial\pi_e^{E*}/\partial\varphi_m < 0$，$\partial\pi_e^{E*}/\partial\beta < 0$，否则 $\partial\pi_e^{E*}/\partial\varphi_m > 0$，$\partial\pi_e^{E*}/\partial\beta > 0$。

通过引理可知，若品牌商为博弈当中的先动者，推荐成本系数、直播平台佣金率以及推荐费用对品牌商的新的最优售价、平台的最优推荐水平和利润的影响关系与基本模型基本一致，但也存在不同：在独家推荐模式中直播平台的利润相对于推荐成本系数、直播平台佣金率以及消费者实际购买率的变化是非单调的。

在非独家推荐模式中，商品最优售价和平台的最优推荐水平均不受直播平台的佣金率的影响，此时直播平台可能会失去在短期内能够影响商品售价的重要措施。因此直播平台在培养或选择与之合作的强势品牌商时，需要设定相关指标或者合同制约品牌商的商品售价，以防失去对品牌商的控制，使平台处于劣势状态。

2. 直播平台提供不同的商品推荐水平

在现实中，可能存在直播平台以不同的推荐水平为自有品牌商品和第三方品牌商品推荐销售。因此本节假设在非独家推荐模式下，直播平台为品牌商 M 和品牌商 N 设定不同的商品推荐水平，主要分析推荐成本系数、直播平台佣金率和推荐费用对直播平台提供的两种推荐水平的变化影响规律。假设 r_{m1} 为直播平台为品牌商 M 设定的推荐水平，r_{m2} 为直播平台为品牌商 N 设定的推荐水平。相关参数假设与基本模型一致，电商市场中的消费者效用与基本模型相同，博弈顺序仍为直播平台和电商平台同时决定推荐水平，品牌商 M 和品牌商 N 再依据平台的推荐水平同时决定商品的销售价格。直播市场和推荐市场中的消费者效用可表示为

$$U_{m1} = v_m - p_m + r_{m1} \tag{10.19}$$

$$U_{m2} = \theta v_m - p_n + r_{m2} \tag{10.20}$$

依据消费者效用，假设 $(p_n - r_{m2})/(p_m - r_{m1}) < \theta < 1 + p_n - p_m + r_{m1} - r_{m2}$，可得直播市场和推荐市场中消费者需求为

$$D_{m1} = \int_{\frac{p_m - p_n + r_{m2} - r_{m1}}{1-\theta}}^{1} 1 \cdot dv = 1 - \frac{p_m - p_n + r_{m2} - r_{m1}}{1-\theta} \tag{10.21}$$

$$D_{m2} = \int_{\frac{p_n - r_{m2}}{\theta}}^{\frac{p_m - p_n + r_{m2} - r_{m1}}{1-\theta}} 1 \cdot dv = \frac{p_m - p_n + r_{m2} - r_{m1}}{1-\theta} - \frac{p_n - r_{m2}}{\theta} \tag{10.22}$$

因此，直播平台的利润函数可以重新构建为

$$\pi_e = \varphi_m p_m D_{m1} \beta + \varphi_r D_{m2} \beta - \frac{1}{2} k(r_{m1}^2 + r_{m2}^2) \tag{10.23}$$

假设 $(p_n - r_{m2})/(p_m - r_{m1}) < \theta < 1 + p_n - p_m + r_{m1} - r_{m2}$，利用逆向归纳法，可求得本节假设下的模式均衡解，为区分与基本模型中得到的非独家推荐模式的均衡解，使用"λ"代表本节所得的均衡解，如下述引理所示。

引理 10.4　若直播平台在非独家推荐模式下为不同品牌商品提供不同的推荐水平，则品牌商 M 和品牌商 N 的最优售价分别为

$$p_m^{RR*} = \frac{2\beta\varphi_r(B+C)(6\beta - \beta\theta^2 + 2C) + k\theta(1-\theta)(H+C)}{\left(\beta(8 - 9\theta + \theta^2 + 2\varphi_r) + 2C(1-\theta)\right)}}{2\theta\left(\beta\varphi_m\left(\beta^2(22 + 3\theta^2 - 15\theta) + 2\beta C(10 - 3\theta) + 4C^2\right)\right) - 2kH(1-\theta)(H+C))}$$

$$p_n^{RR*} = \frac{\beta\left(2\beta^2\varphi_m\varphi_r(1-\theta)(\beta+C) - k^2\theta(1-\theta)(\theta-\theta^2+2\varphi_r)(H+C)\right) + H_1}{k\theta\left(\beta\varphi_m\left(\beta^2(22+3\theta^2-15\theta)+2\beta C(10-3\theta)+4C^2\right)-2kH(1-\theta)(H+C)\right)}$$

直播平台的最优推荐水平为

$$r_{m1}^{RR*} = \frac{\varphi_m\varphi_r\beta^2(\beta+2C)(6\beta-6\beta\theta+2C) + H_2}{k\theta\left(\beta\varphi_m\left(\beta^2(22+3\theta^2-15\theta)+2\beta C(10-3\theta)+4C^2\right)-2kH(1-\theta)(H+C)\right)}$$

$$r_{m2}^{RR*} = \frac{\beta^2\varphi_m\varphi_r(\beta+C)(8\beta-3\beta\theta+2C) + H_3}{k\theta\left(\beta\varphi_m\left(\beta^2(22+3\theta^2-15\theta)+2\beta C(10-3\theta)+4C^2\right)-2kH(1-\theta)(H+C)\right)}$$

电商平台的最优推荐水平为

$$r_n^{RR*} = \frac{k\theta^2(1-\theta)\left((H+C)+\theta\beta^2(4-\theta)\right) + H_4}{k\theta C\left(\beta\varphi_m\left(\beta^2(22+3\theta^2-15\theta)+2\beta C(10-3\theta)+4C^2\right)-2kH(1-\theta)(H+C)\right)}$$

证明　将式（10.14）、式（10.21）和式（10.22）代入式（10.15）～式（10.18）以及式（10.23）中，对直播平台和电商平台的利润函数分别求各自推荐水平 r_{m1}，r_{m2}，r_n 的二阶偏导数，可得 $\partial^2\pi_e/\partial r_{m1}^2<0$，$\partial^2\pi_e/\partial r_{m2}^2<0$，$\partial^2\pi_d/\partial r_n^2<0$，故直播平台和电商平台关于各自平台推荐水平的凹函数，有最大值。令 $\partial\pi_e/\partial r_{m1}<0$，$\partial\pi_e/\partial r_{m2}<0$，$\partial\pi_d/\partial r_n<0$，联立三个一阶导数可得关于推荐水平的反应函数，将反应函数代入两个品牌商的利润函数 π_m，π_n 中，分别求品牌商的利润关于价格的一阶偏导数，联立求得非独家推荐模式下的商品最优售价和平台各自的最优推荐水平。H，H_1，H_2，H_3，H_4 的具体表达式见本章附录。

由于本节所得的均衡解具有一定的复杂性，本节使用数值算例分析推荐成本系数和直播平台佣金率对直播平台的两种不同的推荐水平的影响，同时研究消费者的实际购买率的变化是否对直播平台的推荐水平存在影响，如图10.9所示。

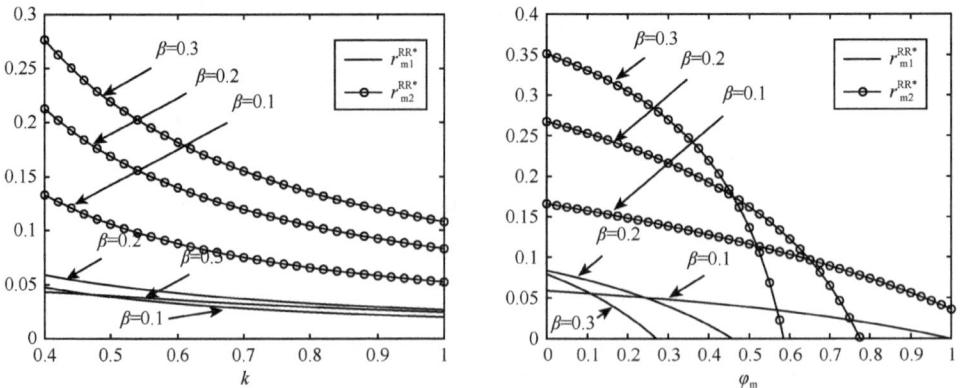

（a）k 对直播平台不同推荐水平的影响　　　（b）φ_m 对直播平台不同推荐水平的影响

图 10.9　k 和 φ_m 对直播平台不同推荐水平的影响

由图 10.9（a）可知，随着推荐成本系数的增加，直播平台上的两种最优推荐水平均降低，这与基本模型中的分析一致，但直播平台对品牌商 N 的商品推荐水平总是高于品牌商 M 的商品推荐水平。若直播平台决定与品牌商 N 合作销售商品，一方面，只有当直播平台提高对品牌商 N 商品的推荐时，直播平台才有可能向品牌商 N 收取更多的推荐费用，同时直播平台可以通过较高的推荐水平提高品牌商 N 与直播平台合作的意愿，以提高直播平台在竞争中的市场势力。另一方面，从品牌商角度看，在非独家推荐模式中，品牌商 M 和品牌商 N 存在平台上的竞争，直播平台以更高的推荐水平为品牌商 N 推荐销售商品，有利于品牌商 N 提高品牌竞争力，平台自有品牌商 M 则可能需要通过价格战的形式以应对激烈的市场竞争。此外，消费者的实际购买率对平台的两种推荐水平存在正向影响，即在给定推荐成本系数时，消费者的实际购买率的增加有利于直播平台提高对商品的推荐水平。

由图 10.9（b）可知，当直播平台佣金率增加时，平台上的两种推荐水平同样会降低，这与基本模型中得到的结论不同。可见，当直播平台上存在两种不同的推荐水平时，佣金率的增加反而不利于商品的推荐水平的提高，因为这在一定程度上会影响商品的需求量。当直播平台佣金率很高时，两种推荐水平对商品需求的正向影响降低，尤其是直播平台对品牌商 N 的商品推荐水平会显著降低，直播平台可以通过调整佣金率来影响和改变平台对品牌商 N 的推荐水平。此外，无论直播平台佣金率如何改变，直播平台为品牌商 N 设定的推荐水平仍高于为品牌商 M 设定的推荐水平，而消费者的实际购买率在一定程度上能够提高直播平台对两种商品的推荐水平。

10.6 本 章 小 结

本章探讨在直播竞争条件下，直播平台关于独家推荐模式和非独家推荐模式的选择与相关的推荐策略问题。通过分析不同模式下推荐成本系数、直播平台佣金率以及推荐费用等因素对商品的最优售价和平台的最优推荐水平的影响，探讨直播平台选择独家推荐模式和非独家推荐模式时的条件范围。此外，从改变博弈决策顺序和平台提供不同的推荐水平两方面扩展模型，进一步验证和补充本章所得到的结论。研究结论总结如下。

（1）在直播竞争条件下，若考虑推荐成本系数和直播平台佣金率的变化，只有在推荐成本系数和直播平台佣金率均较小时，直播平台最优模式选择应当为非独家推荐模式，否则直播平台的最优模式选择应当为独家推荐模式。若考虑推荐成本系数和推荐费用的变化，只有在推荐成本系数较小而直播平台推荐费用较大时，直播平台应当选择非独家推荐模式，否则最优选择为独家推荐模式。此外，不论考虑推荐成本系数和直播平台佣金率的变化还是考虑推荐成本系数和推荐费用的变化，直播平台和电商平台上的品牌商均可以实现合作，即二者在非独家推荐模式中均能够实现利润的最大化，从而实现双赢。

（2）当推荐成本系数较大时，非独家推荐模式下的直播平台最优推荐水平高于独家推荐模式下的直播平台最优推荐水平，否则非独家推荐模式下的直播平台最优推荐水平低于独家推荐模式下的直播平台最优推荐水平。当推荐费用较高时，在非独家推荐模式下，两个品牌商的最优售价均高于对应独家推荐模式下的最优售价。

（3）推荐成本系数的增加能够促使独家推荐模式下的商品售价和平台推荐水平的降低，从而对应平台的利润降低，但能够使非独家推荐模式下的直播平台的最优推荐水平增加。同时，直播平台佣金率的增加能够正向影响直播平台的最优推荐水平，从而提高直播平台的最优利润。

（4）改变供应链成员的决策顺序不会改变基本模型的结论，但直播平台无法通过改变直播平台佣金率影响非独家推荐模式下的商品最优售价和平台推荐水平。若考虑直播平台在非独家推荐模式下提供两种不同的商品推荐水平，则为电商平台上品牌商的推荐水平总会高于为自有平台商品的推荐水平，且二者均随着直播平台佣金率的增加而降低。

第11章 委托代理关系下品牌商直播推荐营销激励机制

数字经济的迅速发展促进了网络直播在营销中的广泛应用，越来越多的品牌商委托电商主播为其提供商品推荐服务。本章构建了单一品牌商与风险规避的电商主播构成的委托代理模型，其中品牌商与主播分别为委托方与代理方，通过求解不同信息状态下品牌商的最优激励合同以及主播的最优推荐努力水平，分析消费者偏好和主播推荐努力水平的信息价值，探究消费者偏好、主播的风险规避程度和市场需求的不确定性对最优合同的影响。结论表明：当主播的推荐努力水平可观测时，品牌商设计仅含直播佣金的最优激励合同，以获取主播的全部价值；当主播的推荐努力水平不可观测时，最优激励合同包括直播佣金与收入分成两部分，此时风险规避程度的增大会降低主播的推荐努力水平，导致品牌商利润降低，从而降低最优激励合同中的收入分成。此外，不对称的消费者偏好信息在努力水平可观测时不影响品牌商利润，而在努力水平不可观测时可能增加品牌商利润，且具有努力水平信息优势的品牌商往往获利更多。

11.1 研究背景与问题提出

信息技术与数字经济的创新推动了直播电商的蓬勃发展，直播营销成为提高商品知名度与销售额的重要销售模式。2016年，淘宝和京东纷纷上线了直播营销服务，之后连续三年，淘宝直播引导成交的平均增速在150%以上。2020年，新冠疫情的影响导致直播短视频等移动端娱乐方式迅速普及，直播电商的市场规模达1.2万亿元，新增直播电商相关企业超过6.5万家，更涌现了大批的直播带货达人。在直播营销过程中，电商主播连接了卖家与买家，将商品以所见即所得的方式推荐给消费者，帮助消费者全方位了解商品，提升消费满意度；品牌商通过电商主播对商品的推荐服务增加销量，抢占市场份额，提升品牌效应与品牌竞争力。

随着网络直播营销的普及，越来越多的品牌商开通直播销售渠道，委托电商主播为其提供商品推荐服务。然而，双方并不一定总能达到共赢的局面，例如，2021年7月，上海某食品公司花费6万元聘请主播进行直播带货，可最终销售额仅为397.2元。此类问题往往是由参与双方的信息不对称所造成的。一方面，消费者对品牌商销售的商品持有不同的偏好程度（以下简称消费者偏好），电商主播在直播间向消费者推荐商品时，可直接与消费者进行互动，如主播可通过读评论以及实时销售数据等观测到消费者偏好，因此容易获取该信息。品牌商销售新商品时，难以获知消费者偏好信息，此时不对称信息会导致逆向选择问题；若品牌商为成熟企业，其委托主播推荐以往的经典商品，能通过以往的销售经验及数据准确推测消费者偏好信息，则不存在逆向选择问题。另一方面，品牌商作为委托方，并不一定能观测到主播付出的推荐努力，不仅包括主播在直播间的商品介绍、功能演示、与观众的实时交流互动等，还包括在直播时间外通过公众号、粉丝群等社交媒介推广产品的行为。其中，在直播间的推荐努力是可观测的；直播间外的推荐努力往往是品牌商难以观测到的，由此产生了主播推荐努力水平的信息不对称，此时主播可能产生错误行动而导致道德风险问题。此外，双方的信息不对称往往导致二者拥有不同的风险意识，具体来说，拥有更多信息的一方即主播的风险意识更强。Chen（2005）、许明辉和杨东升（2019）考虑了公司委托销售代理为其销售产品的问题，其中销售代理由于直接面向市场而拥有更多信息，因此持风险规避态度；而公司作为委托方则是风险中性的。因此，在信息不对称的情况下，品牌商如何为风险规避类型的电商主播设计激励合同，使其不谎报私人信息，且在获得保留收益的前提下付出最优努力；电商主播在该合同下，应怎样决定自己的推荐努力水平；基于以上研究问题，本章考虑了消费者偏好为完全信息或私人信息、主播的推荐努力水平可观测或不可观测的情况，从委托代理角度研究品牌商与电商主播的直播推荐服务激励合同设计问题，为品牌商与主播的合作关系提供理论依据与实践指导。

目前电商供应链中的激励合同设计问题备受国内外学者的关注，其中在信息不对称下，委托方如何设置激励合同，激励代理方与之合作是其中的关键问题（Zhou et al.，2019a，2020b）。Çakanyıldırım 等（2012）运用委托代理理论研究了平台供应链的收益共享合同，张盼等（2020）在收益共享合同的基础上，研究了固定费用加收益共享的两部定价合同，解决了信息不对称下闭环供应链中产品回收的激励问题。此外，服务也是供应链的重要一环，Zhou 等（2020a）和张旭梅等（2021）将供应链中的商品推荐和广告服务策略纳入模型，从而求得最优服务契约。然而上述研究仅考虑了逆向选择问题，Yu 和 Kong（2020）及田厚平和刘长贤（2011）引入道德风险问题，研究了存在双重不对称信息时的激励契约设计，结果表明代理方的风险规避程度会影响最优契约的设计。与张盼等（2020）的研究类似，王文宾等（2016）同样使用两部定价合同解决了信息不对称下闭环供应链中产品回收的激励问题，但后者考虑了代理方努力水平不可观测所引起的道德风险问题。上述研究虽探究了不同情形下电商供应链的信息不对称和多种激励合同问题，但很少有涉及新兴的直播营销模式中激励合同的研究。郑森圭等（2020）虽研究了直播平台与主播间的打赏收入的比例分配问题，但并未考虑双重信息不对称的影响。在此基础上，本章从多种不同信息状态的角度出发，应用委托代理理论研究品牌商与网络主播间的两部定价激励合同，并探究信息不对称与主播的风险规避特性对最优合同设计的影响。

直播推荐在电商供应链中的应用是目前的新兴方向，多数学者从供应链下游的角度出发，探究直播推荐对消费者的影响。例如 Wongkitrungrueng 和 Assarut（2020）考察了流媒体直播价值与消费者信任和参与度之间的关系，在直播推荐中，消费者参与即可理解为消费者购买意愿，Lu 和 Chen（2021）采用信号理论和不确定性，发现了直播公司发送的两种信号（即产品物理特征和估值）有助于提高消费者购买意愿。然而消费者的购买意愿是基于其对直播信息处理的结果，在此基础上，Gao 等（2021）研究了中心路径和外围路径两种信息处理方式在直播推荐中的影响。上述研究均使用实证方法探究直播推荐问题，Zhou 等（2020a）从理论模型的角度，运用博弈论方法研究了统一定价和差异定价策略下商品推荐对消费者搜索和溢出效应的影响。Liu H Y 和 Liu S L（2021）采用微分博弈理论研究了直播电商平台与主播的合作机制，其创新点在于将主播的营销努力作为内生决策变量。然而，上述实证或理论研究，均是从主播与消费者抑或直播平台的角度进行的，忽略了上游品牌商与主播间的合作关系。基于此，本章从品牌商与主播构成的委托代理关系视角出发，并考虑消费者偏好，建立委托代理模型研究品牌商对主播的激励合同设计问题，并求解不同情形下主播的推荐努力水平，为二者之间的合作提供理论依据。

基于以上研究背景，本章将委托代理理论应用于品牌商的直播营销研究，在不同的信息不对称情况下构建委托代理模型，具体来讲，考虑消费者偏好为完全信息或私人信息，主播的推荐努力水平可观测或不可观测，由此排列组合为四种信息状态，其中品牌商委托网络主播为其提供商品推荐服务，主播根据激励合同付出相应的推荐努力。分别求解不同信息不对称情况下品牌商的激励合同以及主播的推荐努力水平，探究消费者偏好、主播的风险规避程度和市场需求的不确定性对模型结果的影响，为品牌商通过直播推荐提高品牌竞争力提供理论依据（周驰等，2022）。本章在 11.2 节对问题进行描述并建立模型。11.3 节求解了四种情形下模型的均衡解。11.4 节分析了消费者偏好的信息价值和主播推荐努力水平的信息价值。11.5 节通过灵敏度分析探究主播风险规避程度对品牌商和主播的最优决策及利润的影响以及主播推荐努力水平不可观测时，主播风险规避程度与销售价格或成本对品牌商利润的共同影响。11.6 节对本章进行了总结。

11.2　问题描述与建模

考虑一个品牌商和一个电商主播构成委托代理关系，品牌商委托主播为其提供直播推荐服务。假设品牌商为风险中性的，以价格 p 销售商品，销售成本为

c_p（$p > c_p$）；主播是风险规避的，由于消费者偏好和主播的推荐努力水平可能为私人信息，为使主播付出推荐努力，品牌商需要设计激励合同来激励主播为其提供更好的推荐服务。

基于此，假设消费者偏好 ξ 为私人信息，亦可理解为消费者对主播推荐商品的支付意愿，品牌商只知其分布函数为 $F(x)$，概率密度函数为 $f(x)$，$x \in [\underline{x}, \overline{x}]$。设逆风险率 $h(x) = (1 - F(x)) / f(x)$ 随 x 递减，均匀分布、正态分布等常见分布均满足此性质（Ashlagi et al.，2020）。

假设品牌商设计一个线性激励合同，即 $w = t(x) + r(x)$，该合同由两部分构成，$t(x)$ 代表直播佣金费用（简称为直播佣金），是一次性固定费用；$r(x)$ 代表收入分成，该费用与销量 $Q(x)$ 有关，即 $r(x) = \lambda(x) p Q(x)$，其中 $\lambda(x)$ 表示收入分成比例，则品牌商的激励合同可表示为 $\{t(x), \lambda(x)\}$，该一次性固定费用加收入分成的组合是激励合同的常见形式（Zhou et al.，2020b）。另外，参考倪晓等（2020）的研究，商品销量用线性形式表示 $Q(x) = ax - bp + s + \theta$，其中 a 为潜在市场规模，$0 < a \leqslant 1$，b 为价格敏感系数，$0 < b \leqslant 1$，s 为主播推荐努力水平，θ 服从 $N(0, \sigma^2)$ 的正态分布，表示市场需求的不确定性对销量的影响。为简化描述，记 $\sigma^2 = v$。

在上述激励合同下，主播需决策其推荐努力水平 s，同时付出努力成本 $c_t = ks^2 / 2$，其中 k 为努力成本系数且 $0 < k \leqslant 1$，该二次形式的成本函数被众多学者广泛采用（张旭梅等，2021；郑淼圭等，2020；Zhou et al.，2022）。

由于品牌商是风险中性的，通过设计最优的激励合同来最大化自身收益，其目标函数为销售额减去直播佣金和收入分成：

$$\pi_r = \max_{t(\cdot), \lambda(\cdot)} \mathrm{E}\left((p - c_p)Q(\xi) - t(\xi) - \lambda(\xi) p Q(\xi)\right)$$

由于主播是风险规避的，参考许明辉和杨东升（2019）、Yu 等（2018）关于风险厌恶型代理人的假设，设主播的效用函数为负指数形式，即

$$u(x, s) = -e^{-\eta\left(t(x) + \lambda(x) p Q(x) - \frac{k}{2} s^2\right)}$$

其中，η 为风险规避系数，且 $\eta > 0$。

引理 11.1　主播期望效用的确定等价类为

$$\mathrm{CE}(x, y) = t(y) + \lambda(y) p(ax - bp + s) - \frac{k}{2} s^2 - \frac{\eta}{2} \sigma^2 p^2 \lambda^2(y) \tag{11.1}$$

证明　主播的期望效用为

$$\mathrm{E}[u(x, s)] = -e^{-\eta\left(t(x) + \lambda(x) p(ax - bp + s) - \frac{k}{2} s^2 - \frac{\eta}{2} \sigma^2 p^2 \lambda^2(x)\right)}$$

由于 $\mathrm{E}[u(x, s)]$ 与式（11.1）单调性相同，故式（11.1）可以转化为其确定等价类的最大化问题。引理得证。

式（11.1）表示当消费者偏好为 x，而其披露值为 y 时，主播期望效用的确定

等价类，第一项为直播佣金，第二项为收入分成，第三项为推荐努力成本，第四项为风险溢价。特别地，当 $y=x$ 时，表示主播不谎报其私人信息，即披露真实值 x。

参与约束（IR）：为保证主播为品牌商提供推荐服务，要保证主播的期望收益大于等于其保留收益 w_0，即 $\mathrm{CE}(x,x) \geqslant w_0, \forall x \in [\underline{x}, \overline{x}]$。

激励相容约束（IC1）：当消费者偏好为 x 时，其汇报值为真实水平 x 的收益要不小于其谎报消费者偏好为 y 时的收益，即 $\mathrm{CE}(x,x) \geqslant \mathrm{CE}(x,y), \forall x, y \in [\underline{x}, \overline{x}]$，从而避免了逆向选择问题。

激励相容约束（IC2）：为确保主播在付出最优的推荐努力时才能获得最大收益，因此最优的努力水平 s^* 应满足 $s^* = \mathrm{argmax}\,\mathrm{CE}(x,x), \forall x \in [\underline{x}, \overline{x}]$，从而避免了道德风险问题。

综上，构建委托代理模型如下：

$$\begin{cases} \pi_\mathrm{r} = \max\limits_{t(\cdot), \lambda(\cdot)} \mathrm{E}\big((p-c_p)Q(\xi) - t(\xi) - \lambda(\xi)pQ(\xi)\big) \\ \quad \text{s.t. } \mathrm{CE}(x,x) \geqslant \mathrm{CE}(x,y), \forall x, y \in [\underline{x}, \overline{x}] \\ \quad\quad s^* = \mathrm{argmax}\,\mathrm{CE}(x,x), \forall x \in [\underline{x}, \overline{x}] \\ \quad\quad \mathrm{CE}(x,x) \geqslant w_0, \forall x \in [\underline{x}, \overline{x}] \end{cases}$$

消费者偏好 x 对品牌商来说可能是完全信息或不完全信息，主播推荐努力水平 s 对品牌商来说可能是可观测或不可观测的，不同情形下的约束条件是不同的，因此本章主要研究四种信息状态下的激励合同设计问题，如表 11.1 所示。四种情形下的均衡解分别用上标 FO、AO、FU、AU 来表示。

表 11.1　信息状态情形

情形	消费者偏好为完全信息 F	消费者偏好为不完全信息 A
主播推荐努力水平可观测 O	FO	AO
主播推荐努力水平不可观测 U	FU	AU

11.3　不同信息状态情形的最优激励合同

11.3.1　FO 情形

此时品牌商能获取消费者偏好信息，主播不能谎报该信息，因此激励相容约束（IC1）不起作用；而且品牌商能观测到主播的推荐努力水平，因此激励相容约束（IC2）不起作用。模型可转化为

$$\begin{cases} \pi_\mathrm{r} = \max\limits_{t(\cdot), \lambda(\cdot), s} \mathrm{E}\big((p-c_p)Q(x) - t(x) - \lambda(x)pQ(x)\big) \\ \quad \text{s.t. } \mathrm{CE}(x,x) \geqslant w_0, \forall x \in [\underline{x}, \overline{x}] \end{cases} \tag{11.2}$$

求解模型（11.2）可得如下定理。

定理 11.1　消费者偏好为完全信息且主播推荐努力水平可观测时，最优激励合同为

$$\lambda^{FO}(x) = 0$$

$$t^{FO}(x) = \frac{(p-c_p)^2}{2k} + w_0$$

$$s^{FO} = \frac{p-c_p}{k}$$

品牌商利润以及主播的薪酬收入和效用分别为

$$\pi_r^{FO} = (p-c_p)(ax-bp) + \frac{(p-c_p)^2}{2k} - w_0$$

$$w^{FO} = \frac{(p-c_p)^2}{2k} + w_0$$

$$CE^{FO}(x,x) = w_0$$

证明　目标函数为

$$E\big((p-c_p)Q(x) - t(x) - \lambda(x)pQ(x)\big) = \big(p-c_p-\lambda(x)p\big)(ax-bp+s) - t(x)$$

此时（IR）为紧约束，即 $CE(x,x) = w_0$，否则品牌商会降低支付给主播的直播佣金以最大化自身收益。则式（11.2）可以转化为

$$\begin{cases} \max\limits_{t(x),\lambda(x),s} \big(p-c_p-p\lambda(x)\big)(ax-bp+s) - t(x) \\ \text{s.t.}\quad CE(x,x) = w_0, \forall x \in [\underline{x}, \overline{x}] \end{cases}$$

构造拉格朗日函数并求解，定理得证。

定理 11.1 表明，当消费者偏好为完全信息且主播推荐努力水平可观测时，品牌商的收入分成为零，说明拥有完全信息的品牌商没有动力与主播进行收入分成，只需要支付固定金额的直播佣金即可，且直播佣金为平台的保留收益与其推荐成本之和，品牌商获得全部价值，主播只能获得最低的效用，即保留收益。这是因为当主播没有不完全的私人信息且其推荐努力水平可观测时，无信息优势，不存在逆向选择与道德风险问题，则品牌商为追求利润最大化，只需付给主播保留收益以保证其参与即可。

命题 11.1　由定理 11.1 可得 $\partial \lambda^{FO}(x)/\partial x = 0$，$\partial t^{FO}(x)/\partial x = 0$，$\partial s^{FO}/\partial x = 0$，$\partial \pi_r^{FO}/\partial x > 0$，$\partial w^{FO}/\partial x = 0$。

命题 11.1 证明最优收入分成比例、直播佣金和推荐努力水平均与消费者偏好无关。这是由于在市场信息完全对称时，品牌商可准确预知直播推荐对其销售策略的影响，从而为主播设置固定的激励合同。而消费者偏好的增加会引起销量的增长，虽然品牌商并不与主播分享收入，但主播依然付出同样的推荐努力，因此主播的收益也与消费者偏好无关，而品牌商的利润随消费者偏好递增，因为市场

条件的改善能够提高销量，所以消费者偏好越大对品牌商越有利。在市场信息完全对称的理想情况下，品牌商应努力提高消费者偏好，从而赚取更大的利润；然而对于不存在信息优势的主播来说，即使市场改善也只能获得固定收益。例如，品牌商在招募新手主播时，一般有一至三个月的试用期，在此期间主播由于不了解产品因而没有信息优势，且新手主播由于难以独自承担直播任务，往往与商家一起进行直播带货，则其在直播间的推荐努力水平会被品牌商完全观测，此时品牌商并不给主播收入分成，而是只提供底薪以满足其保留收益。因此，市场状态的改善会使销量增加，品牌商受益，但信息劣势的主播只能赚取固定底薪，因而没有动机付出更大的推荐努力，且为了保住工作更不能降低推荐努力水平。

11.3.2　AO 情形

此时品牌商不能获取消费者偏好信息，但能观测到主播的推荐努力水平，因此激励相容约束（IC2）不起作用。模型可转化为

$$\begin{cases} \pi_r = \max\limits_{t(\cdot),\lambda(\cdot),s} \mathrm{E}\Big((p-c_p)Q(\xi) - t(\xi) - \lambda(\xi)pQ(\xi) \Big) \\ \quad \text{s.t.} \quad \mathrm{CE}(x,x) > \mathrm{CE}(x,y), \forall x,y \in [\underline{x},\overline{x}] \\ \qquad \quad \mathrm{CE}(x,x) > w_0, \forall x \in [\underline{x},\overline{x}] \end{cases} \tag{11.3}$$

求解模型（11.3）可得如下定理。

定理 11.2　消费者偏好为私人信息且主播推荐努力水平可观测时，最优激励合同为

$$\lambda^{\mathrm{AO}}(x) = 0$$

$$t^{\mathrm{AO}}(x) = \frac{\left(p-c_p\right)^2}{2k} + w_0$$

$$s^{\mathrm{AO}} = \frac{p-c_p}{k}$$

品牌商利润以及主播的薪酬收入和效用分别为

$$\pi_r^{\mathrm{AO}} = \left(p-c_p\right)(ax-bp) + \frac{\left(p-c_p\right)^2}{2k} - w_0$$

$$w^{\mathrm{AO}} = \frac{\left(p-c_p\right)^2}{2k} + w_0$$

$$\mathrm{CE}^{\mathrm{AO}}(x,x) = w_0$$

证明　（IC1）可转化为

$$\begin{cases} t'(x) + \lambda'(x)p\big(ax - bp + s(x)\big) + \lambda(x)ps'(x) - ks(x)s'(x) - \eta\sigma^2 p^2 \lambda(x)\lambda'(x) = 0 \\ \qquad\qquad\qquad\qquad \lambda'(x) > 0 \end{cases}$$

首先，证明充分性：由（IC1）可得

$$t(x) + \lambda(x)p(ax - bp + s(x)) - \frac{k}{2}s^2(x) - \frac{\eta}{2}\sigma^2 p^2 \lambda^2(x)$$

$$\geqslant t(y) + \lambda(y)p(ax - bp + s(y)) - \frac{k}{2}s^2(y) - \frac{\eta}{2}\sigma^2 p^2 \lambda^2(y)$$

令 $L(x, y) = t(y) + \lambda(y)p(ax - bp + s(y)) - ks^2(y)/2 - \eta\sigma^2 p^2 \lambda^2(y)/2$，表示当主播掌握的实际消费者偏好信息为 x 而其谎报为 y 时的期望收益。要使主播仅在汇报其真实消费者偏好时才可获得最大收益，即 $L(x,x) > L(x,y)$，且满足下式，并联立可得 $\lambda'(x) > 0$。

$$\begin{cases} \left.\dfrac{\partial L(x,y)}{\partial y}\right|_{y=x} = 0 \\[3mm] \left.\dfrac{\partial^2 L(x,y)}{\partial y^2}\right|_{y=x} = 0 \end{cases}$$

其次，证明必要性：不妨假设 $y \leqslant x$，对一阶条件在 $[y, x]$ 上积分，有

$$t(x) - t(y) - bp^2\lambda(x) + bp^2\lambda(y) + p\lambda(x)s(x) - p\lambda(y)s(y) - \frac{k}{2}s^2(x)$$

$$+ \frac{k}{2}s^2(y) - \frac{\eta}{2}\sigma^2 p^2 (\lambda^2(x) - \lambda^2(y))$$

$$= -ap\int_y^x z\lambda'(z)\mathrm{d}z > -apx\int_y^x \lambda'(z)\mathrm{d}z$$

$$= -apx(\lambda(x) - \lambda(y))$$

移项得 $L(x,x) > L(x,y)$。同理，当 $y > x$ 时，$L(x,x) > L(x,y)$ 也成立。

又由于 $\mathrm{CE}(x, x)$ 关于 x 单调递增，要使（IR）恒成立，只需在其最小值点 $\underline{x}$ 处成立即可，且（IR）应为紧约束，否则品牌商会降低支付给主播的直播佣金以最大化自身收益。

对一阶条件在 $[\underline{x}, x]$ 上积分可得

$$t(x) = w_0 + bp^2\lambda(x) - p\lambda(x)s(x) + \frac{k}{2}s^2(x) + \frac{\eta}{2}\sigma^2 p^2 \lambda^2(x) - apx\lambda(x) + ap\int_{\underline{x}}^x \lambda(z)\mathrm{d}z$$

最终可将式（11.3）转化为

$$\begin{cases} \max\limits_{s(x),\lambda(x)} \displaystyle\int_{\underline{x}}^{\bar{x}} \begin{bmatrix} (p - c_p)(ax - bp + s(x)) - w_0 - \dfrac{k}{2}s^2(x) \\[2mm] -\dfrac{\eta}{2}\sigma^2 p^2 \lambda^2(x) - ap\lambda(x)h(x) \end{bmatrix} f(x)\mathrm{d}x \\[6mm] \text{s.t.} \quad \lambda'(x) > 0 \end{cases}$$

忽略单调性条件，品牌商的期望收益关于 $\lambda(x)$ 的一阶变分为 $\delta\mathrm{E}[\pi_r(\lambda(x), s(x))] = \int_{\underline{x}}^{\bar{x}} (-\eta\sigma^2 p^2 \lambda(x) - aph(x))f(x)\delta\lambda(x)\mathrm{d}x = 0$，二阶变分为 $\delta^2\mathrm{E}[\pi_r(\lambda(x), s(x))] = -\int_{\underline{x}}^{\bar{x}} \eta$

$\sigma^2 p^2 f(x)[\delta\lambda(x)]^2 \mathrm{d}x \leqslant 0$。$s(x)$ 与之类似求解，定理得证。

定理 11.2 表明，当消费者偏好为不完全信息且主播推荐努力水平可观测时，品牌商的激励合同和主播的推荐努力水平与 FO 情形一致，因而二者利润也分别与 FO 情形一致。说明此时虽然消费者偏好是主播的私人信息，但品牌商仍可通过观测主播的推荐努力水平准确推测消费者偏好。此时主播失去了推荐努力水平的信息优势，因此品牌商即使没有动机激励主播付出努力，仍能获得主播的全部价值。现实中，当品牌商推出新产品时，一般不能准确推测消费者偏好，但可通过监督等方式获取主播的推荐努力水平，防止其产生"偷懒"行为，从而弥补自身在市场条件下的信息劣势，达到利润最大化。

11.3.3　FU 情形

此时品牌商能获取消费者偏好，但不能观测到主播的推荐努力水平，主播不能谎报其推荐偏好，因此激励相容约束（IC1）不起作用。模型可转化为

$$
\begin{cases}
\pi_r = \max\limits_{t(\cdot),\lambda(\cdot)} \mathrm{E}\Big[\big(p-c_p\big)Q(x)-t(x)-\lambda(x)pQ(x)\Big] \\
\text{s.t.}\quad s^* = \operatorname{argmax} \mathrm{CE}(x,x),\ \forall x \in [\underline{x},\overline{x}] \\
\phantom{\text{s.t.}\quad} \mathrm{CE}(x,x) > w_0,\ \forall x \in [\underline{x},\overline{x}]
\end{cases} \tag{11.4}
$$

求解模型（11.4）可得如下定理。

定理 11.3　消费者偏好为完全信息且主播推荐努力水平不可观测时，最优激励合同为

$$
\lambda^{\mathrm{FU}}(x) = \frac{p-c_p}{p\big(1+k\eta\sigma^2\big)}
$$

$$
t^{\mathrm{FU}}(x) = w_0 - \frac{\big(p-c_p\big)(ax-bp)}{1+k\eta\sigma^2} - \frac{\big(p-c_p\big)^2\big(1-k\eta\sigma^2\big)}{2k\big(1+k\eta\sigma^2\big)^2}
$$

$$
s^{\mathrm{FU}} = \frac{\big(p-c_p\big)}{k\big(1+k\eta\sigma^2\big)}
$$

品牌商利润以及主播的薪酬收入和效用分别为

$$
\pi_r^{\mathrm{FU}} = \big(p-c_p\big)(ax-bp) + \frac{\big(p-c_p\big)^2}{2k\big(1+k\eta\sigma^2\big)^2} - w_0
$$

$$
w^{\mathrm{FU}} = w_0 + \frac{\big(p-c_p\big)^2}{2k\big(1+k\eta\sigma^2\big)^2}
$$

$$\mathrm{CE}^{\mathrm{FU}}(x,x)=w_0$$

证明　由引理 11.1 知 $\partial\mathrm{CE}(x,x)/\partial s=p\lambda(x)-ks=0$ ，$\partial^2\mathrm{CE}(x,x)/\partial s^2=-k<0$ ，因此 $s=p\lambda(x)/k$ 为最优解。目标函数为

$$\mathrm{E}\big((p-c_p)Q(x)-t(x)-\lambda(x)pQ(x)\big)=\Big(p-c_p-p\lambda(x)\Big)\bigg(ax-bp+\frac{p}{k}\lambda(x)\bigg)-t(x)$$

此时（IR）为紧约束，即 $\mathrm{CE}(x,x)=w_0$ ，否则品牌商会降低支付给主播的直播佣金以最大化自身收益。则式（11.4）转化为

$$\begin{cases}\max\limits_{t(x),\lambda(x)}\Big(p-c_p-p\lambda(x)\Big)(ax-bp+s)-t(x)\\[2mm]\mathrm{s.t.}\quad\mathrm{CE}(x,x)=w_0,\ \forall x\in[\underline{x},\overline{x}]\end{cases}$$

与定理 11.1 类似，构建拉格朗日函数即可得证定理。

定理 11.3 表明，当消费者偏好为完全信息且主播推荐努力水平不可观测时，由于存在道德风险，品牌商需要设置其收入分成的比例，以激励主播付出最优努力。然而品牌商为达到利润最大化，在进行收入分成后会降低其支付给主播的直播佣金以平衡收益，从而降低主播的推荐努力水平。因为对于风险规避的主播来说，直播佣金是付出努力前的固定收益，激励作用较大；收入分成是努力后所获报酬，受销量的影响，具有一定的不稳定性，激励作用较小。因此收入分成的增加不足以弥补直播佣金减少对其激励产生的负面影响。

命题 11.2　由定理 11.3 可得：$\partial\lambda^{\mathrm{FU}}(x)/\partial x=0$ ，$\partial t^{\mathrm{FU}}(x)/\partial x<0$ ，$\partial s^{\mathrm{FU}}/\partial x=0$ ；$\partial\lambda^{\mathrm{FU}}(x)/\partial\eta<0$ ，$\partial s^{\mathrm{FU}}/\partial\eta<0$ ；$\partial\lambda^{\mathrm{FU}}(x)/\partial v<0$ ，$\partial s^{\mathrm{FU}}/\partial v<0$ ，其中 $v=\sigma^2$ 。

由命题 11.2 可知，在 FU 情形下，首先，最优收入分成比例和主播推荐努力水平均与消费者偏好无关，而直播佣金随消费者偏好递减，其原因是消费者偏好的增加会带来销量的增长，主播收入分成部分的收益增加，品牌商为了增加自身收益并平衡主播收益，使其仅获得保留效用，会相应地降低直播佣金。其次，主播风险规避程度的增大意味着其更加保守，因而会降低推荐努力水平，并导致品牌商降低收入分成比例。最后，市场需求不确定性的增大会使风险规避的主播降低推荐努力水平，同样导致品牌商降低收入分成比例。可见当存在道德风险时，主播的风险规避特性以及市场需求不确定性将会对品牌商和主播间的合作产生不利影响。该结论与田厚平和刘长贤（2011）以及王先甲等（2022）的研究结果相符合。

11.3.4　AU 情形

此时品牌商不能获取消费者偏好信息，为确保主播不谎报该信息，需要激励相容约束（IC1）；而且品牌商不能观测到主播的推荐努力水平，因此需要激励相容约束（IC2），则模型为

$$
\begin{cases}
\pi_{\mathrm{r}} = \max\limits_{t(\cdot),\lambda(\cdot)} \mathrm{E}\big((p-c_p)Q(\xi)-t(\xi)-\lambda(\xi)pQ(\xi)\big) \\
\text{s.t. } \mathrm{CE}(x,x)>\mathrm{CE}(x,y),\forall x,y\in[\underline{x},\overline{x}] \\
s^{*}=\operatorname{argmax}\mathrm{CE}(x,x),\forall x\in[\underline{x},\overline{x}] \\
\mathrm{CE}(x,x)>w_0,\forall x\in[\underline{x},\overline{x}]
\end{cases}
\tag{11.5}
$$

求解模型（11.5）可得如下定理。

定理 11.4　消费者偏好为私人信息且主播推荐努力水平不可观测时，最优激励合同为

$$
\lambda^{\mathrm{AU}}(x)=\frac{p^2-bc_p-apkh(x)}{p^2\left(1+k\eta\sigma^2\right)}
$$

$$
\begin{aligned}
t^{\mathrm{AU}}(x)={}&w_0+(bp-ax)\frac{p^2-bc_p-apkh(x)}{p\left(1+k\eta\sigma^2\right)}-\frac{\left(p^2-bc_p-apkh(x)\right)^2}{2p^2\left(1+k\eta\sigma^2\right)^2}\left(\frac{1}{k}-\eta\sigma^2\right)\\
&+\frac{a}{p\left(1+k\eta\sigma^2\right)}\int_{\underline{x}}^{x}\left(p^2-bc_p-apkh(z)\right)\mathrm{d}z
\end{aligned}
$$

$$
s^{\mathrm{AU}}=\frac{p^2-bc_p-apkh(x)}{kp\left(1+k\eta\sigma^2\right)}
$$

其中，$h(x)<\left(p^2-bc_p\right)\big/apk$。

品牌商利润以及主播的薪酬收入和效用分别为

$$
\begin{aligned}
\pi_{\mathrm{r}}^{\mathrm{AU}}={}&\left(p-c_p\right)\left(ax-bp+\frac{p^2-bc_p-apkh(x)}{kp\left(1+k\eta\sigma^2\right)}\right)-w_0-\frac{\left(p^2-bc_p-apkh(x)\right)^2}{2kp^2\left(1+k\eta\sigma^2\right)}\\
&-\frac{a}{p\left(1+k\eta\sigma^2\right)}\int_{\underline{x}}^{x}\left(p^2-bc_p-apkh(z)\right)\mathrm{d}z
\end{aligned}
$$

$$
w^{\mathrm{AU}}=w_0+\frac{\left(p^2-bc_p-apkh(x)\right)^2}{2kp^2\left(1+k\eta\sigma^2\right)}+\frac{a}{p\left(1+k\eta\sigma^2\right)}\int_{\underline{x}}^{x}\left(p^2-bc_p-apkh(z)\right)\mathrm{d}z
$$

$$
\mathrm{CE}^{\mathrm{AU}}(x,x)=w_0+\frac{a}{p\left(1+k\eta\sigma^2\right)}\int_{\underline{x}}^{x}\left(p^2-bc_p-apkh(z)\right)\mathrm{d}z
$$

证明　与定理 11.2 和定理 11.3 类似，可将式（11.5）转化为

$$
\begin{cases}
\max\limits_{\lambda(x)}\displaystyle\int_{\underline{x}}^{\overline{x}}\left(\begin{aligned}&\left(p-c_p\right)(ax-bp)+\left(\frac{p^2-bc_p}{k}-aph(x)\right)\\&\lambda(x)-\frac{1}{2}p^2\lambda^2(x)\left(\frac{1}{k}+\eta\sigma^2\right)-w_0\end{aligned}\right)f(x)\mathrm{d}x\\
\text{s.t. }\lambda'(x)>0
\end{cases}
$$

与定理 11.2 同理，通过变分法即可证明定理。

定理 11.4 表明，当消费者偏好为私人信息且主播推荐努力水平不可观测时，一方面由于道德风险的存在，品牌商需要支付收入分成加直播佣金，以激励主播付出最优努力；另一方面，由于逆向选择的存在，激励合同与逆风险率 $h(x)$ 有关。特别地，与定理 11.1～定理 11.3 不同，在主播所获的效用中，积分项 $a\int_{\underline{x}}^{x}\left(p^2-bc_p-apkh(z)\right)\mathrm{d}z \big/ p\left(1+k\eta\sigma^2\right)$ 是主播由于具有信息优势所获得的信息租金，即品牌商为激励风险规避的主播汇报真实信息所付出的成本，且受消费者偏好、主播风险规避程度和市场需求不确定性的影响，即消费者偏好越大、需求越稳定、主播越不保守，则主播所获信息租金越大。一方面，消费者偏好越大，需求越稳定，主播获取更大收益的可能性越大，因此其风险规避程度相应减小，进而付出更大的推荐努力，具体表现为主播在直播时以读评论等方式与消费者互动，通过调动积极的情绪，感染消费者的情绪，进而努力推荐产品。另一方面，Lee 和 Theokary（2021）的研究表明，积极的情绪感染能够增加观看量，进一步增加需求。因此，主播的风险规避程度会影响其推荐努力水平，进而影响消费者需求。由此对于主播来说，当消费者偏好越大，需求越稳定时，为赚取更大的信息租金，应降低风险规避程度，提高推荐努力水平。此外，可得命题 11.3。

命题 11.3 由定理 11.4 可得：$\partial\lambda^{\mathrm{AU}}(x)/\partial x>0$，$\partial s^{\mathrm{AU}}/\partial x>0$；$\partial\lambda^{\mathrm{AU}}(x)/\partial\eta<0$，$\partial s^{\mathrm{AU}}/\partial\eta<0$；$\partial\lambda^{\mathrm{AU}}(x)/\partial v<0$，$\partial s^{\mathrm{AU}}/\partial v<0$。

由命题 11.3 可知，在 AU 情形下，消费者偏好的增加会使品牌商提高收入分成，激励主播提高推荐努力水平。这是由于逆向选择与道德风险问题会使品牌商处于信息劣势，当消费者偏好增大时，需要增大对主播的激励强度，使主播更有动力提高推荐努力水平。与命题 11.2 类似，主播风险规避程度和市场需求不确定性的增大均使主播降低其推荐努力水平，同时品牌商降低其收入分成比例，且二者的增加会对品牌商和主播间的合作产生不利影响。如 Lin 等（2021）所述，主播的风险规避程度越小，则观众规模越大，即有助于销量的增长，因此由命题 11.2 与命题 11.3 可知，主播越不保守，则品牌商越有动机激励主播付出推荐努力，以增加销量。

11.4　信息价值的分析

11.4.1　消费者偏好的信息价值

推论 11.1 设消费者偏好的信息价值为 V_1，则当主播的推荐努力水平可观测时，$V_1^{\mathrm{O}}=\pi_{\mathrm{r}}^{\mathrm{FO}}-\pi_{\mathrm{r}}^{\mathrm{AO}}=0$。

当主播的推荐努力水平不可观测时，可得

$$V_1^{\mathrm{U}} = \pi_{\mathrm{r}}^{\mathrm{FU}} - \pi_{\mathrm{r}}^{\mathrm{AU}} = \frac{p - c_p}{k\left(1 + k\eta\sigma^2\right)}\left(\frac{p - c_p}{2\left(1 + k\eta\sigma^2\right)} - \frac{M}{p}\right) + \frac{M^2}{2kp^2\left(1 + k\eta\sigma^2\right)}$$

$$+ \frac{a}{p\left(1 + k\eta\sigma^2\right)}\int_{\underline{x}}^{x}\left(p^2 - bc_p - apkh(z)\right)\mathrm{d}z$$

进一步可得 V_1^{U} 随 η 的变化规律，如图 11.1 所示。取消费者偏好 x 服从区间 [0,1] 的均匀分布且实现值为 0.8，潜在市场规模 $a=1$，以保证市场状况良好，即需求非负。价格敏感系数适中，取 $b=0.5$，推荐努力成本系数 $k=1$，假设销售成本 $c_p=0.4$，为保证有利可图，取品牌商的销售价格 $p=0.8$。参考田厚平和刘长贤（2011）及王文宾等（2016）的研究，主播的保留收益 w_0 取较小值 0.1，市场需求不确定性 θ 服从 $\mathrm{N}(0,1)$ 的标准正态分布，风险规避系数 η 变化范围为[0,10]。此外，我们进行了稳健性分析，具体结论如下。

推论 11.1 表明，当主播的推荐努力水平可观测时，消费者偏好信息价值为 0，说明品牌商可以通过观测主播的推荐努力水平准确获得消费者推荐偏好信息。此外，当主播的推荐努力水平不可观测时，由图 11.1（a）和（b）可知，当销售价格较高且主播不保守或价格敏感系数较小时消费者偏好信息价值为正，即消费者偏好对品牌商有利。一般情况下，由图 11.1（c）和（d）可知，消费者偏好信息价值小于零，且市场需求不确定性以及主播的保留收益对其无显著影响。另外，由图 11.1 可知，主播风险规避程度越大，信息价值的绝对值越小，说明消费者偏好对品牌商的影响越小。因此，若品牌商不能观测到主播的推荐努力水平，只知道消费者偏好，则消费者偏好为私人信息反而可能对品牌商更有利。

11.4.2　主播推荐努力水平的信息价值

推论 11.2　设主播推荐努力水平的信息价值为 V_2，则当消费者偏好为完全信息时，

$$V_2^{\mathrm{F}} = \pi_{\mathrm{r}}^{\mathrm{FO}} - \pi_{\mathrm{r}}^{\mathrm{FU}} = \frac{\left(p - c_p\right)^2\left(k^2\eta^2\sigma^4 + k\eta\sigma^2 + 2\right)}{2k\left(1 + k\eta\sigma^2\right)^2} > 0$$

当消费者偏好为私人信息时，

$$V_2^{\mathrm{A}} = \pi_{\mathrm{r}}^{\mathrm{AO}} - \pi_{\mathrm{r}}^{\mathrm{AU}} = \frac{\left(p - c_p\right)^2}{2k} - \frac{M}{kp\left(1 + k\eta\sigma^2\right)}\left[\left(p - c_p\right) - \frac{M}{2p}\right]$$

$$+ \frac{a}{p\left(1 + k\eta\sigma^2\right)}\int_{\underline{x}}^{x}\left(p^2 - bc_p - apkh(z)\right)\mathrm{d}z$$

可得 V_2^{A} 随 η 的变化规律，如图 11.1 所示。

推论 11.2 表明，当消费者偏好为完全信息时，主播的推荐努力水平信息价值恒大于零，说明对于品牌商来说，观测到主播的推荐努力水平能获取更大的利润。因此，在消费者偏好为完全信息的市场中，品牌商应尽可能去观测主播的推荐努力水平，以避免道德风险问题。此外，当消费者偏好为私人信息时，由图 11.1 可知，主播的推荐努力水平信息价值恒大于零，即主播的推荐努力水平依然对品牌商有利，且随主播风险规避程度递增。因此，当品牌商不能获知消费者偏好信息时，正如定理 11.1 和定理 11.2 所述，品牌商仍可通过观测主播的推荐努力水平从而获知消费者偏好，因此同样应努力获取主播的推荐努力水平，且应与风险规避程度更大的主播合作。

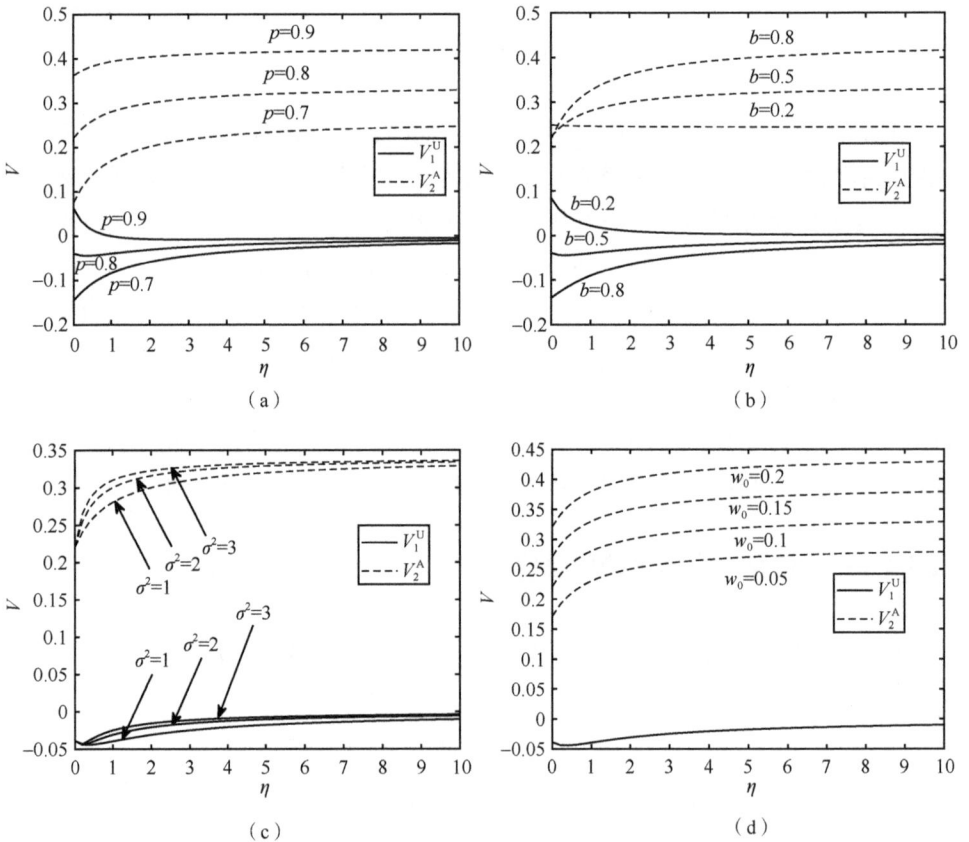

图 11.1　风险规避系数对信息价值的影响

11.5　灵敏度分析

前面在不同信息状态下设计了品牌商的激励合同，并求得了相应的信息价值。为得出更加直观的结论，本节应用数值算例进行分析。参数取值与 11.4 节一致，接下来探究主播风险规避程度对品牌商和主播的最优决策及利润的影响，如图 11.2～图 11.5 所示。

11.5.1　风险规避系数 η 对主播推荐努力水平 s 的影响

图 11.2 显示当主播的推荐努力水平可观测时，其推荐不受风险规避的影响且一直处于较高水平，该结果与定理 11.1 与定理 11.2 相符。原因是当品牌商能观测到主播的推荐努力水平时，主播不能投机取巧。当主播的推荐努力水平不可观测时，正如命题 11.2 与命题 11.3 所述，风险规避程度的增大会使主播倾向于更加保守，从而降低自身推荐努力水平以规避风险。

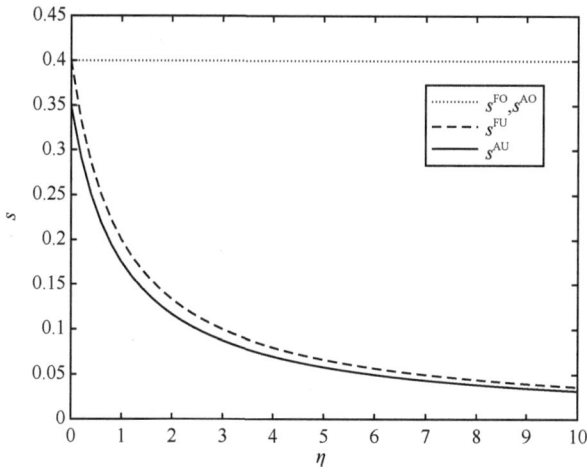

图 11.2　风险规避系数对主播推荐努力水平的影响

11.5.2　风险规避系数 η 对收入分成比例 λ 的影响

图 11.3 显示当主播的推荐努力水平可观测时，收入分成比例不受主播风险规避的影响且恒为零。反之，当主播的推荐努力水平不可观测时，收入分成比例随主播风险规避程度递减。说明在能观测到主播推荐努力水平时，品牌商没有动机利用收入分成激励主播；当无法观测到主播推荐努力水平时，如命题 11.2 与命题 11.3 所述，品牌商需要对主播给予收入分成上的激励，随着风险规避程度的增加，由图 11.2 可知主播变得更加保守，并降低其推荐努力水平，因此品牌商要减小其收入分成比例。

11.5.3　风险规避系数 η 对直播佣金 t 的影响

由图 11.4 可知，当主播的推荐努力水平可观测时，直播佣金不受主播风险规避的影响且一直处于较高水平。当主播的推荐努力水平不可观测时，直播佣金随

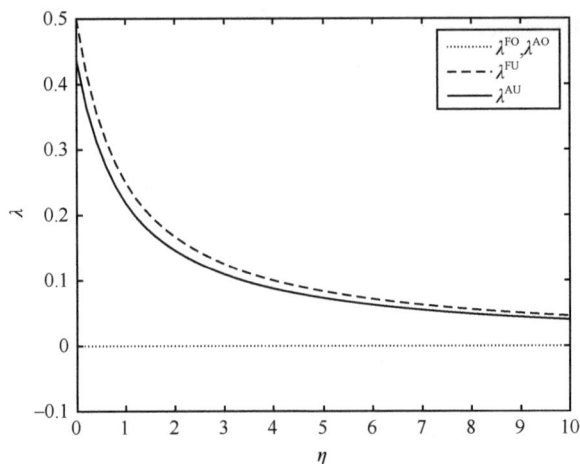

图 11.3　风险规避系数对收入分成比例的影响

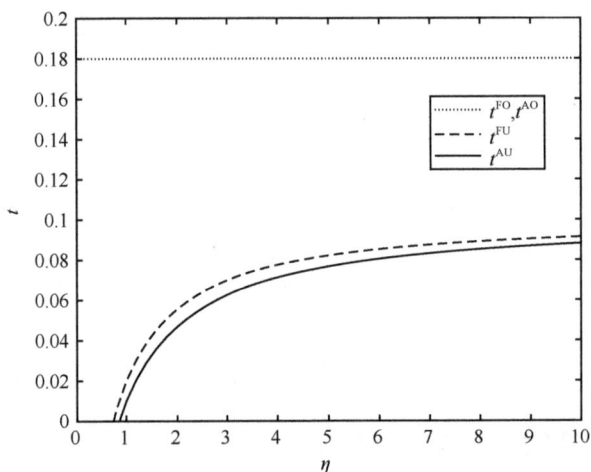

图 11.4　风险规避系数对直播佣金的影响

其风险规避程度递增，且当主播风险规避程度很小时，品牌商不提供直播佣金，主播也会付出推荐努力。进一步将定理 11.1～定理 11.4 的激励合同进行对比，即由图 11.2 与图 11.4 对比可知，当主播的推荐努力水平不可观测时，风险规避程度越大，品牌商更愿意支付更多的直播佣金进行激励，而不愿与主播分享收益。

11.5.4　风险规避系数 η 对品牌商利润 π 的影响

由图 11.5 可知，当主播的推荐努力水平可观测时，如定理 11.1 和定理 11.2 所述，无论消费者偏好是否为完全信息，品牌商都可通过观测主播的推荐努力水平来获知消费者偏好，因此品牌商利润不受主播风险规避的影响且一直处于较高水平。相反，当主播的推荐努力水平不可观测时，品牌商利润维持在较低水平，且随主播风险规避程度递减。这是由于，一方面，不对称信息的存在会损害品牌商的利润；另一方面，由命题 11.2 和命题 11.3 可知，主播的风险规避程度越大，其推荐努力水平就会越低，导致销量减少，进而使品牌商利润降低。值得注意的是，与 Li 等（2020d）的研究结论类似，当主播的推荐努力水平不可观测时，不对称信息反而会使品牌商受益。这是由于在信息对称但主播推荐努力水平不可观测时，下游主播可能发出错误的信号来误导上游品牌商的决策，使品牌商利润受损。

下面主要探究在主播推荐努力水平不可观测时，主播风险规避程度与销售价格或成本对品牌商利润的共同影响。

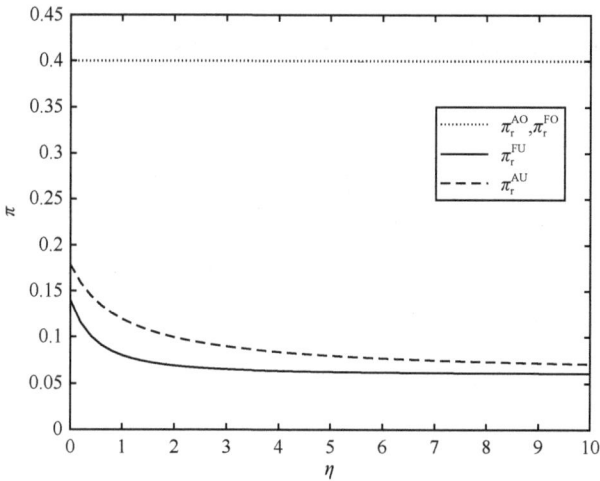

图 11.5 风险规避系数对品牌商利润的影响

11.5.5 风险规避程度与销售价格对品牌商利润的影响

图 11.6 表明当主播的推荐努力水平不可观测时，无论消费者偏好是否为完全

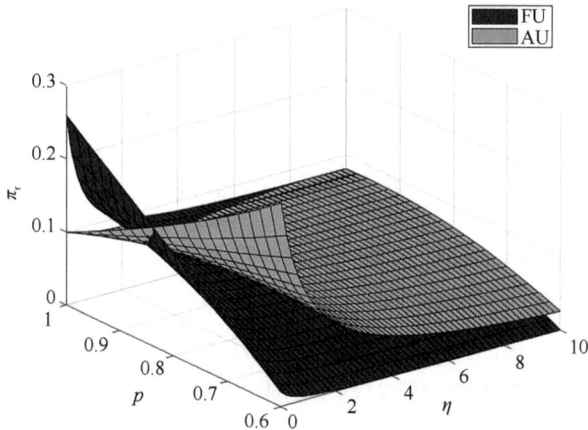

图 11.6 η 与 p 对 π_r 的影响

信息，风险规避程度的增大都会削弱品牌商的利润，原因是风险规避程度的增大会使主播更加保守从而降低推荐努力水平，进而使销量减少，造成品牌商利润降低，该结果与图 11.5 所得结论一致。此外，当消费者偏好为完全信息时，价格越高对品牌商越有利，且当主播风险规避程度较小时，价格提高对品牌商的好处越明显；然而在消费者偏好为私人信息时，当主播风险规避程度较小时，价格越低反而对品牌商越有利。因此，若主播保守，则品牌商应适当提高价格；若主播不保守，则品牌商在拥有消费者偏好信息时，可以定高价从而赚取更多的利润；而在无法获知消费者偏好信息时，应定低价以达到薄利多销的目的。

11.5.6　风险规避程度与销售成本对品牌商利润的影响

由图 11.7 可知，当消费者偏好为完全信息时，成本越小对品牌商越有利，且当风险规避程度较小时，销售成本降低对品牌商的好处越明显。然而在消费者偏好为私人信息的情况下，当风险规避程度较小时，品牌商利润随销售成本先递减再递增。因此，由图 11.5 与图 11.7 可知，品牌商应寻求与风险规避程度小的主播进行合作，以获取更大的利润。

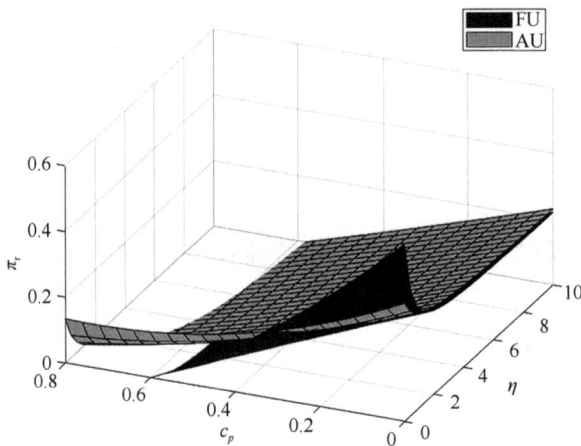

图 11.7　η 与 c_p 对 π_r 的影响

11.6　本　章　小　结

本章研究了不同信息状态下品牌商委托电商主播为其提供推荐服务的激励合同问题，考虑到主播的风险规避特性，构建委托代理模型并分别求解了品牌商的最优激励合同以及主播的推荐努力水平，此外还分析了消费者偏好、主播的风险规避程度和市场需求的不确定性对均衡结果的影响。结论表明：首先，主播推荐努力水平可观测性将决定品牌商与主播进行收入分成的意愿。其次，当主播推荐努力水平可观测时，品牌商利润在消费者偏好信息对称和不对称情形下一致；反之，当主播推荐努力水平不可观测时，品牌商具有消费者偏好信息优势反而可能对其不利，且主播的风险规避态度会降低其推荐努力水平，从而造成品牌商利润下降。最后，无论品牌商能否获知消费者偏好信息，具有推荐努力水平信息优势时往往能获得更多利润。

　　综上，在任何情况下，品牌商都应对主播进行监督，尽可能获取其推荐努力水平的真实信息，从而避免道德风险问题，且观测到主播推荐努力水平的品牌商无须与主播分享收益，仅通过固定的直播佣金即可实现激励目的。此外，品牌商若无法观测到主播的真实推荐努力水平，则应选择与风险规避程度小的主播合作。最后，品牌商能获取消费者偏好信息时，可适当提高价格以赚取更大利润，且主播风险规避程度越小则利润增加越多；而品牌商不能获取消费者偏好信息时，其定价决策取决于主播的风险规避程度，即当主播风险规避程度较大时可适当提高价格，反之则需降价促销。

第 12 章　本书总结与展望

12.1　本 书 总 结

近年来，平台供应链营销策略研究逐渐成为运营管理领域的热点话题，而推荐服务影响下的平台供应链管理问题已是学界关注的重点。目前，关于平台推荐服务研究多集中在推荐算法的开发、实证研究层面，很少有从理论建模与优化的视角进行探讨。特别是针对推荐系统引入策略对品牌竞争与消费者搜寻的影响、对实施 CFS 政策的平台商和广告推荐引入的网络代理平台商的影响，考虑不同推荐服务影响下，消费者和平台商的博弈互动及双电子渠道竞争决策问题、考虑策略型消费者的两阶段优惠券推荐策略问题、直播平台推荐模式选择与直播推荐激励机制设计等的相关研究十分稀少。从平台供应链视角进行理论模型构建，结合博弈论、消费者行为理论及产业组织垄断竞争理论等方法，分析消费者、品牌商、平台商的博弈关系，研究多渠道、多品牌竞争环境下平台供应链推荐服务管理等相关关键问题，为平台供应链成员的运营与服务管理提供决策参考，具有重要的学术意义和实际应用价值。

本书拓宽了平台供应链管理的研究视角，分析平台推荐服务策略的特点及规律，构建了平台供应链视角下推荐管理理论体系框架。从品牌竞争与消费者搜寻问题、凑单免运费问题、双电子渠道定价问题、两阶段网络优惠券推荐问题、直播平台推荐模式选择及激励机制设计问题等方面研究平台供应链推荐服务策略，并得出如下结论。

（1）在自有品牌与制造商品牌竞争的背景下，本书通过比较无推荐系统情形、统一定价情形以及差异定价情形下均衡策略，探讨了推荐与定价策略对品牌竞争与消费者搜寻努力的影响。研究结果表明，任何情况下制造商品牌均不会引入推荐系统。自有品牌在产品推荐强度适中时才会采用推荐系统。在自有品牌引入推荐系统的情形下，制造商品牌均会降低产品价格，此时若自有品牌采用统一定价策略，其产品价格随推荐强度增加而降低；若采用差异定价策略，品牌偏好型消费者的定价高于价格偏好型消费者的定价。此外，随着消费者的搜寻成本增加，自有品牌的产品价格在不断提高。当品牌偏好型消费者的市场规模较高时，引入推荐系统对自有品牌更有利。

（2）针对平台商的凑单推荐服务策略选择问题，本书建立了平台商和消费者间的主从博弈模型，分析了消费者最优购物意愿与平台商的最优凑单推荐服务策略问题。研究结论表明从消费者角度，平台商的凑单推荐服务有助于提升消费者的购物意愿，促进消费者凑单，而基础运费增加会削弱消费者参与购物的可能性。从平台商角度，最优凑单推荐服务水平的决策与消费者商品保留价格、基础运费价格及推荐商品价格紧密相关。较高的基础运费不利于平台商利润的增加，当消费者商品保留价格保持在一定范围内时，平台商有动机提高最优凑单推荐服务水平。此外，推荐商品价格对平台商最优凑单推荐服务水平的影响取决于消费者对基础运费和凑单的异质性购物偏好。

（3）针对凑单推荐服务影响下的平台商最优 CFS 决策问题，本书建立了平台商有无凑单推荐服务情形下的利润函数，从而决策最优基础运费和 CFS 阈值。结论发现平台商在引入凑单推荐服务时需要权衡成本与利润的关系，同时平台商应根据企业目标选择凑单推荐服务的强度。当平台商在实施凑单推荐服务时，基础运费和 CFS 阈值均有所增加，消费者则更愿意为享受 CFS 政策选择购买较基础运费价格更高的凑单产品。不同强度的凑单推荐服务对消费者选择支付基础运费购物的需求和选择凑单购物的需求影响具有差异性。拓展研究发现，运输成本不会显著影响平台商的最优决策。研究结果为平台商协调两种销售方式，提高平台绩效提供了决策参考。

（4）针对网络平台商的广告推荐服务引入问题，基于消费者行为理论和效用理论，本书建立了平台商引入广告推荐服务前后的主从博弈模型，求解并分析了双电子渠道中的产品最优定价和利润，探讨平台商广告推荐服务的最佳引入时机。结论证明广告推荐服务引入对平台商更有利，在一定条件下，品牌商也将鼓励平台商实施广告推荐服务以提高业绩，盲目引入广告推荐服务可能不利于平台商和品牌商的市场需求扩张，并且广告推荐投入水平和消费者代理渠道接受度联合影响广告推荐服务的最佳引入时机。广告推荐引入后，品牌商竞争压力增加，将以转移部分直销价格至批发价格的形式维持渠道地位。与无广告推荐服务的情形相比，广告推荐服务引入后将降低品牌商直销价格，增加批发价格，而平台商代销价格的变化则与广告推荐投入相关。

（5）本书建立的两阶段模型研究了策略型消费者的优惠券定价与推荐策略问题。考虑了三种不同的优惠券推荐策略：即时策略、跨期策略和混合策略。通过求解均衡并进行比较，得到电商平台的最优折扣定价与推荐策略选择。结论证明若第一阶段的优惠券折扣力度相对较大，选择即时策略对平台商最有利。在一定条件下，跨期策略与混合策略对于平台商没有区别。同时推荐一张短期优惠券和一张长期优惠券并不总是比每次只推荐一张短期优惠券或一张长期优惠券更好。策略型消费者的存在迫使平台商降低了两个阶段的产品价格。此外，还探讨了策略型消费者占比和消费者耐心程度对平台推荐策略选择的影响作用。

（6）针对渠道竞争条件下直播平台的推荐模式选择与服务策略问题，本书考虑了独家推荐与非独家推荐两种模式，分别建立了 Stackelberg 博弈模型，使用消费者效用分析对模型进行最优化求解，进而分析直播平台推荐成本系数、直播平台佣金率与推荐费用对品牌商品售价、直播推荐水平及利润的影响。结论证明直播平台在推荐成本系数较低时应选择非独家推荐模式，在推荐成本系数较高时应选择独家推荐模式。当推荐成本系数较低且推荐费用适中时，直播平台和电商平台上的品牌商可以同时在非独家推荐模式下实现共赢。此外，在非独家推荐模式下，推荐成本系数的增加并不总会使得电商平台的利润增加，在一定条件下，电商平台的利润会随着推荐成本系数的增加而降低。

（7）针对直播竞争条件下直播平台的推荐模式选择与服务策略问题，本书建立了存在直播竞争条件下独家推荐模式和非独家推荐模式的博弈模型。通过计算两种模式下均衡解和各成员利润函数，比较分析两种模式下平台的最优推荐水平和商品的最优销售价格，得到直播平台在直播竞争条件下的最优模式选择策略。结论表明当推荐成本系数与直播平台佣金率均较小时，或当推荐成本系数较小且推荐费用较大时，直播平台应选择非独家推荐模式，否则应选择独家推荐模式。此外，无论推荐成本系数和直播平台佣金率同时变化，还是推荐成本系数和推荐费用同时变化，直播平台均可以和电商平台上的品牌商达成合作，从而实现二者利润的最大化。此外，拓展研究证明了改变权利结构并不会改变模型的主要结论，但若考虑直播平台同时提供不同的推荐水平，直播平台为电商平台上的品牌商品提供的最优推荐水平总是高于自有平台商品的最优推荐水平。

（8）针对不同的信息状态，本书研究了品牌商委托电商主播为其提供推荐服务的激励合同问题，构建了单一品牌商与风险规避的电商主播构成的委托代理模型，通过求解品牌商的最优激励合同以及主播的最优推荐努力水平，分析了消费者偏好和主播推荐努力水平的信息价值，探究了消费者偏好、主播的风险规避程度和市场需求的不确定性对最优合同的影响。结论表明品牌商在能观测到主播推荐努力水平的情况下应设计仅含直播佣金的最优激励合同，以此获取主播的全部价值；当主播的推荐努力水平不可观测时，品牌商利润会降低，因此，品牌商应尽可能监督主播并获取其推荐努力水平，从而避免主播的道德风险问题。此外，本书还发现消费者偏好信息对品牌商定价策略有影响，当能够获取消费者偏好信息时，品牌商会提高产品价格，当不能获取消费者偏好信息时，品牌商则根据主播的风险规避态度定价。

12.2　研　究　展　望

本书得到的结论为进一步研究平台供应链推荐服务管理问题奠定了基础。作为运营管理与收益管理、信息经济学与产业经济学交叉学科的理论及方法，亟待研究的内容尚有很多，关于平台供应链推荐服务管理优化问题还有许多方面值得深入讨论和分析。本章仅对其中的部分问题进行了探讨，局限性体现在以下几个方面，当然这也是一些需要深入探究的问题，可以作为进一步研究的方向。

（1）针对产品推荐服务与消费者搜寻行为的相互作用与影响，不同推荐系统的竞争也对消费者搜寻行为与品牌竞争策略产生重要影响。未来的研究可以将竞争性推荐系统与消费者搜寻整合到品牌竞争策略问题中，考虑两种竞争性推荐系统提供差异化的产品推荐强度是一个可能的拓展方向。其次，研究考虑推荐系统影响下品牌竞争问题中的动态决策也是一个有意义的拓展问题。

（2）针对 CFS 政策下平台商的最优凑单推荐服务水平策略问题，尚未考虑库存与促销定价、物流运输成本等因素的影响。未来可以深入研究多渠道零售模式下，平台商库存控制与促销策略，以及考虑多平台商竞争下，物流成本对 CFS 及相应的购物凑单推荐服务策略的影响。

（3）在凑单推荐服务引入下平台商 CFS 政策问题中，消费者仅从单一电商平台通过支付基础运费或凑单购买商品。尽管一个强势的电商平台可能会占据很大的市场份额，但消费者也很容易在多个电子商务平台上搜寻商品。因此，凑单推荐服务引入对多电商平台竞争的影响问题很值得研究。此外，电商平台与上游供应商和下游代理商的策略互动也是一个有意义的研究问题。

（4）在广告推荐服务引入下双电子渠道最优定价问题中，本书仅考虑了消费者的确定性需求。进一步的研究可以拓展在随机需求和库存限制环境下，网络代理商引入推荐广告的时机问题。此外，考虑将网络代理商的推荐策略作为私有信息，分析信息不对称对于网络品牌商定价决策的影响也值得进一步研究。

（5）本书仅考虑电商平台推荐网络优惠券的促销策略。然而，在电商实践中有各种促销策略，如平台的 CFS 政策。未来的工作可以考虑电商平台将优惠券推荐策略与 CFS 政策相结合，以提高平台的收益。其次，本书仅考虑优惠券折扣力度作为一个外生变量，未来的研究可以将网络优惠券折扣力度作为决策变量进行分析，以探索其他营销策略。

（6）针对渠道竞争下平台推荐模式选择与服务策略问题，本书主要从平台供应链视角分析模式选择问题，未来还可考虑消费者行为的直播平台供应链推荐服务策略问题。另外，直播电商优惠券可以增加直播销量、提高直播平台的营销效果。因此分析直播平台的网络优惠券推荐策略也是值得研究的问题。

（7）针对直播竞争下平台推荐模式选择问题，本书考虑直播平台和传统电商平台的市场是相互独立的。未来考虑消费者可以同时在直播平台与传统电商平台搜寻商品，比较两个平台的商品后做出购买决策值得进一步研究。此外，考虑直播平台可以建立与传统电商平台类似的销售渠道，这样不仅直播平台内部存在渠道竞争，而且直播平台与传统电商平台之间也存在平台竞争。这也是一个值得探究的双重竞争问题。

（8）本书考虑了品牌商与单一主播的委托代理问题，未考虑存在网络主播竞争的多代理问题，品牌商如何针对不同直播带货水平的主播进行激励机制设计是未来的研究方向。此外，品牌商与主播的合作形式具有复杂性、动态性等特点，因此，如何在动态环境下设计网络直播的激励合同是值得研究的内容。

参 考 文 献

白世贞, 吴雪艳, 鄢章华. 2016. 基于团购供应链协调的第三方平台盈利模式研究[J]. 软科学, 30(7): 133-139.

曹宗宏, 赵菊, 张成堂, 等. 2015. 品牌与渠道竞争下的定价决策与渠道结构选择[J]. 系统工程学报, 30(1): 104-114.

陈国鹏, 张旭梅. 2019. 品牌竞争下的双渠道供应链合作广告策略研究[J]. 技术经济与管理研究, 274(5): 8-13.

陈国青, 王刊良, 郭迅华, 等. 2013. 新兴电子商务: 参与者行为[M]. 北京: 清华大学出版社.

陈国青, 叶强, 刘红岩, 等. 2020. 基于大数据的商务智能与模式创新研究[M]. 北京: 科学出版社.

陈剑, 黄朔, 刘运辉. 2020a. 从赋能到使能: 数字化环境下的企业运营管理[J]. 管理世界, 36(2): 117-128, 222.

陈剑, 刘运辉. 2021. 数智化使能运营管理变革: 从供应链到供应链生态系统[J]. 管理世界, 37(11): 227-240,14.

陈剑, 吴俊杰, 刘登攀, 等. 2020b. 大数据环境下的运营策略优化与协调研究[M]. 北京: 科学出版社.

陈翔, 仲伟俊, 梅姝娥. 2003. 第三方电子商务平台的定价策略研究[J]. 系统工程学报, 18(3): 237-243.

陈迎欣, 邰旭彤, 文艳艳. 2021. 网络直播购物模式中的买卖双方互信研究[J]. 中国管理科学, 29(2): 228-236.

楚明森, 李春发, 周驰, 等. 2022. 网络代理商推荐广告引入对双电子渠道定价决策的影响研究[J]. 管理评论, 34(6): 183-191.

戴德宝, 刘西洋, 范体军, 等. 2015. "互联网+"时代网络个性化推荐采纳意愿影响因素研究[J]. 中国软科学, (8): 163-172.

丁佳敏, 陈军飞. 2021. 网络直播对餐饮 O2O 外卖顾客信任的影响研究[J]. 运筹与管理, 30(5): 221-226.

冯俊, 路梅. 2020. 移动互联时代直播营销冲动性购买意愿实证研究[J]. 软科学, 34(12): 128-144.

冯鑫, 陈旎珊. 2022. 基于众包物流配送模式的生产配送协同调度多目标优化[J]. 系统工程, 40(5): 94-103.

胡娇, 李莉, 张华, 等. 2022. 考虑参照效应和主播影响力的网络直播平台动态定价决策[J]. 系统工程理论与实践, 42(3): 755-766.

霍良安, 蒋杰辉, 王绍凡, 等. 2020. 基于渠道竞争与品牌竞争的供应链定价策略和协调研究[J]. 上海理工大学学报, 42(1):36-43.

姜元春, 付超, 周开乐, 等. 2023. 大数据管理与应用概论[M]. 北京: 高等教育出版社.

蒋忠中. 2012. 电子中介中多属性商品交易匹配的建模与优化[M]. 北京: 科学出版社.

蒋忠中, 李坤洋, 何娜. 2022. 在线视频供应链的模式选择与优化决策研究[J]. 管理工程学报, 36（6）: 221-232.

金淳, 张一平. 2013. 基于 Agent 的顾客行为及个性化推荐仿真模型[J]. 系统工程理论与实践, 2013, 33(2): 463-472.

金亮. 2019. 线下到线上 O2O 供应链线上推荐策略及激励机制设计[J]. 管理评论, 31(5): 242-253.

雷军环, 费洪晓, 李可. 2012. 基于混合算法的高性能推荐策略平台[J]. 科学技术与工程, 12(33): 8924-8928.

李春发, 楚明森, 周驰, 等. 2020. 条件免运费的 B2C 平台商最优凑单推荐服务水平策略[J]. 运筹与管理, 29(7): 115-122.

李春发, 夏榕池, 周驰. 2022. 电商自有品牌、制造商搭便车的 e-供应链定价[J]. 系统工程学报, 37(5): 657-671.

李春雨, 张翠华, 李艳婷. 2022. Stackelberg 竞争下考虑消费者转移和平台差异的供应商运营策略[J]. 管理学报, 19(1): 102-111.

李海, 崔南方, 徐贤浩. 2016. 零售商自有品牌与制造商直销渠道的互动博弈问题研究[J]. 中国管理科学, 24(1): 107-115.

李家华. 2019. 基于大数据的人工智能跨境电商导购平台信息个性化推荐算法[J]. 科学技术与工程, 19(14): 280-285.

李景峰, 张文静, 毋江波. 2017. 传统品牌与网货品牌竞争下的多渠道供应链定价研究[J]. 工业技术经济, 36(3):107-115.

李增禄, 郭强, 杨双. 2020. 供应商竞争环境下电商平台信息分享策略研究[J]. 软科学, 34(5): 108-114.

刘洋, 李琪, 殷猛. 2020. 网络直播购物特征对消费者购买行为影响研究[J]. 软科学, 34(6): 108-114.

刘震, 经有国, 申诗谣. 2022. 基于促销和延保的渠道入侵与订货时序策略[J]. 运筹与管理, 31(2): 70-76.

卢竹兵, 马小琴, 吴汶娟, 等. 2020. 基于情感分析和情感遗忘的协同过滤推荐策略[J]. 重庆师范大学学报(自然科学版), 37(5): 103-108.

吕芹, 霍佳震. 2014. 广告介入的供应商与零售商自有品牌竞争博弈[J]. 系统管理学报, 23(2): 174-178.

孟陆, 刘凤军, 陈斯允, 等. 2020. 我可以唤起你吗——不同类型直播网红信息源特性对消费者购买意愿的影响机制研究[J]. 南开管理评论, 23(1): 131-143.

倪晓, 程海芳, 刘丛. 2020. 考虑消费者偏好的混合销售渠道决策模型[J]. 管理学报, 17(10): 1544-1553.

任晓辉, 沈瑾, 苌道方. 2022. 售前服务影响下的产品服务供应链优化研究[J]. 工业工程, 25(4): 116-124.

商城研发 POP 平台. 2017. 京东平台运营案例精解[M]. 北京: 电子工业出版社.

宋杰珍, 黄有方. 2016. 基于博弈分析的网络零售商条件免运费阈值决策研究[J]. 中国流通经济, 30(7): 33-41.

田厚平, 刘长贤. 2011. 双重信息不对称下销售渠道双目标混合激励模型[J]. 管理科学学报, 14(3): 34-47.

汪乐, 宋杨, 范体军. 2024. 制造商直播引入的策略研究[J]. 中国管理科学, 32(2): 276-284.

王辰宇, 孙静春. 2022. 基于电商平台的供应链广告决策和分销模式研究[J]. 运筹与管理, 31(6): 61-66.

王海兵, 杨蕙馨. 2014. 网购中商家"包邮"行为的经济分析: 基于双寡头竞争模型[J]. 山东大学学报(哲学社会科学版), (2): 1-11.

王强, 陈宏民, 杨剑侠. 2010. 搜寻成本、声誉与网上交易市场价格离散[J]. 管理科学学报, 13(5): 11-20.

王文宾, 赵学娟, 张鹏, 等. 2016. 双重信息不对称下闭环供应链的激励机制研究[J]. 中国管理科学, 24(10): 69-77.

王文隆, 任倩楠, 翟晓娜, 等. 2022. 考虑公平关切和制造商竞争的平台型供应链定价、低碳水平和服务水平决策[J]. 控制与决策, 37(4): 1045-1055.

王先甲, 欧蓉, 陈佳瑜. 2022. 公平偏好下双代理人激励契约设计研究[J]. 中国管理科学, 30(1): 100-110.

王晓锋, 凡友荣, 段永瑞, 等. 2015. 考虑品牌竞争的双渠道供应链定价策略研究[J]. 工业工程与管理, 20(3): 36-43.

王瑶, 但斌, 刘灿, 等. 2014. 服务具有负溢出效应的异质品双渠道供应链改进策略[J]. 管理学报, 11(5): 758-763.

王勇, 刘乐易, 迟熙, 等. 2022. 流量博弈与流量数据的最优定价: 基于电子商务平台的视角[J]. 管理世界, 38(8): 116-132.

吴翠莲, 王谦, 田歆, 等. 2016. 基于网络团购与广告投入的商家销售策略选择问题研究[J]. 管理评论, 28(11): 235-244.

吴德胜, 李维安. 2008. 声誉、搜寻成本与网上交易市场均衡[J]. 经济学(季刊), 7(4): 1437-1458.

夏西强, 朱庆华. 2020. 博弈视角下三种再制造模式对比研究[J]. 系统工程学报, 35(5): 689-699, 710.

肖迪, 黄培清, 夏海洋. 2007. 基于品牌差异的供应链间价格竞争策略研究[J]. 上海管理科学, 29(6): 1-4.

邢鹏, 尤浩宇, 樊玉臣. 2022. 考虑平台营销努力的直播电商服务供应链质量努力策略[J]. 控制与决策, 37(1): 205-212.

徐晋. 2007. 平台经济学: 平台竞争的理论与实践[M]. 上海: 上海交通大学出版社.

徐岚, 赵爽爽, 崔楠, 等. 2020. 故事设计模式对消费者品牌态度的影响[J]. 管理世界, 36(10): 76-95.

许明辉, 杨东升. 2019. 制造商成本削减策略对风险规避型零售商信息共享策略的影响[J]. 中国管理科学, 27(12): 77-87.

杨爱峰, 董秋雨, 胡小建. 2022. 潜在市场规模不确定的以旧换新/再的定价与生产策略[J]. 合肥工业大学学报(自然科学版), 45(1): 132-140.

姚凯, 涂平, 陈宇新, 等. 2018. 基于多源大数据的个性化推荐系统效果研究[J]. 管理科学, 31(5): 3-15.

于静, 周驰, 罗志远. 2022. E-供应链竞争下自营品牌商的第三方零售渠道引入与定价策略[J].

运筹与管理, 31(9): 84-90.

余玉刚, 郑圣明, 霍宝锋, 等. 2021. 平台供应链的管理理论与方法前沿课题[J]. 管理科学, 34(6): 60-66.

苑希港, 张晓青. 2022. 考虑不同消费者选择行为和以旧换新补贴的产品动态定价策略研究[J]. 工业工程与管理, 27(3): 95-105.

臧维, 崔宇晴, 徐磊. 2022. 品牌直播体验对顾客品牌心理所有权影响研究[J]. 软科学, 36(7): 136-144.

张盼, 余莉婷, 熊中楷. 2020. 政府奖惩下闭环供应链中信息不对称时的最优合同设计[J]. 中国管理科学, 28(5): 89-100.

张伟烽, 马建华, 潘燕春, 等. 2022. 基于第三方延保的供应链延保渠道结构研究[J]. 系统工程学报, 37(4): 522-534.

张旭梅, 李梦丽, 但斌, 等. 2021. 考虑异质消费者的线下到线上供应链合作广告契约设计[J]. 管理工程学报, 35(1): 168-178.

张艳辉, 董花, 李宗伟. 2018. 传统制造企业拓展网络销售渠道的绩效研究[J]. 经济科学, (1): 113-125.

张翼飞, 陈宏民. 2020. 长尾市场中平台的最优规模和竞争策略[J]. 系统管理学报, 29(3): 425-433.

郑森圭, 苏丹华, 汪寿阳, 等. 2020. 直播平台打赏收入分成模式研究[J]. 系统工程理论与实践, 40(5): 1221-1228.

钟华. 2020. 数字化转型的道与术: 以平台思维为核心支撑企业战略可持续发展[M]. 北京: 机械工业出版社.

周驰, 唐万生. 2020. 考虑参与者行为的搜寻理论及其应用[M]. 北京: 科学出版社.

周驰, 王艺馨, 于静. 2022. 委托代理关系下品牌商网络直播营销激励机制设计[J]. 中国管理科学, DOI: 10.16381/j.cnki.issn1003-207x.2022.0732.

周驰, 王艺馨, 于静. 2023a. 批发, 代理还是混合? ——与自营平台竞争的复合平台销售模式选择策略[J]. 山东大学学报(理学版), 58(1): 89-100.

周驰, 王艺馨, 于静. 2023b. 基于复合型电商平台的制造商销售模式选择及竞争策略[J]. 运筹与管理, 32(8): 16-23.

周驰, 王艺馨, 于静. 2023c. 平台供应链视角下直播推荐服务模式选择策略[J]. 系统工程学报, 38(3): 395-405, 418.

周驰, 于静, 李赫. 2021. 单一亦或混合?——双重竞争环境下自营平台销售模式选择策略[J]. 东北大学学报(自然科学版), 42(9): 1349-1359.

周丹, 姚忠, 窦一凡. 2017. 消费者预算约束对推荐奖励策略的影响研究[J]. 管理科学学报, 20(8): 80-92.

Abhishek V, Jerath K, Zhang Z J. 2016. Agency selling or reselling? Channel structures in electronic retailing[J]. Management Science, 62(8): 2259-2280.

Adida E, Özer Ö. 2019. Why markdown as a pricing modality? [J]. Management Science, 65(5): 2161-2178.

Adomavicius G, Bockstedt J C, Curley S P, et al. 2018. Effects of online recommendations on consumers' willingness to pay[J]. Information Systems Research, 29(1): 84-102.

Alalwan A A. 2018. Investigating the impact of social media advertising features on customer purchase intention[J]. International Journal of Information Management, 42: 65-77.

Alan Y, Kurtuluş M, Wang C L. 2019. The role of store brand spillover in a retailer's category management strategy[J]. Manufacturing & Service Operations Management, 21(3): 620-635.

Alhamid M F, Rawashdeh M, Dong H W, et al. 2016. Exploring latent preferences for context-aware personalized recommendation systems[J]. IEEE Transactions on Human-Machine Systems, 46(4): 615-623.

Apostolopoulos P A, Tsiropoulou E E, Papavassiliou S. 2021. Demand response management in smart grid networks: A two-stage game-theoretic learning-based approach[J]. Mobile Networks and Applications, 26(2): 548-561.

Armstrong M, Chen Y M. 2020. Discount pricing[J]. Economic Inquiry, 58(4): 1614-1627.

Ashlagi I, Braverman M, Kanoria Y, et al. 2020. Clearing matching markets efficiently: Informative signals and match recommendations[J]. Management Science, 66(5): 2163-2193.

Aviv Y, Wei M M, Zhang F Q. 2019. Responsive pricing of fashion products: The effects of demand learning and strategic consumer behavior[J]. Management Science, 65(7): 2982-3000.

Aydinliyim T, Pangburn M S, Rabinovich E. 2017. Inventory disclosure in online retailing[J]. European Journal of Operational Research, 261(1): 195-204.

Bae J, Chen L, Yao S Q. 2022. Service capacity and price promotion wars[J]. Management Science, 68(12): 8757-8772.

Bag S, Ghadge A, Tiwari M K. 2019. An integrated recommender system for improved accuracy and aggregate diversity[J]. Computers & Industrial Engineering, 130: 187-197.

Baier D, Stüber E. 2010. Acceptance of recommendations to buy in online retailing[J]. Journal of Retailing & Consumer Services, 17(3): 173-180.

Barat S, Ye L. 2015. Effects of coupons on consumer purchase behavior: A meta-analysis[C]//Marketing, Technology and Customer Commitment in the New Economy. Cham: Springer, 2015: 30.

Basu S. 2021. Personalized product recommendations and firm performance[J]. Electronic Commerce Research and Applications, 48: 101074.

Baum D, Spann M. 2014. The interplay between online consumer reviews and recommender systems: An experimental analysis[J]. International Journal of Electronic Commerce, 19(1): 129-162.

Bawden D, Robinson L. 2009. The dark side of information: Overload, anxiety and other paradoxes and pathologies[J]. Journal of Information Science, 35(2): 180-191.

Berman R. 2018. Beyond the last touch: Attribution in online advertising[J]. Marketing Science, 37(5): 771-792.

Boone T, Ganeshan R. 2013. Exploratory analysis of free shipping policies of online retailers[J]. International Journal of Production Economics, 143(2): 627-632.

Branco F, Sun M, Villas-Boas J M. 2016. Too much information? Information provision and search costs[J]. Marketing Science, 35(4): 605-618.

Cai B, Zhu X P, Qin Y X. 2021. Parameters optimization of hybrid strategy recommendation based on particle swarm algorithm[J]. Expert Systems with Applications, 168: 114388.

Çakanyıldırım M, Feng Q, Gan X, et al. 2012. Contracting and coordination under asymmetric production cost information[J]. Production and Operations Management, 21(2): 345-360.

Chai B, Chen J M, Yang Z Y, et al. 2014. Demand response management with multiple utility companies: A two-level game approach[J]. IEEE Transactions on Smart Grid, 5(2): 722-731.

Chen F R. 2005. Salesforce incentives, market information, and production/inventory planning[J]. Management Science, 51(1): 60-75.

Chen J Q, Guo Z L. 2022. New-media advertising and retail platform openness[J]. MIS Quarterly, 46(1): 431-456.

Chen J L, Zhao Y S. 2020. High price or low price? An experimental study on a markdown pricing policy[J]. European Journal of Operational Research, 284(1): 240-254.

Chen X, Li B, Chen W C, et al. 2023. Influences of information sharing and online recommendations in a supply chain: Reselling versus agency selling[J]. Annals of Operations Research, 329(1): 717-756.

Chen Y G , Zhang W Y , Yang S Q , et al. 2014. Referral service and customer incentive in online retail supply chain[J]. Journal of Applied Research & Technology, 12(2): 261-269.

Chen Z Y, Fan Z P, Sun M H. 2016. A multi-kernel support tensor machine for classification with multitype multiway data and an application to cross-selling recommendations[J]. European Journal of Operational Research, 255(1): 110-120.

Cheng R, Duan Y R, Zhang J G, et al. 2021. Impacts of store-brand introduction on a multiple-echelon supply chain[J]. European Journal of Operational Research, 292(2): 652-662.

Chevalier J, Goolsbee A. 2003. Measuring prices and price competition online: Amazon. com and Barnesand Noble. com[J]. Quantitative Marketing and Economics, 1(2): 203-222.

Chiang I R, Jhang-Li J H. 2020. Competition through exclusivity in digital content distribution[J]. Production and Operations Management, 29(5): 1270-1286.

Choi H S, Chen C C. 2019. The effects of discount pricing and bundling on the sales of game as a service: An empirical investigation[J]. Journal of Electronic Commerce Research, 20(1): 21-34.

Chu M S, Zhou C, Yu J. 2023. The impact of online referral services on cooperation modes between brander and platform[J]. Journal of Industrial and Management Optimization, 19(7): 5306-5330.

Coase R H. 1972. Durability and monopoly[J]. The Journal of Law and Economics, 15(1): 143-149.

Cui X, Zhou C, Yu J, et al. 2023. Interaction between manufacturer's recycling strategy and e-commerce platform's extended warranty service[J]. Journal of Cleaner Production, 399: 136659.

Cui Y, Duenyas I, Sahin O. 2018. Pricing of conditional upgrades in the presence of strategic consumers[J]. Management Science, 64(7): 3208-3226.

Cunningham I C, Hardy A P, Imperia G. 1982. Generic brands versus nationalbrands and store brands[J]. Journal of Advertising Research, 22(5): 25-32.

Dadouchi C, Agard B. 2021. Recommender systems as an agility enabler in supply chain management[J]. Journal of Intelligent Manufacturing, 32(5): 1229-1248.

Dellaert B G C, Häubl G. 2012. Searching in choice mode: Consumer decision processes in product search with recommendations[J]. Journal of Marketing Research, 49(2): 277-288.

Deng J Z, Guo J P, Wang Y. 2019. A Novel K-medoids clustering recommendation algorithm based on probability distribution for collaborative filtering[J]. Knowledge-Based Systems, 175(7): 96-106.

Dockner E J, Fruchter G E. 2014. Coordinating production and marketing with dynamic transfer prices[J]. Production and Operations Management, 23(3): 431-445.

Dong J F, Wu D D. 2019. Two-period pricing and quick response with strategic customers[J]. International Journal of Production Economics, 215: 165-173.

Drakopoulos K, Jain S, Randhawa R. 2021. Persuading customers to buy early: The value of personalized information provisioning[J]. Management Science, 67(2): 828-853.

Ettl M, Harsha P, Papush A, et al. 2020. A data-driven approach to personalized bundle pricing and recommendation[J]. Manufacturing & Service Operations Management, 22(3): 461-480.

Fei M, Tan H, Peng X, et al. 2021. Promoting or attenuating? An eye-tracking study on the role of social cues in e-commerce livestreaming[J]. Decision Support Systems, 142(3): 1-10.

Feng H Y, Jiang Z R, Li M Q, et al. 2020. First- or second-mover advantage? The case of IT-enabled platform markets[J]. MIS Quarterly, 44(3): 1107-1141.

Feng H Y, Jiang Z R, Liu D. 2018. Quality, pricing, and release time: Optimal market entry strategy for software-as-a-service vendors[J]. MIS Quarterly, 42(1): 333-354.

Fisher M, Gallino S, Li J. 2018. Competition-based dynamic pricing in online retailing: A methodology validated with field experiments[J]. Management Science, 64(6): 2496-2514.

Gao F, Su X M. 2017. Omnichannel retail operations with buy-online-and-pick-up-in-store[J]. Management Science, 63(8): 2478-2492.

Gao X Y, Xu X Y, Tayyab S M U, et al. 2021. How the live streaming commerce viewers process the persuasive message: An ELM perspective and the moderating effect of mindfulness[J]. Electronic Commerce Research and Applications, 49: 101087.

Geng X J, Tan Y R, Wei L. 2018. How add-on pricing interacts with distribution contracts[J]. Production and Operations Management, 27(4): 605-623.

Geuens S, Coussement K, De Bock K W. 2018. A framework for configuring collaborative filtering-based recommendations derived from purchase data[J]. European Journal of Operational Research, 265(1): 208-218.

Ghose A, Han S P. 2014. Estimating demand for mobile applications in the new economy[J]. Management Science, 60(6): 1470-1488.

Ghoshal A, Mookerjee V S, Sarkar S. 2021. Recommendations and cross-selling: Pricing strategies when personalizing firms cross-sell[J]. Journal of Management Information Systems, 38(2): 430-456.

Gümüş M, Li S L, Oh W, et al. 2013. Shipping fees or shipping free? A tale of two price partitioning strategies in online retailing[J]. Production and Operations Management, 22(4): 758-776.

Hagiu A, Wright J. 2015. Marketplace or reseller? [J]. Management Science, 61(1): 184-203.

Haviv A. 2022. Consumer search, price promotions, and counter-cyclic pricing[J]. Marketing Science, 41(2): 294-314.

He P, He Y, Xu H, et al. 2019. Online selling mode choice and pricing in an O2O tourism supply chain considering corporate social responsibility[J]. Electronic Commerce Research and

Applications, 38(11): 1-13.

Hosanagar K, Fleder D, Lee D, et al. 2014. Will the global village fracture into tribes? Recommender systems and their effects on consumer fragmentation[J]. Management Science, 60(4): 805-823.

Hsueh S C, Chen J M. 2010. Sharing secure m-coupons for peer-generated targeting via eWOM communications[J]. Electronic Commerce Research and Applications, 9(4): 283-293.

Hu M Y, Chaudhry S S. 2020. Enhancing consumer engagement in e-commerce live streaming via relational bonds[J]. Internet Research, 30(3): 1019-1041.

Hua G W, Wang S Y, Cheng T C E. 2012. Optimal order lot sizing and pricing with free shipping[J]. European Journal of Operational Research, 218(2): 435-441.

Hua Z S, Hou H J, Bian Y W. 2017. Optimal shipping strategy and return service charge under no-reason return policy in online retailing[J]. IEEE Transactions on Systems, Man, and Cybernetics: Systems, 47(12): 3189-3206.

Huang C, Ding Y, Hu W H, et al. 2021. Cost-based attraction recommendation for tour operators under stochastic demand[J]. Omega, 102: 102314.

Huang Z, Zeng D D. 2011. Why does collaborative filtering work? Transaction-based recommendation model validation and selection by analyzing bipartite random graphs[J]. INFORMS Journal on Computing, 23(1): 138-152.

Hwangbo H, Kim Y S, Cha K J. 2018. Recommendation system development for fashion retail e-commerce[J]. Electronic Commerce Research and Applications, 28(3): 94-101.

Im H, Ha Y. 2013. Enablers and inhibitors of permission-based marketing: A case of mobile coupons[J]. Journal of Retailing and Consumer Services, 20(5): 495-503.

Jia H M, Yang S, Lu X H, et al. 2018. Do consumers always spend more when coupon face value is larger? The inverted u-shaped effect of coupon face value on consumer spending level[J]. Journal of Marketing, 82(4): 70-85.

Jiang Y C, Liu Y Z, Wang H, et al. 2018. Online pricing with bundling and coupon discounts[J]. International Journal of Production Research, 56(5): 1773-1788.

Kang K, Lu J X, Guo L Y, et al. 2021. The dynamic effect of interactivity on customer engagement behavior through tie strength: Evidence from live streaming commerce platforms[J]. International Journal of Information Management, 56: 102251.

Karray S, Martín-Herrán G. 2019. Fighting store brands through the strategic timing of pricing and advertising decisions[J]. European Journal of Operational Research, 275(2): 635-647.

Karray S, Martín-Herrán G. 2022. The impact of a store brand introduction in a supply chain with competing manufacturers: The strategic role of pricing and advertising decision timing[J]. International Journal of Production Economics, 244: 108378.

Kawaguchi K, Uetake K, Watanabe Y. 2019. Effectiveness of product recommendations under time and crowd pressures[J]. Marketing Science, 38(2): 253-273.

Kim N, Kim W. 2018. Do your social media lead you to make social deal purchases? Consumer-generated social referrals for sales via social commerce[J]. International Journal of Information Management, 39: 38-48.

Kosmopoulou G, Liu Q H, Shuai J. 2016. Customer poaching and coupon trading[J]. Journal of

Economics, 118(3): 219-238.

Koukova N T, Srivastava J, Steul-Fischer M. 2012. The effect of shipping fee structure on consumers' online evaluations and choice[J]. Journal of the Academy of Marketing Science, 40(6): 759-770.

Kremer M, Mantin B, Ovchinnikov A. 2017. Dynamic pricing in the presence of myopic and strategic consumers: Theory and experiment[J]. Production and Operations Management, 26(1): 116-133.

Kuksov D, Prasad A, Zia M. 2017. In-store advertising by competitors[J]. Marketing Science, 36(3): 402-425.

Lammers M. 2014. The effects of savings on reservation wages and search effort[J]. Labour Economics, 27(2): 83-98.

Lee D, Hosanagar K. 2021. How do product attributes and reviews moderate the impact of recommender systems through purchase stages? [J]. Management Science, 67(1): 524-546.

Lee M T, Theokary C. 2021. The superstar social media influencer: Exploiting linguistic style and emotional contagion over content? [J].Journal of Business Research, 132(8): 860-871.

Lee Y S. 2014. Management of a periodic-review inventory system using Bayesian model averaging when new marketing efforts are made[J]. International Journal of Production Economics, 158: 278-289.

Li B X, Zhou Y W, Li J Z, et al. 2013. Contract choice game of supply chain competition at both manufacturer and retailer levels[J]. International Journal of Production Economics, 143(1): 188-197.

Li C F, Chu M S, Zhou C, et al. 2019. Is it always advantageous to add-on item recommendation service with a contingent free shipping policy in platform retailing? [J]. Electronic Commerce Research and Applications, 37: 100883.

Li C F, Chu M S, Zhou C, et al. 2020a. A 2020 perspective on "Is it always advantageous to add-on item recommendation service with a contingent free shipping policy in platform retailing?" [J]. Electronic Commerce Research and Applications, 40: 100960.

Li C F, Chu M S, Zhou C, et al. 2020b. Two-period discount pricing strategies for an ecommerce platform with strategic consumers[J]. Computers & Industrial Engineering, 147: 106640.

Li G, Zheng H, Liu M. 2020c. Reselling or drop shipping: Strategic analysis of e-commerce dual-channel structures[J]. Electronic Commerce Research, 20(9): 475-508.

Li L S, Chen J Q, Raghunathan S. 2018. Recommender system rethink: Implications for an electronic marketplace with competing manufacturers[J]. Information Systems Research, 29(4): 1003-1023.

Li M L, Zhang X M, Dan B. 2020d. Competition and cooperation in a supply chain with an offline showroom under asymmetric information[J]. International Journal of Production Research, 58(19): 5964-5979.

Li R, Lu Y B, Ma J F, et al. 2021. Examining gifting behavior on live streaming platforms: An identity-based motivation model[J]. Information & Management, 58(6): 103406.

Li S, Luo Q, Qiu L, et al. 2020e. Optimal pricing model of digital music: Subscription, ownership or mixed? [J]. Production and Operations Management, 29 (3): 688-704.

Li X, Li Y J, Cai X Q, et al. 2016. Service channel choice for supply chain: Who is better off by undertaking the service? [J]. Production and Operations Management, 25(3): 516-534.

Li Y J, Bai X M, Xue K L. 2020f. Business modes in the sharing economy: How does the OEM cooperate with third-party sharing platforms? [J]. International Journal of Production Economics, 221(3): 107467.

Li Y J, Wei C S, Cai X Q. 2012. Optimal pricing and order policies with B2B product returns for fashion products[J]. International Journal of Production Economics, 135(2): 637-646.

Li Z P, Fang X, Bai X, et al. 2017. Utility-based link recommendation for online social networks[J]. Management Science, 63(6): 1938-1952.

Liang C, Çakanyıldırım M, Sethi S P. 2014. Analysis of product rollover strategies in the presence of strategic customers[J]. Management Science, 60(4): 1033-1056.

Lin Y, Yao D, Chen X Y. 2021. Happiness begets money: Emotion and engagement in live streaming[J]. Journal of Marketing Research, 58(3): 417-438.

Lin Z J. 2014. An empirical investigation of user and system recommendations in e-commerce[J]. Decision Support Systems, 68: 111-124.

Linden G, Smith B, York J. 2003. Amazon. com recommendations: Item-to-item collaborative filtering[J]. IEEE Internet Computing, 7(1): 76-80.

Liu H Y, Liu S L. 2021. Optimal decisions and coordination of live streaming selling under revenue sharing contracts[J]. Managerial and Decision Economics, 42(4): 1022-1036.

Liu J C, Zhai X, Chen L H. 2019. Optimal pricing strategy under trade-in program in the presence of strategic consumers[J]. Omega, 84: 1-17.

Liu W H, Liang Y J, Tang O, et al. 2021a. Cooperate or not? Strategic analysis of platform interactions considering market power and precision marketing[J]. Transportation Research Part E: Logistics and Transportation Review, 154(9): 102479.

Liu Z C, Wang L, Li X X, et al. 2021b. A multi-attribute personalized recommendation method for manufacturing service composition with combining collaborative filtering and genetic algorithm[J]. Journal of Manufacturing Systems, 58: 348-364.

Liu Z B, Zhou C, Chen H R, et al. 2021c. Impact of cost uncertainty on supply chain competition under different confidence levels[J]. International Transactions in Operational Research, 28(3): 1465-1504.

Lo L Y S, Lin S W, Hsu L Y. 2016. Motivation for online impulse buying: A two-factor theory perspective[J]. International Journal of Information Management, 36(5): 759-772.

Lu B, Chen Z. 2021. Live streaming commerce and consumers' purchase intention: An uncertainty reduction perspective[J]. Information & Management, 58(7): 103509.

Lu Q H, Liu N. 2015. Effects of e-commerce channel entry in a two-echelon supply chain: A comparative analysis of single-and dual-channel distribution systems[J]. International Journal of Production Economics, 165: 100-111.

Lu S J, Yao D, Chen X Y, et al. 2021. Do larger audiences generate greater revenues under pay what you want? Evidence from a live streaming platform[J]. Marketing Science, 40(5): 964-984.

Luo Z, Chen X, Chen J, et al. 2017. Optimal pricing policies for differentiated brands under different supply chain power structures[J]. European Journal of Operational Research, 259(2): 437-451.

Ma J, Ai X, Yang W, et al. 2019. Decentralization versus coordination in competing supply chains under retailers' extended warranties[J]. Annals of Operations Research, 275(2): 485-510.

Ma X J, Wang Z T, Liu H J. 2022. Do long-life customers pay more in pay-what-you-want pricing? Evidence from live streaming[J]. Journal of Business Research, 142(5): 998-1009.

Mantin B, Krishnan H, Dhar T. 2014. The strategic role of third-party marketplaces in retailing[J]. Production and Operations Management, 23(11): 1937-1949.

Martín-Herrán G, Sigué S P. 2015. Trade deals and/or on-package coupons[J]. European Journal of Operational Research, 241(2): 541-554.

Mollenkopf D A, Frankel R, Russo I. 2011. Creating value through returns management: Exploring the marketing-operations interface[J]. Journal of Operations Management, 29(5): 391-403.

Mukhopadhyay S K, Zhu X W, Yue X H. 2008. Optimal contract design for mixed channels under information asymmetry[J]. Production and Operations Management, 17(6): 641-650.

Mussa M, Rosen S. 1978. Monopoly and product quality[J]. Journal of Economic Theory, 18(2): 301-317.

Nyström M, Jouffray J B, Norström A V, et al. 2019. Anatomy and resilience of the global production ecosystem[J]. Nature, 575(7781): 98-108.

O'Rourke D. 2014. The science of sustainable supply chains[J]. Science, 344(6188): 1124-1127.

Pal B, Adhikari S. 2020. Two phases inventory model with variable cycle length under discount policy[J]. RAIRO-Operations Research, 54(1): 1-18.

Pan R, Feng J, Zhao Z L. 2022. Fly with the wings of live-stream selling: Channel strategies with/without switching demand[J]. Production and Operations Management, 31(9): 3387-3399.

Papanastasiou Y, Savva N. 2017. Dynamic pricing in the presence of social learning and strategic consumers[J]. Management Science, 63(4): 919-939.

Parlaktürk A K. 2012. The value of product variety when selling to strategic consumers[J]. Manufacturing & Service Operations Management, 14(3): 371-385.

Pashardes P. 1986. Myopic and forward-looking behavior in a dynamic demand system[J]. International Economic Review, 27(2): 387.

Qin X L, Liu Z X, Tian L. 2021. The optimal combination between selling mode and logistics service strategy in an e-commerce market[J]. European Journal of Operational Research, 289(2): 639-651.

Raju J S, Sethuraman R, Dhar S K. 1995. The introduction and performance of store brands[J]. Management Science, 41(6): 957-978.

Ru J, Shi R X, Zhang J. 2015. Does a store brand always hurt the manufacturer of a competing national brand? [J]. Production and Operations Management, 24(2): 272-286.

Sainathan A. 2018. Customer differentiation with shipping as an ancillary service? Free service, prioritization, and strategic delay[J]. Decision Sciences, 49(4): 690-727.

Samuel Sale R, Mesak H I, Inman R A. 2017. A dynamic marketing-operations interface model of new product updates[J]. European Journal of Operational Research, 257(1): 233-242.

Scholz M, Dorner V, Schryen G, et al. 2017. A configuration-based recommender system for supporting e-commerce decisions[J]. European Journal of Operational Research, 259(1):

205-215.

Seenivasan S, Sudhir K, Talukdar D. 2016. Do store brands aid store loyalty? [J]. Management Science, 62(3): 802-816.

Shao X F. 2017. Free or calculated shipping: Impact of delivery cost on supply chains moving to online retailing[J]. International Journal of Production Economics, 191: 267-277.

Shi C L, Geng W. 2021. To introduce a store brand or not: Roles of market information in supply chains[J]. Transportation Research Part E: Logistics and Transportation Review, 150: 102334.

Shi S Y, Sun J C, Cheng T C E. 2020. Wholesale or drop-shipping: Contract choices of the online retailer and the manufacturer in a dual-channel supply chain[J]. International Journal of Production Economics, 226(8): 107618.

Song J Z, Yin Y H, Huang Y F. 2017a. A coordination mechanism for optimizing the contingent-free shipping threshold in online retailing[J]. Electronic Commerce Research and Applications, (26): 73-80.

Song W, Chen J Q, Li W. 2017b. Spillover effect of consumer awareness on third parties' selling strategies and retailers' platform openness[J]. Information Systems Research, 32(1): 172-193.

Song Y C, Sahoo N, Ofek E. 2019. When and how to diversify: A multicategory utility model for personalized content recommendation[J]. Management Science, 65(8): 3737-3757.

Su X M. 2007. Intertemporal pricing with strategic customer behavior[J]. Management Science, 53(5): 726-741.

Su X M. 2010. Optimal pricing with speculators and strategic consumers[J]. Management Science, 56(1): 25-40.

Sun H Y, Chen J Q, Fan M. 2021. Effect of live chat on traffic-to-sales conversion: Evidence from an online marketplace[J]. Production and Operations Management, 30(5): 1201-1219.

Tian L, Vakharia A J, Tan Y R, et al. 2018. Marketplace, reseller, or hybrid: Strategic analysis of an emerging e-commerce model[J]. Production and Operations Management, 27(8): 1595-1610.

Tsay A A, Agrawal N. 2000. Channel dynamics under price and service competition[J]. Manufacturing & Service Operations Management, 2(4): 372-391.

Umberto P. 2015. Developing a price-sensitive recommender system to improve accuracy and business performance of ecommerce applications[J]. International Journal of Electronic Commerce Studies, 6(1): 1-18.

Wan Q, Yang S L, Liao Y, et al. 2020. Group-buying coupons considering consumers' perceived ease of use[J]. International Transactions in Operational Research, 27(3): 1638-1663.

Wang J B, Zhang X. 2022. The value of influencer channel in an emerging livestreaming e-commerce model[J]. Journal of the Operational Research Society, 74(1): 112-124.

Wang L S, Chen J, Song H M. 2021. Manufacturer's channel strategy with retailer's store brand[J]. International Journal of Production Research, 59(10): 3042-3061.

Wang X, Tao Z Y, Liang L, et al. 2019. An analysis of salary mechanisms in the sharing economy: The interaction between streamers and unions[J]. International Journal of Production Economics, 214: 106-124.

Wang Y L, Zhang J L, Cheng T, et al. 2018. Quick response under strategic consumers with risk preference and decreasing valuation[J]. International Journal of Production Research, 56: 72-85.

Wei M M, Zhang F Q. 2018. Advance selling to strategic consumers: preorder contingent production strategy with advance selling target[J]. Production and Operations Management, 27: 1221-1235.

Wongkitrungrueng A, Assarut N. 2020. The role of live streaming in building consumer trust and engagement with social commerce sellers[J]. Journal of Business Research, 117: 543-556.

Wongkitrungrueng A, Dehouche N, Assarut N. 2020. Live streaming commerce from the sellers' perspective: Implications for online relationship marketing[J]. Journal of Marketing Management, 36(5/6): 488-518.

Wu H, Cai G, Chen J, et al. 2015a. Online manufacturer referral to heterogeneous retailers[J]. Production and Operations Management, 24: 1768-1782.

Wu J H, Huang Q A. 2018. Myopic and far-sighted pricing strategies in a duopoly market with e-WOM effect[J]. International Journal of Electronic Commerce, 22(4): 609-630.

Wu S N, Liu Q, Zhang R Q. 2015b. The reference effects on a retailer's dynamic pricing and inventory strategies with strategic consumers[J]. Operations Research, 63(6):1320-1335.

Xiao B, Benbasat I. 2007. E-commerce product recommendation agents: Use, characteristics, and impact[J]. MIS Quarterly, 31(1): 137-209.

Xiao B, Benbasat I. 2015. Designing warning messages for detecting biased online product recommendations: An empirical investigation[J]. Information Systems Research, 26(4): 793-811.

Xu X Y, Wu J H, Li Q. 2020. What drives consumer shopping behavior in live streaming commerce? [J]. Journal of Electronic Commerce Research, 21: 144-167.

Yadav M S, Varadarajan P R. 2005. Understanding product migration to the electronic marketplace: A conceptual framework[J]. Journal of Retailing, 81(2): 125-140.

Yan Y C, Zhao R Q, Liu Z B. 2018. Strategic introduction of the marketplace channel under spillovers from online to offline sales[J]. European Journal of Operational Research, 267(1): 65-77.

Yang D H, Gao X. 2017. Online retailer recommender systems: A competitive analysis[J]. International Journal of Production Research, 55(14): 4089-4109.

Yang L, Ji J N, Chen K B. 2018. Advertising games on national brand and store brand in a dual-channel supply chain[J]. Journal of Industrial & Management Optimization, 14(1): 105-134.

Yao D Q, Liu J J. 2005. Competitive pricing of mixed retail and e-tail distribution channels[J]. Omega, 33(3): 235-247.

Yi Z L, Wang Y L, Liu Y, et al. 2018. The impact of consumer fairness seeking on distribution channel selection: Direct selling vs. agent selling[J]. Production and Operations Management, 27(6): 1148-1167.

Yu J, Song Z H, Zhou C. 2023. Self-supporting or third-party? The optimal delivery strategy selection decision for e-tailers under competition[J]. Kybernetes, 52(10): 4783-4811.

Yu J, Zhao J J, Zhou C, et al. 2022. Strategic business mode choices for e-commerce platforms under brand competition[J]. Journal of Theoretical and Applied Electronic Commerce Research,17(4): 1769-1790.

Yu M, Debo L, Kapuscinski R. 2016. Strategic waiting for consumer-generated quality information:

Dynamic pricing of new experience goods[J]. Management Science, 62(2): 410-435.

Yu X N, Lan Y F, Zhao R Q. 2018. Cooperation royalty contract design in research and development alliances: Help vs. knowledge-sharing[J]. European Journal of Operational Research, 268(2): 740-754.

Yu Y M, Kong X Y. 2020. Robust contract designs: Linear contracts and moral hazard[J]. Operations Research, 68(5): 1457-1473.

Yue J F, Austin J, Huang Z M, et al. 2013. Pricing and advertisement in a manufacturer-retailer supply chain[J]. European Journal of Operational Research, 231(2): 492-502.

Zennyo Y. 2020. Strategic contracting and hybrid use of agency and wholesale contracts in e-commerce platforms[J]. European Journal of Operational Research, 281(1): 231-239.

Zhang J Q, Liu Z P, Rao R S. 2018. Flirting with the enemy: Online competitor referral and entry-deterrence[J]. Quantitative Marketing and Economics, 16(2):209-249.

Zhang Y, Huang M, Tian L, et al. 2021a. Build or join a sharing platform? The choice of manufacturer's sharing mode[J]. International Journal of Production Economics, 231: 107811.

Zhang Z L, Ma M H, Leszczyc P T L P, et al. 2020. The influence of coupon duration on consumers' redemption behavior and brand profitability[J]. European Journal of Operational Research, 281(1): 114-128.

Zhang Z, Song H M, Gu X Y, et al. 2021b. How to compete with a supply chain partner: Retailer's store brand vs. manufacturer's encroachment[J]. Omega, 103: 102412.

Zhou C, Leng M M, Liu Z B, et al. 2022. The impact of recommender systems and pricing strategies on brand competition and consumer search[J]. Electronic Commerce Research and Applications, 53: 101144.

Zhou C, Li H, Zhang L L, et al. 2023. Optimal recommendation strategies for AI-powered e-commerce platforms: A study of duopoly manufacturers and market competition[J]. Journal of Theoretical and Applied Electronic Commerce Research, 18(2): 1086-1106.

Zhou C, Li X Y, Ren Y F, et al. 2024. How do fairness concern and power structure affect competition between e-platforms and third-party sellers? [J]. IEEE Transactions on Engineering Management, 71: 7479-7495.

Zhou C, Ma N N, Cui X, et al. 2020a. The impact of online referral on brand market strategies with consumer search and spillover effect[J]. Soft Computing, 24(4): 2551-2565.

Zhou C, Peng J, Liu Z B, et al. 2019a. Optimal incentive contracts under loss aversion and inequity aversion[J]. Fuzzy Optimization and Decision Making, 18(1): 85-102.

Zhou C, Tang W S, Zhao R Q. 2015. Optimal consumer search with prospect utility in hybrid uncertain environment[J]. Journal of Uncertainty Analysis and Applications, 3(1): 1-20.

Zhou C, Xu G N, Liu Z B. 2020b. Incentive contract design for internet referral services: Cost per click vs cost per sale[J]. Kybernetes, 49(2): 601-626.

Zhou Y W, Guo J S, Zhou W H. 2018. Pricing/service strategies for a dual-channel supply chain with free riding and service-cost sharing[J]. International Journal of Production Economics, 196: 198-210.

Zhou Y J, Liu T M, Cai G S. 2019b. Impact of in-store promotion and spillover effect on private label introduction[J]. Service Science, 11(2): 96-112.

Zhu F, Li X X, Valavi E, et al. 2021. Network interconnectivity and entry into platform markets[J]. Information Systems Research, 32(3): 1009-1024.

Zhu L Y, Liu N. 2023. Game theoretic analysis of logistics service coordination in a live-streaming e-commerce system[J]. Electronic Commerce Research, 23(2): 1049-1087.

Zou C F, Zhang D Q, Wan J F, et al. 2017. Using concept lattice for personalized recommendation system design[J]. IEEE Systems Journal, 11(1): 305-314.

附　　录

第4章附录　一般搜寻成本函数假设下结论的鲁棒性证明

不失一般性，考虑搜寻成本为一般凸函数 $c(e)$，满足 $c'(e) > 0$ 和 $c''(e) > 0$。以无推荐系统的基准模型为例，将品牌偏好型和价格偏好型消费者的效用函数重新写为

$$U_m^o = \gamma e_m^o (\bar{p} - p_m^o) - c(e_m^o)$$
$$U_n^o = \gamma e_n^o (\underline{p} - p_n^o) - c(e_n^o)$$

根据一阶条件，分别可得最优的搜寻努力 e_m^{o*} 和 e_n^{o*} 满足条件 $c'(e_m^{o*}) = \gamma(\bar{p} - p_m^o)$ 和 $c'(e_n^{o*}) = \gamma(\underline{p} - p_n^o)$。将最优的搜寻努力 e_m^{o*} 和 e_n^{o*} 关于 p_m^o、p_n^o、$\bar{p}$ 和 $\underline{p}$ 求导可得 $\partial e_m^{o*}/\partial p_m^o = \partial e_n^{o*}/\partial p_n^o = -\gamma/c''(e) < 0$ 和 $\partial e_m^{o*}/\partial \bar{p} = \partial e_n^{o*}/\partial \underline{p} = \gamma/c''(e) > 0$。因此，在一般搜寻成本函数假设下所得的主要结论继续成立，且具有鲁棒性。

第10章附录　引理10.4中相关参数的表达式

$$H = 4\beta - \beta\theta + C$$

$$H_1 = 2k\beta^2(\beta\theta\varphi_m(1+\theta-3\theta^2+\theta^3) - \beta\varphi_r(2-2+\theta^2-3\varphi_m\theta+\theta^2\varphi_m)$$
$$- C(\theta^3\varphi_m - \theta\varphi_m + 2\varphi_r - 2\theta\varphi_r + \theta^2\varphi_r - 2\theta\varphi_m\varphi_r))$$

$$H_2 = k\beta\theta(2C^2(\varphi_r - \varphi_m + \theta\varphi_m) - 3\beta C\varphi_m(1-\theta)(4-\theta) + 2\beta C\varphi_r(\theta+\varphi_m-5)$$
$$+ 8\beta^2\varphi_r - 2\theta\beta^2\varphi_r - \beta^2\varphi_m(2-\theta)(8-9\theta+\theta^2+2\varphi_r))$$

$$H_3 = k\beta(\beta+C)(\beta\theta\varphi_m(1-\theta)(8-\theta) - 2\beta\varphi_r(8+\theta^2-6\theta-\varphi_m\theta)$$
$$- 2C\varphi_r(2-\theta) - \theta\varphi_m(1-\theta))$$

$$H_4 = k\theta^2(1-\theta)(2\beta C(4-\theta) + 2C^2 + 2\beta^2\varphi_r(4-\theta)) - 2\beta^4\varphi_m\varphi_r(1-\theta)$$
$$(4-\theta)(\beta+C) - 2k\theta\varphi_m\beta^2C^2(10-3\theta) - 4k\beta\theta\varphi_mC^3 + 2k\theta\beta^3(1-\theta)(1-\varphi_n)$$
$$(2\varphi_r(4-\theta)(2-2\theta+\theta^2-2\theta\varphi_m) - \varphi_m(3\theta-2\theta^2)(10+\theta-\theta^2)) - 2k(4-\theta)\beta^4$$
$$(\theta^3\varphi_m^2 - 3\theta^3\varphi_m + \theta^4\varphi_m - 2\varphi_r + 2\theta\varphi_r - \theta^2\varphi_r + 3\varphi_m\varphi_r\theta - \theta^2\varphi_m\varphi_r)$$